# MONTESQUIEU

## DANS LA MÊME COLLECTION

*ARISTOTE. Une philosophie en quête de savoir*, par Richard Bodéüs, 272 pages.

*AUGUSTIN. L'expérience du Verbe*, par Dominique Doucet, 192 pages.

*BERKELEY. Un nominalisme réaliste*, par Dominique Berlioz, 224 p ages.

*BLONDEL. Un univers chrétien*, par Bertrand Saint-Sernin, 192 p ages.

*COURNOT. Le réalisme*, par Bertrand Saint-Sernin, 192 pages.

*DASEINSANALYSE. Phénoménologie et psychiatrie*, par Philippe Cabestan et Françoise Dastur, 224 pages.

*DELEUZE. La passion de la pensée*, par Pierre Montebello, 256 pages.

*DIDEROT. Un matérialisme éclectique*, par Annie Ibrahim, 240 pages.

*DUNS SCOT. La métaphysique de la singularité*, par Gérard Sondag, 240 pages.

*ÉPICURE. La nature et la raison*, par Pierre-Marie Morel, 224 pages.

*FICHTE. Réflexion et argumentation*, par Isabelle Thomas-Fogiel, 256 pages.

*GADAMER. Une herméneutique philosophique*, par Isabel Weiss, 224 pages.

*HEGEL. Une philosophie de la raison vivante*, par André Stanguennec, 248 pages.

*HEIDEGGER. La question du logos*, par Françoise Dastur, 256 pages.

*HOBBES ou l'œuvre de la raison*, par Michel Malherbe, 224 pages.

*HUME. Une philosophie des contradictions*, par Jean-Pierre Cléro, 256 pages.

*KANT. L'invention critique*, par Monique Castillo, 248 pages.

*MAÎTRE ECKHART. Philosophe du christianisme*, par Kurt Flasch, 336 pages.

*MALEBRANCHE. Une philosophie de l'expérience*, par Denis Moreau, 224 pages.

*MONTAIGNE ou l'usage du monde*, par Paul Mathias, 224 pages.

*MONTESQUIEU. Le droit et l'histoire*, par Francine Markovits, 232 pages.

*LE NÉOSTOÏCISME. Une philosophie par gros temps*, par Jacqueline Lagrée, 212 pages.

*LES NÉOKANTIENS. Valeur et vérité*, par Éric Dufour, 192 pages.

*PASCAL. La force de la raison*, par Hélène Bouchilloux, 240 pages.

*LA PHILOSOPHIE ROMANTIQUE ALLEMANDE. Un philosopher infini*, par André Stanguennec, 224 pages.

*PLATON. Le désir de comprendre*, par Monique Dixsaut, 288 pages.

*SARTRE. Liberté et histoire*, par André Guigot, 256 pages.

*SPINOZA. Union et désunion*, par Pascal Sévérac, 272 pages.

*LES STOÏCIENS. La liberté et l'ordre du monde*, par Robert Muller, 292 pages.

*VOLTAIRE. Du cartésianisme aux Lumières*, par Éliane Martin-Haag, 192 pages.

BIBLIOTHÈQUE DES PHILOSOPHIES

Directeur : Michel MALHERBE

# MONTESQUIEU

## LE DROIT ET L'HISTOIRE

par

**Francine MARKOVITS**

PARIS
LIBRAIRIE PHILOSOPHIQUE J. VRIN
6, Place de la Sorbonne V^e

2011

ISSN 1281-5675
ISBN 978-2-7116-2155-2

*www.vrin.fr*

# INTRODUCTION

*L'Esprit des lois* est connu comme l'ouvrage majeur de Montesquieu : c'est à la fois celui qui suscite le plus d'opposition de la part des théologiens, la *Défense de L'Esprit des lois* le montre, et celui qui fait reconnaître Montesquieu, et par ses contemporains mêmes, comme le maître à penser d'une génération, quel qu'en soit du reste le domaine, ce dont témoigne D'Alembert dans son *Éloge de Montesquieu*. Or *L'Esprit des lois* est une bibliothèque, un abrégé de la science juridique et politique et en même temps un recueil d'expériences, une science expérimentale de l'histoire[1]. Cette pluralité de styles, cette culture encyclopédique nous interrogent chez un auteur qui pratique également le double sens et s'adresse à plusieurs publics.

Le texte de *L'Esprit des lois* semble une énumération de cas particuliers. La manière d'écrire de Montesquieu est une narration, une description d'exemples empruntés aux anciens et aux modernes, aux chrétiens et aux autres, à l'Orient et à l'Europe; la règle qui justifie l'exemplification n'est pas toujours explicite, ou bien la règle explicitée renvoie à une autre règle qui ne se déduit que de la construction. Quelle leçon tirer de cette énumération qui semble plus rhapsodique qu'architectonique? Et à quel type de philosophie faudrait-il se référer pour trouver ce système d'exemplification? Il nous a semblé que les variations et les tropes de la philosophie sceptique pouvaient en donner la règle et que cette voie renouvelait la lecture de Montesquieu.

La référence à l'histoire du droit est sans cesse présente. Montesquieu lui-même dit que Grotius et Pufendorf ont déjà tout dit « avec une hauteur

1. Bertrand Binoche a montré que la référence à Bacon est, pour Montesquieu, plus significative que la référence à Newton (*Introduction à* De l'esprit des lois *de Montesquieu*, Paris, P.U.F., 1997, en particulier la première partie : « La science nouvelle », p. 29 *sq*.)

de vues à laquelle [il] ne saurait prétendre »[1]. Mais dans son discours, les jusnaturalistes côtoient les juristes romains, autant que les philosophes du droit comme Cicéron, et de façon plus discrète, les partisans de la raison d'État dont les arguments, sinon les noms, sont présents dans la discussion sur les mécanismes apparents et cachés du pouvoir, et sur les instances de régulation des différents corps de l'État, tout autant que sur la fonction des religions.

La référence aux historiens et aux diverses manières d'écrire l'histoire fait apparaître le lien, affirmé par les juristes de la Renaissance comme Bodin, entre le droit et la culture humaniste, c'est-à-dire la relation d'expression entre le droit et les différents domaines de la vie civile, les arts et l'économie en particulier, mais aussi la guerre et la conquête. C'est ce qui permettra une analyse quasi ethnologique de la religion comme forme de droit.

Les derniers chapitres de *L'Esprit des lois* figurent une distribution des systèmes politiques dans l'histoire de l'Europe, par laquelle le grand juriste se place lui-même dans son œuvre comme souvent, dans les œuvres picturales du Moyen Age et de la Renaissance, le donateur dans son tableau. L'explicitation de cette dépendance ne signifie sans doute pas une réduction de la portée du discours de *L'Esprit des lois* à une position partisane mais plutôt une réflexion double sur la place du législateur et de l'écrivain du droit dans son œuvre, engagement politique s'il en fut, à travers la réflexion sur l'histoire des parlements. Cette méthode, impliquant l'énonciateur dans son énoncé, est celle de la critique sceptique des critères, critères toujours inhérents aux énoncés qu'ils règlent.

Il semble donc qu'il faille éclairer Montesquieu par rapport à ses sources historiques, juridiques et philosophiques plutôt que, d'une manière finaliste, chercher en lui le précurseur d'alternatives qui *nous* sont contemporaines comme le libéralisme ou le républicanisme. Il faudrait plutôt se demander quel bénéfice on se donne en prenant Montesquieu pour ancêtre. En revanche, il est indispensable de le situer par rapport à la critique des diverses conceptions du droit naturel et de l'histoire universelle, dans les débats qui sont ceux du dix-huitième siècle.

Cette perspective permet de comprendre *la remise en question de l'histoire universelle et du droit naturel* chez Montesquieu, deux concepts majeurs dont on peut interroger la solidarité. La relation de Montesquieu à

1. « Je rends grâce à MM. Grotius et Pufendorf d'avoir exécuté ce qu'une grande partie de cet ouvrage demandait de moi, avec cette hauteur de génie à laquelle je n'aurais pu atteindre » (Montesquieu, *Œuvres complètes*, éd. D. Oster, Paris, Seuil, 1964, p. 874, désormais noté Oster).

Bayle et à Fontenelle s'inscrit alors dans la contribution à une histoire du scepticisme, à une philosophie sceptique, dont on a méconnu qu'elle avait *son décalogue, ses systèmes de variation, sa théorie des singularités, ses stratégies d'écriture*[1]. Il s'agit donc de voir comment se composent positivisme et scepticisme dans la pensée de Montesquieu. Le droit naturel est en jeu dans la querelle du nominalisme, dans le partage entre la question des mécaniques des passions et la question de l'universalité des modèles chrétiens de normes : l'apport décisif de Montesquieu est de traiter le droit naturel comme une fonction; tout droit positif particulier peut jouer ce rôle de généralité pour un autre droit. Car la généralité n'est qu'un rôle. Cette définition fonctionnelle du droit naturel, donc de la morale, n'est pas un effet consensuel de contenu, mais la contrainte d'une référence à l'universel. Il est pourtant impossible d'y voir l'annonce d'une problématique kantienne de l'universel comme forme. Kant n'admettrait pas que tout système singulier puisse, par un effet d'altérité, jouer le rôle d'un universel, sans y voir une intolérable usurpation. Cette fonction d'un quantificateur, *quel que soit*, montre que le droit naturel est une pure fonction de recours. L'influence du kantisme a fait dériver les historiens des Lumières vers une apologie du progrès et de la maturité de la raison. Il se pourrait que chez notre auteur, au contraire, la périodisation des histoires singulières soit incompatible avec un progrès dans un temps universel.

Dans la critique des périodisations de l'histoire universelle, dans la théorie des singularités, Montesquieu convoque *incognito* les modèles cyniques de l'historiographie (Machiavel, La Boétie, Botero, Naudé...). Cette méthode de l'histoire bouleverse la métaphysique dualiste. Parlementaire et juriste, académicien, voyageur, essayiste, Montesquieu cherche dans les déterminations locales les équivalences qui permettent un comparatisme. Il cherche toujours à établir comme une *carte* des questions. D'Alembert, qui fait son *Éloge*, se sert aussi dans son *Discours préliminaire* de cette métaphore géographique pour déterminer les « terres inconnues » de la connaissance, les *vides* de la chaîne des disciplines et des problèmes. Cette méthode s'oppose à un perspectivisme à l'échelle d'une histoire universelle, car ici, l'énumération des cas de figure n'est pas un défaut, elle a valeur d'argument et pourrait donner droit de cité à une politique sceptique distincte d'une politique cynique.

1. J'ai cherché à montrer la construction de ces concepts sceptiques à l'âge moderne dans une étude sur Bayle : « Bayle sur les traces de Sextus », dans I. Delpla, *Bayle et la raison corrosive*, Champion, 2005, et dans une étude sur Montaigne : « Montaigne, Bayle, Fontenelle : essais et variations » in *Montaigne Studies*, vol. XIX, *Les libertins et Montaigne*, Chicago, 2007.

## CHAPITRE PREMIER

# LECTEURS DE MONTESQUIEU

> Nous dirons de l'obscurité que l'on peut se permettre dans un tel ouvrage, la même chose que du défaut d'ordre ; ce qui serait obscur pour les lecteurs vulgaires, ne l'est pas pour ceux que l'auteur a en vue. D'ailleurs, l'obscurité volontaire n'en est point une : Montesquieu ayant à présenter quelquefois des vérités importantes, dont l'énoncé absolu et direct aurait pu blesser sans fruit, a eu la prudence louable de les envelopper, et par cet innocent artifice, les a voilées à ceux à qui elles seraient nuisibles, sans qu'elles fussent perdues pour les sages [1].

### L'ORDRE DE LA LECTURE ET LA MÉTHODE DE MONTESQUIEU : L'HISTOIRE DANS LE DROIT [2]

La question de l'ordre est subordonnée à celle du public : pour qui *L'Esprit des lois* est-il écrit ? Pour qui les *Considérations sur la grandeur et la décadence des Romains* ? et pour qui *Le temple de Gnide*, ou *Arsace et Isménie*, ou *Les Lettres Persanes*, pour ne prendre que quelques exemples ? L'écriture de Montesquieu est plurielle. On a tôt fait de séparer le juriste et le mondain. L'homme est un. Les écrits jouent chacun peut-être sur plusieurs registres.

Or, à l époque où s'élabore *l'Encyclopédie*, la question du public se pose en des termes relativement renouvelés : à côté du public des doctes, des savants, il y a un public des demi-savants, comme dit Bayle, qui sont les hommes qui occupent les postes de responsabilité politique, admi-

1. D'Alembert, *Éloge de Montesquieu*, Oster, p. 26.
2. Oster, *EL*, XXI, 20 et XXVIII, 23.

nistrative, financière, économique, qui n'ont pas le temps de lire et pour lesquels on écrit des mémoires, des abrégés. Cette détermination fonctionnelle de l'écriture est solidaire d'une nouvelle détermination du public qui prend en compte les « honnêtes gens » de toutes les conditions, de toutes les professions. A la différence de Mersenne ou de La Mothe Le Vayer qui craignaient le vulgaire et ses identifications massives de la science à la magie et des savants aux fauteurs de troubles, on voit ici se constituer un nouveau public et comme une nouvelle considération due au peuple. Car le peuple n'est pas la multitude. Eclairer le public, mais aussi prendre acte de son jugement, suppose que le peuple a du bon sens. C'est le considérer déjà du point de vue d'un corps de citoyens plus que du point de vue de sa sujétion à l'autorité.

Le thème de la peur des masses, peur qu'elles éprouvent, peur qu'elles inspirent, est lié à la thématique de la raison d'État. Dans ce cadre, Machiavel ou Naudé, comme Palingenius[1], évoquent la nécessité de contenir la masse informe et désordonnée du peuple, l'hydre des cauchemars de Platon. La Renaissance et la Réforme ont vu trop d'exemples de foules entraînées par des fanatiques, de soulèvements fomentés par la dénonciation des clercs. Mais dès que l'on envisage le peuple comme un corps, et c'est ce que fait Montesquieu en suivant les institutions antiques, on lui accorde le bon sens. « Le peuple est admirable pour choisir ceux à qui il doit confier quelque partie de son autorité. Il n'a à se déterminer que par des choses qu'il ne peut ignorer, et des faits qui tombent sous les sens ». Le problème n'est donc pas de savoir si l'on écrit pour le peuple mais qui est le peuple. La question est juridique autant que philosophique. Montesquieu dédramatise et démystifie. Et réduisant les peurs, il pose la question du bon sens, du jugement, de l'honnêteté du peuple. « Les hommes, fripons en particulier, sont en général de fort honnêtes gens » (*EL*, XXV, 2); le peuple sait juger qui peut exercer telle magistrature, même s'il ne sait pas juger des affaires en détail. Cette naturalité n'est pas une réhabilitation, ni une apologie. C'est, pour le redire, la prise en compte d'un réel.

A l'époque où se multiplient les traités sur les mœurs et l'esprit des diverses nations, sous la plume de Claude Fleury, de Voltaire, de Demeunier ou sous le titre de *Lettres chinoises*, *juives* etc., avec le marquis d'Argens, ce sont les diverses conditions, les différents tempéraments, les passions dominantes qui décrivent un peuple, une société. Montesquieu

1. Gabriel Naudé, *Considérations politiques sur les coups d'état*, édition précédée de *Pour une théorie baroque de l'action politique*, de Louis Marin, Les Éditions de Paris, 1988. Palingenius. *Zodiacus vitae* (1537); Bayle (article « Naudé » du *Dictionnaire historique et critique*) dit que c'est l'auteur préféré de Naudé.

change les axes de l'évaluation : le peuple n'est pas la foule, l'opinion, l'imagination, l'erreur. Le peuple a du sens. Montesquieu parle de « la manière de raisonner de nos pères », il distingue l'esprit de chaque peuple, c'est la fonction de la théorie des climats.

Par où commencer la lecture de *L'Esprit des lois*[1] ? Quel est le fil conducteur ? Ces questions marquent sans doute, dans leur insistance historique et à notre sens du moins, une résistance à voir ce qui est étalé sous nos yeux. La pensée des lois ne suit pas un « ordre des raisons » qui supposerait une linéarité de l'exposé. On sait qu'à cette manière de démontrer, d'autres auteurs opposeront la prise en compte d'une systématicité, dans laquelle on est plus attentif à la solidarité des propositions qu'à l'ordre de succession. Tel le réseau leibnizien, ou encore l'*Ethique* de Spinoza qui suppose des *itus et reditus* entre les propositions et entre les scolies et les démonstrations. Les démonstrations de la cohérence des lois dans les différents systèmes juridiques impliquent une théorie de la lecture qui n'est pas frontalement expliquée dès l'abord. Le livre XXIX de l'*Esprit des Lois* est un *discours de la méthode des lois*, mais sa place n'est pas inaugurale, il ne fonde pas le droit, il ne justifie pas le meilleur système possible, il est l'expression d'une histoire, il est logé dans l'histoire du droit. Quel juriste lira cette histoire ? Appartient-il à l'historien ou au juriste de la lire ? telles sont les questions de Montesquieu.

Enonçons d'emblée la thèse majeure de Montesquieu, trop peu aperçue jusqu'ici : les lois sont la solution des problèmes posés aux hommes dans des situations déterminées. Elles donnent à lire, à travers elles, le récit d'événements parfois perdus. Les lois sont donc une histoire[2]. Le juridique traduit des faits dans le discours des règles. Il y aura donc une méthode pour lire le droit, c'est de chercher les conflits et les difficultés auxquels il répond. Dubos[3] s'est trompé en suivant les orateurs et les poètes : ce sont les juristes que l'historien doit suivre pour écrire l'histoire : ce sont les textes de lois qui nous l'enseignent. Pourquoi ? Montesquieu l'explique clairement dès le début : *les lois sont des rapports tirés de la nature des*

1. Voir Robert Derathé, édition critique de *L'Esprit des lois*, Paris, Garnier, 2 vol., p. XXXVI. G. Lanson, *De l'influence de Descartes sur la littérature française* (« La méthode d'exposition de Montesquieu » dans l'*EL*, *Revue de Métaphysique*, 1895). H. Barckhausen, *Montesquieu, ses idées et ses œuvres*, d'après les papiers de La Brède, 1907 (dans la 2e partie : *Le désordre de l'EL*).

2. Voir *Mes Pensées*, 285, et *EL*, XXX, 23, XXI, 20, XXVIII, 3 et 23 : il faut chercher l'ancienne pratique dans les corrections que l'on en a faites. Cf. *infra* chap. IV. et p. 192-193.

3. Jean-Baptiste Dubos, *Histoire critique de l'établissement de la monarchie dans les Gaules*, 1734. Voir *Mes Pensées*, 915 et *EL*, XXX, 23.

*choses*, elles expriment les difficultés des situations, elles sont les formules de résolution des conflits. Montesquieu suit ici Grotius et Hobbes. Il faut chercher *ce qu'exprime la prescription*. L'opposition de l'expression et de la prescription n'est pas un jeu de mots, elle peut servir de fil conducteur dans la lecture de Montesquieu.

C'est à propos de la critique de Dubos[1] que se construit l'opposition entre les historiens et les juristes. Mably se souviendra de cette méthode, disant que pour lire l'histoire, il fallait se faire législateur et magistrat. Il ne suffit pas de prendre acte des différentes législations par rapport aux autres facteurs de la vie économique et sociale, il faut interroger les textes de droit par rapport à leur sens historique non déclaré. Il faut en quelque sorte déchiffrer du récit dans le prescriptif. Comment ne pas admettre qu'il y ait une théorie particulière de la lecture chez un tel auteur ?

Lorsque Montesquieu écrit à propos d'une sorte de droit d'amortissement levé sur les Juifs : « Cette coutume si bizarre, nous la savons par la loi qui l'abroge » (*EL*, XXI, 20), il montre que les lois racontent l'histoire : ce qu'elles ne sauraient faire si leur concept était celui de pures obligations universelles[2]. Car non seulement le droit *a* une histoire, mais surtout le droit *est* une histoire. La réflexion sur le destin du droit romain s'achève dans *L'Esprit des lois* en une étude de la méthode historique du droit. Montesquieu revendique la paternité de cette conception de l'histoire et parce que Dubos l'a ignorée, son *Établissement de la monarchie française dans les Gaules* est une apologie fausse. « L'abbé Dubos, dans son ouvrage sur les commencements de notre monarchie, ne lit que pour y chercher l'autorité des Rois et la dépendance des anciens Français, et le droit qu'ils ont, de dépouiller les seigneurs. Cet homme ne voyait jamais dans cette histoire qu'une pension »[3].

Deux systèmes se sont affrontés : celui de Boulainvilliers et celui de Dubos. Que Montesquieu les récuse nous instruit sur ce qu'il cherche dans l'histoire du droit. Comme Boulainvilliers[4] et pour schématiser, Montesquieu veut montrer l'origine de la monarchie française dans des systèmes parlementaires, dans la tradition des Francs et des Germains, et suspecter la généalogie que se donne la monarchie absolue avec le droit romain. Par là même, il oppose à l'histoire du droit romain qui donne des statuts et des procédures, une tradition anglo-saxonne où les lois sont

1. *EL*, XXX, 23.
2. Oster, p. 771 et 777.
3. *Mes Pensées*, 915.
4. Renée Simon, *Henry de Boulainviller, historien, politique, philosophe, astrologue, 1658-1722*, Paris, Boivin, 1947.

considérées comme des moyens, ce qui introduit une grande division dans la manière de penser les normes[1].

Montesquieu critique en Dubos l'historien qui fait de la monarchie française l'héritière de l'empire romain parce qu'il manque les sources compétentes, ce qui revient à se soumettre aux intérêts des orateurs et des poètes. Le problème est celui de la relation au pouvoir politique : Montesquieu parle de pension, c'est le même langage qu'utilisera Rousseau en parlant de Grotius flattant les puissances.

Dubos est conduit à faire des pétitions de principe parce qu'il choisit mal ses sources (*EL*, XXX, 23, 24). Il confond le statut des textes : lettre de félicitation, acte de nomination, comme il confond le statut des personnes[2] (*ibid.*, 25). Il ne voit qu'un ordre de citoyens là où il fallait distinguer différents ordres, différents corps ; il méconnaît la différence des ordres qu'il confond avec des questions de rang, de courtoisie[3] ; il fallait prouver par les codes les différences de statut. Plus grave encore, il confond le fiscal et l'économique[4]. Car il importe les concepts modernes dans l'histoire ancienne[5].

Montesquieu ne se contente pas de renvoyer dos à dos Boulainvilliers et Dubos[6]. Chacun pèche par le caractère partiel de ses vues. Car il ne suffit pas d'assigner une cause, il faut penser des lois de transformation.

Renée Simon montre que Voltaire lisait les manuscrits de Boulainvilliers, très recherchés alors, et qu'il partageait son sentiment sur les historiens qui ne s'étaient attachés qu'à l'histoire des rois, des guerres et des traités en négligeant l'histoire des lois, des mœurs et des peuples qui se fonde sur l'étude du génie de chaque siècle et du ressort des gouvernements. Boulainvilliers écrit : « Je suis étrangement mécontent, je vous l'avoue, et des historiens et de ceux qui les lisent ; je dirais volontiers que ni les uns ni les autres, ne savent ce que c'est que l'histoire »[7]. Dans l'histoire ancienne composée pour ses enfants, il précise : « J'aurai une attention particulière à faire connaître l'histoire des mœurs, des opinions et des

1. *L'amour des lois*, J. Boulad-Ayoub, B. Melkevic et P. Robert (dir), Québec-Paris, Les Presses de l'Université Laval-L'Harmattan, 1996.

2. *EL*, XXX, 25.

3. Oster, p. 773, 774.

4. *Ibid.* p. 762.

5. *Ibid.* p. 760-764 (§ 12).

6. Ce que l'abbé Brisard dira aussi de Mably en 1787 (cité par R. Simon, p. 120).

7. Renée Simon cite la lettre à Mlle Cousinot sur l'histoire de France et le choix des historiens, (p. 48). Voltaire dira, dans une lettre à d'Argenson, du 26 janvier 1740 : « On n'a fait que l'histoire des rois, mais on n'a point fait celle de la nation. Il semble que pendant quatorze cents ans, il n'y ait eu dans les Gaules que des rois, des ministres et des généraux ; mais nos mœurs, nos lois, nos coutumes ne sont-elles rien ? ».

religions des différents peuples de la terre. Je marquerai autant qu'il me sera possible l'origine des arts, des cérémonies et des usages chez toutes les nations. J'y joindrai les observations de physique les plus curieuses, ou plutôt, je n'oublierai aucune de celles que l'antiquité a remarquées». Montesquieu est attentif aux mêmes objets.

Boulainvilliers dit que pour réunir les documents indispensables à la constitution d'une telle histoire, il faut pouvoir «s'instruire dans les trésors du Palais, soit celui des Chartes, soit ceux du Parlement, de la Cour des Comptes et autres…». Il faut donc une politique de la conservation des manuscrits et des bibliothèques. Il faut en outre, pour exploiter ces données, faire «des extraits tirés plutôt des choses que des mots». Il va loin dans l'examen des sources religieuses: «Je tâcherai de concilier les Miracles, même ceux de la création et du déluge, avec les idées que nous donne la philosophie naturelle, persuadé que c'est aider la vérité et le plus sûr moyen d'éloigner les doutes et les incertitudes; non que je ne connaisse les avantages de la parfaite soumission, telle que notre Religion l'exige, mais parce que je sais que tous les hommes n'en sont pas capables…». La justice et la vérité sont plus respectables que les Patriarches mêmes.

Non seulement on voit ainsi Boulainvilliers, avant Montesquieu, privilégier les sources juridiques dans l'histoire des transformations du droit, mais la formation du juriste est ce qui l'écarte de la soumission à l'autorité, fût-elle religieuse. Dans les *Lettres sur les anciens Parlements de France que l'on nomme États généraux*, Boulainvilliers montre comment l'ignorance du clergé fit faire appel à «de certains lettrés qui portaient le nom de clercs, lesquels, ayant étudié le latin, se trouvèrent capables de dresser des actes et dans la suite se firent une routine des usages de chaque pays ou de chaque fief, qui les mit en état d'être regardés comme des espèces de jurisconsultes, à raison de quoi on prenait leur avis dans les occasions»[1]. Boulainvilliers remarque que tous les peuples de l'Europe se sont ingéniés à limiter la puissance des rois par différentes institutions: diètes, parlements, états, cortès, et par le commerce des Anciens de chaque nation. Les seigneurs transmirent peu à peu à ces assemblées une autorité judiciaire qui avait d'abord été liée aux fiefs, mais en même temps, deux grandes transformations s'introduisirent dans la monarchie française: l'affranchissement des serfs et la ruine des grands fiefs[2]. C'est alors que se constitue un corps de clercs juristes, qui va profondément transformer les fonctions du parlement et son rôle dans le prélèvement des impôts et des

1. Cité par R. Simon, p. 154.
2. R. Simon, p. 156.

taxes[1]. « A côté de l'accroissement du pouvoir royal, Boulainvilliers nous a montré, avec le plus grand soin, les progrès du Tiers État, s'insinuant d'abord dans la magistrature, par le besoin que l'on eut bientôt des clercs, de là dans le conseil du roi, puis dans l'armée au moment de la création des francs-archers, c'est-à-dire supplantant peu à peu la noblesse dans ses fonctions essentielles : juger ses pairs et se battre »[2]. Les rois n'ont eu de cesse d'affaiblir le corps de la noblesse qui eût été seul capable de s'opposer aux progrès du despotisme.

Sans doute Boulainvilliers et Montesquieu ont-ils une inspiration commune qui tient à leur appartenance au corps des parlementaires et à leur formation. Car pourquoi sinon mettre au centre de la manière d'écrire l'histoire l'analyse des textes juridiques, l'analyse des institutions ? Pourquoi choisir de faire parler ces textes avant d'autres documents ? Pourquoi privilégier l'écriture du droit et par conséquent, interroger les manières qu'ont eues les différents peuples, y compris les barbares, d'écrire leurs coutumes après une tradition orale, et cela sur des modèles qui pouvaient être romains mais n'étaient pas les seuls ? Dans cette démarche, Montesquieu ira jusqu'à souligner qu'il a été amené à bouleverser l'ordre chronologique ; et en effet, il n'écrit pas une histoire événementielle, il a travaillé sur des structures et des systèmes[3]. Au début de son livre, il a dit : « J'écris après toutes les histoires ».

Si l'histoire est dans le droit, le droit civil est lié au droit politique. Montesquieu marque sa place et déclare être le premier à le dire : « Les lois civiles dépendent des lois politiques »[4]. Cette liaison du droit civil et du droit politique est éloignée de la position des théoriciens du droit naturel de son époque. Il en a conscience et l'affirme comme un principe. C'est ce qui justifie le recours à l'esprit général d'un peuple. Ce qui implique que le droit civil n'a pas pour modèle le droit naturel. Le droit civil est donc pluriel. Surtout, il fait système avec la constitution politique. C'est ce qui expliquera aussi que les lois ne sont pas exportables isolément. Une loi n'est en elle-même, ni bonne ni mauvaise.

1. C'était le privilège de la noblesse d'en être exempte, puisqu'elle payait l'impôt du sang. Et sous Charles VII, les nécessités de la guerre et de la solde des francs-archers les firent exempter également (R. Simon, p. 174).

2. R. Simon, p. 182.

3. Cette réflexion sur l'organicité des systèmes est pratiquée exactement à la même époque, dans un tout autre registre, par un Condillac qui ne s'en tient pas à la critique des systèmes métaphysiques abstraits mais analyse aussi bien l'effet de consistance des systèmes de la superstition ou de l'athéisme : car les systèmes faux existent aussi, ils ont aussi des effets.

4. *EL*, XXIX, 11, 12, 13, Oster p. 752.

Il faut se faire interprète des lois pour écrire l'histoire. La place du juriste est stratégique : il n'est pas le conseiller du prince, il n'est pas le ministre de ses volontés. C'est pourquoi Montesquieu insiste sur sa formation comparatiste, sur sa compétence. Ce point de vue n'est pas seulement théorique, il implique une pratique et une politique. L'engagement même de Montesquieu s'y marque. Les Conventionnels ont bien repéré qu'il parlait en homme politique sans parler d'une politique, mais en déterminant une nouvelle pratique du juridique. On pourrait même dire qu'il détermine une méthode de lecture, lire en juriste.

Les critiques de Montesquieu n'ont pas, à ma connaissance du moins, mis l'accent sur la spécificité d'une telle méthode. C'est ce qui aurait permis de comprendre l'hommage que Montesquieu rend à Grotius car c'est de lui que vient cette pensée que le droit transforme les conflits en problèmes[1]. Il rend du reste hommage à Pufendorf et à Grotius dans la même formule sans les identifier pour autant[2].

On peut faire l'hypothèse que, d'une manière générale, les difficultés tiennent au fait que l'on demande à Montesquieu une doctrine sur des questions dont on suppose qu'il a admis la formulation. C'est cette formulation même qu'il faut interroger parce qu'il semble bien qu'il l'ait contestée.

En fait, on cherche dans cet ouvrage ce qui n'y est pas : une théorie du contrat succédant à l'état naturel des hommes sans société, ou encore, à défaut d'histoire providentielle, une histoire au moins universelle, ou enfin et à défaut, une théorie du droit naturel puisqu'il cite avec éloge Grotius et Pufendorf. On trouve, à la place, une théorie des singularités historiques, un traitement des religions, quelles qu'elles soient, comme de variables d'une fonction, un exposé des machines juridiques.

Les arguments de la critique portent sur plusieurs registres. Il y a d'abord une résistance logique de la part des théologiens portant sur la détermination de la loi comme rapport, sur la détermination des religions en fonction des climats en même temps que des systèmes politiques, sur la

1. Pour reconnaître ce que Montesquieu estime devoir à chacun, ce n'est pas d'abord le contenu jusnaturaliste et providentialiste qu'il faut interroger, mais un mode de raisonnement, un calcul des règles : la loi est une raison. Et en cela, ils sont tous trois, et malgré d'autres différences, proches de Hobbes et de son calcul des normes. L'hommage à Pufendorf est plus cicéronien et vient de la détermination spécifiquement humaine de l'imputation.

2. On sait que lorsque Montesquieu accompagna son ami Lord Waldegrave à Vienne, où il venait d'être nommé ambassadeur du roi Georges II d'Angleterre à la cour d'Autriche, et à cette occasion rencontra le comte de Wurmbrand, président du conseil aulique et le baron Stain, il fut beaucoup question entre eux de la constitution et de l'organisation de l'empire. Sur le conseil de ses hôtes, il se procura le *De statu imperii germanici liber* de Pufendorf. Il se pourrait qu'il ait plutôt pensé à ce livre qu'à celui qui porte sur le droit naturel (Oster, p. 211).

détermination des rapports entre les hommes et les femmes (polygamie, répudiation, célibat). Il y a ensuite des problèmes de définition, la liberté, le cens, le crédit qui supposent l'interprétation de sources érudites. Il y a enfin une critique des références implicites ou explicites qui fonctionnent comme des signes : référence aux stoïciens, « secte orgueilleuse et impie », à Bayle, à Pope, et surtout à Spinoza car, bien qu'il ne soit pas nommé, il est présent dans l'argument de la loi-rapport, son *Traité théologico-politique* est présent dans la variation corrélative des formes du politique et du religieux. Montesquieu aurait été ainsi un des premiers à lire cet ouvrage en ce sens.

Jansénistes et jésuites font front commun contre le livre au moment où il est entre les mains de tous les souverains d'Europe, de tous les hommes éclairés[1]. Diderot dit même que c'est « le bréviaire » de Catherine II[2]. Montesquieu se défend explicitement de partager les thèses de Hobbes, de Spinoza, de Bayle. Et il déclare même avec force les réfuter[3]. Il déclare aussi n'avoir jamais parlé de Pope. Or, il pratique leurs arguments, et les censeurs n'étaient pas aveugles. La querelle de *L'Esprit des lois* nous oblige à penser des stratégies d'écriture, des types de lecture.

J'ai donc cru qu'il fallait imputer ces difficultés aux méthodes de lecture plutôt qu'aux positions théoriques de l'auteur. Je me suis attachée dans ce livre à chercher dans Montesquieu lui-même, dans la texture de ses arguments, une théorie de la lecture. Il fallait prendre pour objet ce que dit le texte et non ce que l'auteur est supposé dire, car cet auteur-là est toujours l'auteur supposé connu, ayant les positions que l'on sait : différent de celui que la reconstruction patiente du texte nous livrerait. Ce qui n'est pas prétendre pour autant qu'il s'agira dans cet ouvrage du vrai Montesquieu. Car le vrai Montesquieu est sans doute perdu. Mais on peut faire l'hypothèse qu'un auteur est peut-être la somme de ses lectures. Somme indéfinie.

Si Montesquieu critique la détermination de la loi comme volonté d'un législateur, il serait contradictoire qu'il appuie ses raisonnements sur les techniques de manipulation dans l'art de gouverner mais il faut nécessairement qu'il montre, contrairement aux théoriciens de la raison d'État, que

1. Une note du recueil de Philibert (voir la bibliographie), p. 143, parle de la réception de Montesquieu en Grande-Bretagne où, tandis qu'on le déchire en France, on lui aurait érigé une statue ; il deviendra dans le Nord un livre classique et on l'enseignera comme on enseigne Grotius dans les universités. Plus haut, l'auteur cite *Le Magazin français*, 1750, Février, p 65, et commente : les auteurs de *La bibliothèque raisonnée* ont été plus équitables.

2. Lettre de Diderot à Catherine II du 15 août 1781.

3. La question est de savoir s'il le fait effectivement. Ou s'il s'abrite derrière cette affirmation.

les magistrats et les prêtres sont les premiers dupes de leurs falsifications. Dans un texte où il étudie la manière dont les livres et les éducations moulent les esprits, c'est la réalité des formations qu'il prend en compte, et non les techniques de manipulation[1]. Il faut donc passer de la duplicité comme pratique subjective à l'ambiguïté comme dispositif objectif lié au jeu des arguments. Prenons donc nos distances avec les méthodes qui, comme celle de Leo Strauss[2], supposent cette duplicité.

La méthode de Montesquieu est une méthode expérimentale, elle ne s'attache pas aux intentions mais aux effets de sens du texte. La méthode du juriste s'est inspirée des méthodes d'exégèse érudite de l'Ecriture Sainte du siècle précédent. Elle interroge les circonstances de l'émergence des textes, les médiations de leur transmission, elle inscrit le texte et sa langue, les versions et les commentaires, l'auteur ou les auteurs, le public, les circonstances dans un système réglé de variations. Ce que Hume nommera plus tard l'application de la méthode expérimentale aux questions morales[3] et qui est une thèse sceptique forte, puisqu'elle est réductrice de la liberté humaine[4], se manifeste pleinement dans la détermination d'une science du texte juridique. Ou encore, de ce que nous appellerions une description du normatif. Cette méthode expérimentale est une naturalisation des normes. D'où l'usage de l'expression « histoire naturelle » appliqué à l'homme, à l'âme, à la société et à ses différentes manifestations, y compris et surtout la religion[5].

Sans doute, dans *L'Esprit des lois*, le commentaire des lois s'appuie-t-il sur la philologie, les traductions et la logique des systèmes ; la périodisation concerne des sociétés singulières, des temps hétérogènes. On passe de l'histoire universelle à des parallèles, autant dans le contexte de la querelle des anciens et des modernes, des païens et des chrétiens, que dans le contexte géographique de l'Europe confrontée à l'Orient et aux Indes occidentales, que dans l'affrontement entre l'empire romain, inventeur du droit, et les barbares, cet innommé de l'histoire auquel Montesquieu redonne en quelque sorte accès à l'humanité en interrogeant le droit impliqué dans leurs pratiques militaires.

1. *Essai sur les causes qui peuvent affecter les esprits et les caractères*, Oster, p. 485 *sq*.

2. *La Persécution et l'art d'écrire*, trad. O. Berrichon-Sedeyn, Press Pocket, 1989.

3. C'est le sous-titre du *Traité de la nature humaine*. Il y a une correspondance entre Montesquieu et Hume qui est très discrète sur leurs philosophies.

4. Voir mon article sur l'histoire naturelle chez La Mettrie, in *Matérialistes français du XVIII^e^ siècle, La Mettrie, Helvétius, d'Holbach*, S. Audidière, J.-C. Bourdin, J.-M. Lardic, F. Markovits, Y. C. Zarka (dir.), Paris, P.U.F., 2006.

5. C'est le titre d'un ouvrage de Hume, *Histoire naturelle de la religion*, trad. M. Malherbe, Paris, Vrin, 1971.

Il y aurait ainsi deux fils conducteurs dans la lecture de *L'Esprit des lois* : d'une part, l'idée que *les lois sont des rapports,* et cette thèse est polémique : les lois ne sont pas des volontés. Cela a suscité la critique non seulement des théologiens, mais des rationalistes révolutionnaires comme Condorcet. Montesquieu détermine la volonté des législateurs et des hommes comme un effet des lois, la liberté comme un effet des lois. Il pensait ne polémiquer que contre les métaphysiciens. Mais il vise en fait une thèse subjectiviste que l'on retrouvera, de manière inattendue, jusque chez les libéraux.

Le second fil conducteur est dans la prise en compte de *la fonction des lois*. Montesquieu forge les concepts de *provision* et de *supplément* pour montrer que les lois peuvent changer de rôle. Peut-être s'inspire-t-il de l'abbé Fleury[1] qui avait montré qu'à l'époque où le royaume de France cherchait son unité à travers la diversité des coutumes, le droit romain put servir de droit civil. L'abbé Fleury dit que ce droit romain fut le droit civil français « *par provision* ». Cette idée de provision, au sens d'une réserve et d'une chose provisoire, est précisément ce que reprend Montesquieu dans le livre de la législation, en donnant ce rôle de droit naturel au droit positif d'un autre peuple, convoqué à cette occasion. Le concept de *supplément* intervient pour montrer comment « il y avait dans chaque lieu une loi dominante et des usages reçus qui servaient de supplément à la loi dominante, lorsqu'ils ne la choquaient pas » (*EL*, XXVIII, 12). Cette analyse fonctionnelle rend le juriste impitoyable envers les bévues des apologistes de la monarchie absolue comme l'abbé Dubos. Les lois écrivent l'histoire à l'insu des historiens.

A l'écart des apologies, des historiographes des rois, des histoires des races de rois[2], des histoires ecclésiastiques, et de l'histoire providentielle d'un Bossuet, *L'Esprit des lois* n'est ni une simple histoire du droit, ni une philosophie de ce qui pourrait *fonder* le droit. Le droit est un monde. Mais il faut distinguer entre une détermination instrumentale du droit, anglo-saxonne et une détermination romaniste selon laquelle les lois sont des statuts, les individus étant déterminés par elles ; Montesquieu a réfléchi sur ces deux déterminations. Et on remarquera qu'il les oppose pour étudier les monarchies modernes. Montesquieu pense le droit comme la dimension essentielle de l'homme (et là, peut-être suit-il la métaphysique de Cicéron)[3] ; et d'autre part, il analyse sans cesse, dans les déplacements des lois, les changements de signification et de fonction. Enfin, le modèle de

1. Claude Fleury, *Institutions du droit français*, 1674.
2. C'est selon ce schéma que s'écrivent alors beaucoup d'histoires.
3. Cicéron dit que la loi est la raison et la vérité (*République*, I).

l'antiquité pluralise l'humanité, contrairement au modèle chrétien qui l'universalise. Dans ce pluriel, il y a des équivalences de fonction, elles sont relatives à l'organisation des systèmes, il n'y a jamais d'équivalence entre les contenus. Les commentateurs de Montesquieu aujourd'hui n'ont pu s'empêcher de rechercher un point fixe anhistorique pour mesurer les normes elles-mêmes : faute de ce fondement, la contrainte des institutions positives, quelles qu'elles soient, serait-elle sans limites et leur critique, impossible ? Il est remarquable au contraire qu'au dix-huitième siècle, cette critique du point fixe anhistorique se découvre dans tous les domaines, de la grammaire au droit[1].

## Quelques positions critiques exemplaires

Nous avons voulu chercher ici à caractériser des types de lecture de Montesquieu pour déterminer leurs enjeux. Le concept de la loi comme *rapport* a rencontré une très grande résistance, on le voit dans la *Défense de L'Esprit des lois*. Le plus intéressant peut-être est que les arguments des jésuites et des jansénistes aient été repris par les philosophies ultérieures, de l'idéalisme allemand à la sociologie, des révolutionnaires anticléricaux aux libéraux.

On a demandé à un Montesquieu qui ne cessait de dire qu'il n'y a pas de forme politique optimale (car l'optimal ne concerne que des singuliers) de cautionner des régimes : sera t-il l'ancêtre du libéralisme, du républicanisme, de la démocratie ? *A contrario*, certains historiens l'ont suspecté d'ethnocentrisme. Ils ont cru reconnaître une filiation dans les hiérarchies géographiques de certains penseurs, les anthropologies de l'idéalisme allemand, la « géologie morale » des facteurs ethniques de Gobineau[2], chez les théoriciens de la colonisation, en Angleterre et en France, chez les penseurs de la décadence de l'Occident[3]. Et la question est encore de savoir, quand on encense Montesquieu comme l'inventeur de la sociologie si ce n'est pas le moyen d'éluder la question des conditions de la production du droit. On est étonné de ne pas trouver chez les lecteurs supposés matéria-

1. Article « Tems » (Beauzée). Il critique dans sa *Grammaire Générale* (1765) les positions de Diderot dans la *Lettre sur les sourds et muets* (1751) et celles de Batteux (1746). J'ai repris cette analogie de traitement de la grammaire et du droit dans un article « La place de l'auteur dans une énumération » *Corpus, revue de philosophie*, « L'ordre des renvois dans l'Encyclopédie », n°51, 2006.

2. Gobineau, *Essai sur l'inégalité des races humaines*, 2e éd., Paris, 1884. Raymond Aron fait à cet égard d'utiles remarques dans *Les étapes de la pensée sociologique*, Paris, Tel-Gallimard, 1967, p. 27-74.

3. O. Spengler, *Le déclin de l'occident*, trad. M. Tazerout, Paris, Gallimard, 1948.

listes de Montesquieu un travail sur la dépendance de l'économie politique envers les institutions: Marx en avait pourtant marqué la contrainte dans ses analyses des corporations. Il y a ainsi une forte demande envers Montesquieu. Et il nous faut par conséquent mesurer l'écart entre ces demandes, parfois anachroniques, et l'inscription de l'auteur dans des polémiques oubliées.

Nous avons donc choisi de caractériser, à titre d'échantillons, quelques positions paradigmatiques car on ne peut relever exhaustivement toutes les lectures : or, paradoxalement, on l'a dit, ce sont aussi les adversaires même de Montesquieu qui nous apprennent à le lire. Et ces « échantillons » nous permettent de comprendre au nom de quoi on a pu méconnaître le fait que pour Montesquieu, la loi soit un rapport; le fait que sa physique sociale ne s'identifie pas à une histoire universelle ni à un progrès; et que l'esprit des lois ne soit pas un désordre parce que la théorie des climats l'articule aux différences dans l'esprit des peuples.

### *La loi comme rapport ou comme volonté*

Séparée d'une philosophie de l'histoire universelle et du droit naturel ou de tout système de normes qui pourrait être essentialisé pour jouer le rôle d'un invariant, la définition de la loi comme rapport n'a pas suscité seulement l'opposition des théologiens. Montesquieu avait transporté en politique un concept de la physique expérimentale, l'idée de la loi comme d'une mise en facteurs des phénomènes. Il pratiquait ainsi une naturalisation de la réalité humaine et une dénégation de la liberté métaphysique. A la liberté métaphysique, il substituait une liberté déterminée par les lois, et les mœurs étaient naturalisées hors de tout dualisme du physique et du moral. Il y a donc chez Montesquieu un véritable atelier de philosophie.

Destutt de Tracy [1] et Condorcet récusent une détermination de la loi qui ne serait pas la volonté d'un législateur. On voit donc les Idéologues reprendre une thèse qui fut celle des jésuites et des jansénistes : comment penser la loi sans une instance de décision, sans une volonté? Condorcet critique vivement le livre consacré à la législation et lui reproche de ne pas se rapporter au doit naturel. Destutt de Tracy, qui publie avec admiration le texte de Condorcet, n'admet pas que l'on puisse définir la loi comme un rapport, sans référence à une volonté supérieure. Un tel concept rendait

1. *Commentaire de L'Esprit des lois de Montesquieu*, par M. Le Comte Destutt de Tracy, Pair de France, Membre de l'Institut de France et de la Société Philosophique de Philadelphie, suivi d'observations inédites de Condorcet sur le XXIXe livre du même ouvrage et d'un mémoire sur cette question : Quels sont les moyens de fonder la morale d'un peuple ? écrit et publié par l'auteur du Commentaire de l'Esprit des Lois en 1798 (an VI), Paris, 1822.

impossible d'ailleurs, aux yeux d'Auguste Comte[1], l'idée d'un progrès de l'humanité, l'idée aussi d'un programme. Les idéologues et les positivistes se sont ainsi retrouvés les alliés objectifs des jansénistes. A l'époque de la *Défense de l'Esprit des lois*, le *Journal de Trévoux* avait été plus modéré, peut-être parce qu'il y avait dans la casuistique des Jésuites, et dans leur science du monde, quoique à leur corps défendant, les éléments d'une anthropologie.

Dans son *Commentaire* de L'Esprit des lois de Montesquieu[2], Destutt de Tracy écrit :

> Les lois ne sont pas, comme le dit Montesquieu, *les rapports nécessaires qui dérivent de la nature des choses*. Une loi n'est pas un rapport, et un rapport n'est pas une loi. Cette explication ne présente pas un sens clair. Prenons le mot *loi* dans son sens spécifique et particulier : cette acception des mots est toujours la première qu'ils aient eue; et il faut toujours y remonter pour les bien entendre. Dans ce sens, nous entendons par une *loi*, une règle prescrite à nos actions par une autorité que nous regardons comme ayant le droit de faire cette loi. Cette dernière condition est nécessaire ; car lorsqu'elle manque, la règle prescrite n'est plus qu'un ordre arbitraire, un acte de violence et d'oppression. Cette idée de la loi renferme celle d'une peine attachée à une infraction, d'un tribunal qui applique cette peine, d'une force physique qui la fait subir. Sans tout cela, la loi est incomplète ou illusoire. Tel est le sens primitif du mot *loi*. Il n'a été et n'a pu être créé que dans l'état de société commencée.

Pour les lois de la nature par conséquent, ajoute-t-il : « Les choses se passent comme si une autorité invincible eût ordonné qu'elles fussent comme cela, sous peine de l'anéantissement inévitable des êtres agissants ». Il y a donc des lois naturelles que nous n'avons pas faites et auxquelles nous ne pouvons pas désobéir impunément, car nous ne nous sommes pas faits nous-mêmes. On voit que Destutt de Tracy reprend, non seulement pour les lois naturelles qui concernent l'homme, mais aussi pour celles qui concernent la nature, le recours à l'autorité d'une transcendance créatrice, recours qui peut sembler ici du point de vue de l'historien des sciences, quelque peu archaïque par rapport à la science galiléenne et newtonienne, quelles qu'aient été, du reste, les croyances de leurs auteurs.

Dans nos sociétés, nous faisons des lois positives, c'est-à-dire artificielles, conventionnelles. Elles doivent, pour être réellement bonnes,

1. *Cours de Philosophie positive*, Physique sociale, Présentation et notes par J.-P. Enthoven, Paris, Hermann, 1975 (Quarante-septième leçon).

2. *Commentaire de L'Esprit des lois de Montesquieu*, par M. le Comte Destutt de Tracy, *op. cit.*

être postérieures à ces lois naturelles, plus anciennes et plus puissantes. « C'est là *l'esprit* (ou le vrai sens) dans lequel doivent être faites les lois positives ». Le commentaire montrera combien Montesquieu s'est écarté de ce vrai sens. Destutt de Tracy va en effet suivre *L'Esprit des lois* chapitre après chapitre. En fait il corrige Montesquieu. Il commence par établir la distinction des gouvernements nationaux et des gouvernements spéciaux pour la substituer à la tripartition traditionnelle fondée sur les types de souveraineté. S'attachant au « principe fondamental de la société politique » qui est la souveraineté du peuple, il range dans la classe des gouvernements nationaux

> tous ceux où l'on tient pour principe que tous les droits et tous les pouvoirs appartiennent au corps entier de la nation, résident en lui, sont émanés de lui et n'existent que par lui ou pour lui ; ceux enfin qui professent hautement et sans restriction la maxime avancée dans l'assemblée des chambres du Parlement de Paris, au mois d'octobre 1788, par un de ses membres, savoir : les magistrats, comme magistrats, n'ont que des devoirs : les citoyens seuls ont des droits. Et entendez par magistrats, tous ceux qui sont chargés d'une fonction publique quelconque.

Aussi les gouvernements nationaux peuvent-ils prendre toutes sortes de formes, monarchique, aristocratique, démocratique. Si la nation exerce elle-même tous les pouvoirs, c'est une démocratie absolue ; si elle délègue à des fonctionnaires, élus pour un temps, à des corps ou à des personnes, c'est un système représentatif. La différence entre gouvernements nationaux et gouvernements spéciaux réside dans la question de savoir si ces formes peuvent être modifiées ou cesser tout à fait dès que la volonté générale de la nation le veut. « Cette circonstance essentielle suffit ».

Un des signes les plus clairs de la méconnaissance de Destutt est peut-être ce qu'il fait dire à Montesquieu, que la vertu républicaine est dans le renoncement à soi-même. Car la résonance chrétienne est ici gênante : Montesquieu avertit à maintes reprises qu'il ne parle pas de vertu chrétienne, mais de vertu politique. Et ce n'est pas une raison pour confondre les deux dans un esprit de sacrifice. Destutt se donne le rôle de défendre alors le naturel de l'intérêt privé dans l'ordre moral. Mais le naturel de Montesquieu est institutionnel.

Condorcet demande au texte de donner des leçons de législation. En ce sens, il le lit comme Destutt de Tracy en demandant : que doit-on faire ? C'est ce verbe *devoir* que récusait Montesquieu qui ne voulait que décrire la nature des normes et non substituer un quelconque devoir à la logique des différents fonctionnements. C'est en ce sens qu'il critiquait la méthode aristotélicienne. Condorcet écrit à propos du livre XXIX de *L'Esprit des lois* et de l'esprit du législateur : « Je n'entends pas ce premier chapitre. L'esprit d'un législateur doit être la justice, l'observation du droit naturel dans tout ce qui est proprement *loi*. Dans les règlements sur la forme des jugemens ou des décisions particulières, il doit chercher la meilleure méthode de rendre ces décisions conformes à la loi et à la vérité. Ce n'est point par esprit de modération mais par esprit de justice, que les lois criminelles doivent être douces, que les lois civiles doivent tendre à l'égalité, et les lois d'administration au maintien de la liberté et de la propriété »[1].

Peut-être Condorcet raisonne-t-il en mathématicien :

> Comme la vérité, la raison, la justice, les droits des hommes, l'intérêt de la propriété, de la liberté, de la sûreté, sont les mêmes partout, on ne voit pas pourquoi toutes les provinces d'un état, ou même tous les états, n'auraient pas les mêmes lois criminelles, les mêmes lois civiles, les mêmes lois de commerce, etc. Une bonne loi doit être bonne pour tous les hommes comme une proposition vraie est vraie pour tous.

Il est clair qu'avec de tels présupposés, Condorcet ne pouvait comprendre pourquoi Montesquieu n'avait pas compté Locke parmi les législateurs[2].

Il faut, dit Condorcet, des lois de deux espèces : « Les premières sont les principes d'après lesquels chaque question doit être décidée; les autres règlent la forme suivant laquelle elle doit l'être [...] Nous ne parlerons pas des lois du commerce, parce que le commerce doit être absolument libre, et n'a besoin d'aucune autre loi que de celles qui assurent les propriétés ». *L'Esquisse d'un tableau historique des progrès de l'esprit humain* marque bien les périodes d'une histoire universelle, scandée par des « crises » dont Condorcet a pu prendre le modèle organique chez Bordeu[3].

Ces questions et le rapport des lois particulières à une norme générale peuvent sans doute être rattachées à deux usages différents des mathématiques : je laisse de côté les écrits de Condorcet sur la statistique sociale et les élections[4]. Le mathématicien, Condorcet, veut ici déduire les normes universelles. L'auteur politique, Montesquieu, fait une algèbre des facteurs

1. *Commentaire de L'Esprit des lois de Montesquieu*, par M. le Comte Destutt de Tracy, *op. cit.*, p. 363.

2. *Ibid.*, p. 385.

3. *Encyclopédie, ou Dictionnaire raisonné des sciences, des arts et des métiers*, Article « Crise » (Bordeu).

4. *Condorcet, Mathématique et société*, choix de textes et commentaire par R. Rashed, Paris, Hermann, 1974.

singuliers[1]. Il s'agit dans un cas de l'application des mathématiques à une réalité politique, il s'agit dans l'autre cas de la transposition d'une méthode algébrique. Appliquer et transposer. Deux méthodes.

Lorsque Rousseau étudie les différentes formes de gouvernement, bien qu'il affirme que « la précision géométrique [n'ait] point lieu dans les quantités morales », il travaille sur les proportions de ces quantités morales. D'abord parce qu'il n'établit pas de forme optimale, sinon dans le pluriel des géographies et des histoires, et en cela, il suit Montesquieu. Ensuite, parce qu'il établit un double rapport entre deux fonctions : le souverain et le sujet, et entre deux entités : le peuple et le gouvernement si bien que « la proportion continue entre le souverain, le prince et le peuple n'étant point une idée arbitraire, mais une conséquence nécessaire de la nature du corps politique, il n'y aura pas de constitution unique de gouvernement »[2]. Aussi s'appuie t-il sur une proportion, sur l'égalité entre deux rapports : le rapport des magistrats au peuple comme gouvernement, le rapport du peuple aux magistrats comme souverain. Par cette *équation fondamentale*, Rousseau propose une action politique. Ses contemporains, puis les hommes de la révolution autant que ceux de la contre-révolution l'ont bien vu. L'idée de penser la politique et la constitution en termes de *quantité d'action*, concept que Maupertuis a promu[3], tient aux déterminations de la dimension des États, de leur situation géographique et de leur histoire, de leur population, de la division du travail, de la production. Rousseau traite de manière synthétique des facteurs que Montesquieu mobilisait au cas par cas. Rousseau aurait ainsi pris chez Montesquieu des leçons de positivisme juridique[4].

En suivant ces affinités de méthode, on peut se demander si elles ne conduisent pas à dépersonnaliser le concept de *volonté générale*. Car pourquoi la nommer générale ? Elle n'est en effet la volonté de personne, elle est impersonnelle, elle n'a pas d'acte de naissance, elle n'est pas

1. Voir par exemple les livres XXIV et XXV sur la religion et *infra*, p. 200 *sq*.

2. J.-J. Rousseau, *Contrat social*, III, 1. « Si, tournant ce système en ridicule, on disait que, pour trouver cette moyenne proportionnelle et former le corps du gouvernement, il ne faut, selon moi, que tirer la racine carrée du nombre du peuple, je répondrais que je ne prends ici ce nombre que pour un exemple ; que les rapports dont je parle ne se mesurent pas seulement par le nombre des hommes, mais en général par la quantité d'action, laquelle se combine par des multitudes de causes ; qu'au reste si, pour m'exprimer en moins de paroles, j'emprunte un moment des termes de géométrie, je n'ignore pas cependant que la précision géométrique n'a point lieu dans les quantités morales ».

3. Voir l'article de S. Bachelard, « Maupertuis et le principe de la moindre action », *Thalès*, 1958.

4. On se souvient qu'il fut le secrétaire du fermier général Dupin lorsque celui-ci se lança dans une diatribe contre Montesquieu, à la suite de laquelle la marquise de Pompadour lui signifia qu'elle prenait Montesquieu sous sa protection.

délibérative, elle procède d'un pacte tacite qui n'a jamais eu lieu. Elle est à la place de l'instance manquante de la légitimation. Si le pacte est rompu, le peuple rentre dans ses droits et reprend sa liberté. Il faut remarquer qu'il n'a jamais eu cette liberté, qu'à vrai dire, il n'y a pas eu *échange* d'une forme de liberté contre une autre, mais *changement de statut*; par cet acte pur, l'homme est fait *entier fractionnaire*, son être est d'être membre d'un tout; seulement ce changement ne peut *avoir eu lieu* puisque l'état naturel est une fiction. Reste à dire que le discours de Rousseau a la forme d'un récit mais que le récit est métaphore d'un intemporel, il décrit en fait une structure. Il y aurait ainsi moins de distance que l'on ne croit entre le positivisme juridique de Montesquieu qui évacue la référence à toute origine, et la volonté générale de Rousseau issue d'un pacte qui n'a jamais eu lieu et qui opère comme une convention sourde ou tacite sans avoir été « déclaré ».

On pourrait montrer alors que le contrat social n'est que la place d'un recours, et interdit à tout prince, à tout magistrat de réunir gouvernement et législation. On ne peut donc pas dire que le contrat social soit une doctrine de la démocratie. Cette place, qui est celle d'un recours possible, est l'instance du peuple. C'est pourquoi le contrat social n'est pas un « esprit des lois », une typologie des systèmes singuliers, mais un traité des principes politiques, un calcul des normes. Sans doute ce calcul diffère t-il de celui de Hobbes encore que Rousseau l'admire : ce n'est pas tant ce qu'il y a de faux que ce qu'il y a de vrai dans sa politique qui le frappe. Il n'y a pas de contrat social pour Montesquieu.

Du point de vue de la critique de l'origine et du droit naturel, il y a incontestablement une relation entre les hypothèses de nos deux auteurs. Rousseau cite un passage des *Considérations sur les Romains* qui marque la circularité dans laquelle sont pris les législateurs, à la fois effets et principe des institutions : « Dans la naissance des sociétés, ce sont les chefs des républiques qui font l'institution; et c'est ensuite l'institution qui forme les chefs des républiques »[1]. Cette double implication correspond chez Rousseau à un déni de l'origine, argument constant dans le *Contrat social* comme dans le *Discours sur l'origine de l'inégalité*. C'est dans cette perspective qu'il peut critiquer l'état de nature comme une fiction et le droit naturel comme la métaphysique des juristes. On peut y reconnaître la démarche de Montesquieu.

Montesquieu a analysé des effets de structure en particulier à propos des religions. L'avant-dernier chapitre du *Contrat social*, articulé en deux temps, travaille aussi sur des structures : il y a une première typologie, dans

1. *Contrat social*, II, 7.

l'opposition des théocraties antiques et du christianisme moderne, le critère de différenciation étant le rapport du prince au pontife ; ces deux rôles, unis dans les religions de l'antiquité, sont disjoints dans le christianisme, ce qui donne du pouvoir à un corps, le corps des prêtres ; à cette typologie succède une autre forme de variation en fonction des déterminants, « la religion-de » : religion de l'homme, religion du citoyen, religion du prêtre. On s'est borné à une lecture moraliste de ces distinctions. Mais elles ont une force opératoire en histoire et Rousseau n'ignorait pas que Montesquieu a toujours mis en évidence la question du pouvoir des corps.

*Une physique sociale ?*

Lire l'histoire dans le droit, n'est pas chercher dans l'histoire l'ordre et le progrès. Ne faudrait-il pas distinguer plusieurs types de positivisme ? ne faudrait-il pas suspecter la croyance au progrès ? Si un pluriel d'ordres traduit un scepticisme, tout scepticisme politique est-il un cynisme ? Replacer Montesquieu dans une histoire n'est pas un geste neutre. Cassirer a trop tôt fait de la philosophie du sujet et du progrès une des constantes de la philosophie des Lumières.

Deux ans après *L'Esprit des lois*, dans deux discours sur l'histoire universelle, Turgot détermine le positivisme sans en utiliser le terme en formulant, pour ainsi dire, la loi des trois états. Les hommes imaginèrent d'abord des dieux à leur image pour expliquer les phénomènes de la nature ; lorsque l'absurdité de ces fables eut été reconnue, « ils imaginèrent d'expliquer les causes des phénomènes par des expressions abstraites, comme *essences* et *facultés*, expressions qui cependant n'expliquaient rien, et dont on raisonnait comme si elles eussent été des êtres, de nouvelles divinités substituées aux anciennes ». Enfin, les actions mécaniques des corps, les mathématiques et l'expérience rendirent possibles d'autres hypothèses[1]. Cette perspicacité n'empêche pas Turgot de méconnaître l'interprétation anthropologique que donne Montesquieu des climats : ce sont des variations géographiques, physiques, morales et politiques à la fois. Cette complexité interdit d'y voir une réduction du moral au physique. Mais Turgot[2] et reproche à Montesquieu d'avoir privilégié les causes physiques avant d'avoir épuisé les causes morales dans sa théorie des climats.

1. « Plan du second discours sur les progrès de l'esprit humain », *Œuvres complètes de Turgot*, éd. G. Schelle, t. I, p. 315-316.

2. *Œuvres complètes de Turgot*, « Discours sur les avantages que l'établissement du christianisme a procurés au genre humain », éd. G. Schelle, t. I. Sur les écrits de jeunesse de Turgot, voir la thèse récente de Giampiero Rossi, soutenue à l'Université de Bologne en 2006, *Filosofia e storia in A.R.J. Turgot (1748-1756)*.

Dans la quarante-septième leçon de sa *Physique sociale*[1], Auguste Comte veut repérer l'époque où la prépondérance de l'esprit positif a permis de comprendre en quoi consistent les lois naturelles et la vraie notion fondamentale de la progression humaine. « La première et la plus importante série de travaux qui se présente comme directement destinée à constituer enfin la science sociale est alors celle du grand Montesquieu, d'abord dans son Traité sur la politique romaine, et surtout ensuite dans son Esprit des lois ».

L'assujettissement des phénomènes politiques à d'invariables lois naturelles est la marque de l'origine philosophique de ce que Comte considère comme une innovation, en la rattachant aux découvertes de Képler, de Galilée, de Descartes, de Newton[2]. Mais Comte ajoute que « la notion fondamentale de la progression humaine, première base indispensable de toute véritable loi sociologique, ne pouvait avoir, pour Montesquieu, ni la netteté, ni la consistance, ni surtout la généralité complète qu'a pu lui faire acquérir ensuite le grand ébranlement politique sous l'impulsion duquel nous pensons aujourd'hui ». Les mêmes qualités font apparaître « l'inévitable impossibilité de tout succès réel dans une entreprise aussi hautement prématurée ». Le commentaire de J.-P. Enthoven, dans son édition de la *Philosophie positive*, souligne le contre-sens : « Par la grâce d'une lecture comtienne, Montesquieu devient donc l'héritier des théoriciens du droit naturel et le père de tous les philosophes contre-révolutionnaires du début du dix-neuvième siècle ».

Comte déclare que le projet fondamental de Montesquieu n'a nullement été réalisé et qu'il ne tarde pas à revenir au type primitif du traité d'Aristote. Mais ses présupposés sur le sens de l'histoire font écran à la perception de la typologie des systèmes de Montesquieu. La loi des trois états exclut la contingence historique qui est le point d'appui des analyses de Montesquieu. Comte note l'indifférence aux états de civilisation les plus opposés, et croit constater une stérile accumulation de faits; il ne peut que se méprendre sur le rôle du fameux « modèle » anglais qu'il ne craint pas d'interpréter comme l'illusion pour Montesquieu d'une « régénération sociale ».

Ce qui montre surtout ou encore mieux, la méconnaissance de Comte, c'est son analyse des climats. Comme le positivisme ne peut avoir pour lui qu'un sens, il note que la seule partie d'une œuvre qui manifeste une

1. *Cours de philosophie positive*, présentation et notes par J.-P. Enthoven, Paris, Hermann, 1975.

2. Nous verrons que la référence à Newton peut être discutée, cf. *infra*, p. 41 *sq.*, p. 74, note 3 et p. 107.

positivité effective est celle où Montesquieu « s'efforce d'apprécier exactement l'influence sociale des diverses causes locales continues, dont l'ensemble peut être désigné, en politique, sous le nom de climat ». Mais sans une idée exacte de la progression sociale, il lui est impossible d'évaluer les « perturbations plus ou moins secondaires qui peuvent résulter du climat ou de tout autre influence accessoire, même plus puissante, comme celle des diverses races humaines [...] ». L'influence comme perturbation ? Montesquieu, pour sa part, évite le terme d'influence : dans *l'Essai sur les causes qui peuvent affecter les esprits et les caractères*, le climat est un facteur parmi d'autres, physiques, moraux, institutionnels, religieux ... que l'énumération ne soit ni exhaustive, ni hiérarchisée, a aussi du sens. L'aléatoire n'est pas désordre. Le positivisme juridique de Montesquieu repose sur l'analyse du hasard, du mélange, de la dyschronie [1]. Mais Comte caractérise cette démarche comme « prématurée ». Soulignons seulement qu'il va développer dans la cinquante-cinquième leçon l'idée d'un sens de l'histoire par rapport auquel, selon lui, Voltaire et Rousseau marquent une rétrogradation. Il exclut l'idée qu'il puisse y avoir une pensée de l'histoire sans progrès, sans référence à une normativité universelle.

### *Méconnaissances*

On peut dire de toute façon, que l'érudition de Montesquieu et sa maîtrise, quand bien même on n'en saisit pas le sens, impressionnèrent ses critiques les plus déterminés. On citera ici deux critiques qui nous semblent paradoxales, venues d'hommes qui, idéologiquement, semblaient pouvoir être des alliés de Montesquieu.

Linguet affirme que c'est la société qui a produit les lois et non les lois qui ont produit la société. Il renverse ainsi le rapport entre droit naturel et droit civil, faisant du droit naturel l'image du droit civil. C'est une critique répandue du finalisme et Linguet applique son hypothèse : l'esprit ne saurait désirer ce dont il n'a pas d'idée [2]. Il se propose de découvrir un principe secret, plus ancien que les lois, indépendant du pacte social, pour justifier la société. C'est comme *un pacte de subsistance*, les moyens de survivre contre l'obéissance. C'est de ce point de vue qu'il va critiquer Montesquieu et Pufendorf. Le reproche fait à Montesquieu est qu'il n'a pas expliqué l'origine de la société. Linguet prend le second livre de *L'Esprit*

1. Nous montrons plus loin que l'esprit des peuples est le concept d'un mélange entre des facteurs dont l'ordre varie selon les sociétés. Le *Mélange* est élevé au rang de concept dans les dix modes d'Enésidème et de Sextus Empiricus.

2. *Théorie des lois civiles*, 1767, Paris, Fayard, 1984, p. 109.

*des lois* et semble supposer que l'exposé que Montesquieu fait ici des lois naturelles a pour fonction de se référer à une origine. Nous verrons plus loin pourquoi il semble que Montesquieu ait dressé ici un tableau qui ne joue aucun rôle opératoire dans la suite de son ouvrage et n'apparaît que comme purement déclaratif ou même, si l'on veut, comme une façade vide. Il est surprenant que Linguet qui critique l'idéologie du droit naturel comme une image que la société civile se donne d'elle-même, soit insensible à la critique que fait Montesquieu du droit naturel. Toujours est-il qu'il semble supposer que Montesquieu est en quête d'une origine et manque son objet. Il semble d'autre part négliger l'histoire du droit à laquelle Montesquieu est si attentif pour mieux contester la forme générale du droit civil : la défense de la propriété, des droits de succession, de la famille et des diverses formes d'esclavage [1]. Car il ne faut pas oublier que, pour Linguet, l'esprit des lois est de consacrer la propriété.

La lecture que fait Linguet de Montesquieu est proche de la caricature. Il le conteste essentiellement sur trois points : la servitude civile des femmes et la polygamie, la propriété des terres par rapport aux empires d'Asie, l'esclavage et le prix des services dans la production. Le cynisme de Linguet n'a pas toujours été perçu comme une cruelle ironie et certains commentateurs l'ont pris au pied de la lettre comme l'apologiste de la servitude, sans voir qu'il construisait un contre-discours par rapport aux physiocrates, hypocrites apologistes, selon lui, de la liberté.

Voltaire s'est exprimé à plusieurs reprises sur le désordre de *L'Esprit des lois*, mais attend pourtant une date tardive (1777) pour discuter point par point tous les exemples de Montesquieu; quelle était sa stratégie, atomisait-il à dessein ? « Je suis fâché que ce livre soit un labyrinthe sans fil et qu'il n'y ait aucune méthode… C'est Michel Montaigne législateur » [2]. Les citations de *L'Esprit des lois* seraient fausses, en particulier celles du Testament de Richelieu [3]. Il écrit : « Que conclure de tant d'exemples ? Encore une fois, que tout est contradictoire dans les gouvernements et dans les passions des hommes » [4]. Lorsqu'il évoque la question des lois fondamentales, il déclare que celles que l'on nomme telles « ne sont, comme

1. Voir *Politeia, n°1-2*, colloque Linguet, *Reims*, 1998 et mon article : « Linguet et les images du droit dans la théorie des lois civiles ».

2. *Œuvres complètes de Voltaire*, « L'ABC, ou Dialogues entre A, B, et C. » traduit de l'anglais de M. Huet, 1768 [1762]) édition Beuchot, Paris, Firmin-Didot 1831, t. XLV, p. 5 et 6. Le texte du premier entretien commence ainsi : « A. Eh bien, vous avez lu Grotius, Hobbes, et Montesquieu. Que pensez vous de ces trois hommes célèbres ? »

3. Montesquieu avait répondu, avant la lettre, aux objections de Voltaire concernant le *Testament de Richelieu*. Voir *Mes pensées*, 594, Paris, Seuil, p. 925 *sq*.

4. Beuchot, L, p. 140.

toutes les autres, que des lois de convention, d'anciens usages, d'anciens préjugés qui changent selon les temps »[1]. En pratiquant communément l'accumulation pour manifester l'incohérence et le fatras de nos opinions, Voltaire est clairement sur les positions d'un universalisme qui sera la justification de la tolérance et du déisme. Il fustige, non seulement Montesquieu, mais les adversaires de Montesquieu de le regarder comme le disciple de Pope et de les regarder tous deux comme les disciples de Spinoza. Les arguments de Voltaire sont ceux de la défense de l'athée vertueux, encore qu'il suppose nos auteurs seulement adeptes de la religion naturelle. Il est vrai que les ecclésiastiques pratiquaient l'amalgame entre athéisme et déisme[2].

Voltaire attendait l'histoire de la transformation de l'empire romain, l'histoire des fiefs[3] et cherchait un guide ; il ironise sur l'esprit de l'auteur, qui en a beaucoup, « mais brille plus qu'il n'éclaire, et satirise quelquefois plus qu'il ne juge ; et il fait souhaiter qu'un si beau génie eût toujours plus cherché à instruire qu'à surprendre ».

> Il eût été à désirer, écrit-il dans le *Dictionnaire philosophique* à l'article « Lois »[4], que de tous les livres faits sur les lois, par Bodin, Hobbes, Grotius, Pufendorf, Montesquieu, Barbeyrac, Burlamaqui, il en eût résulté quelque loi utile, adoptée dans tous les tribunaux de l'Europe, soit sur les successions, soit sur les contrats, sur les finances, sur les délits, etc. Mais ni les citations de Grotius, ni celles de Pufendorf, ni celles de l'*Esprit des lois*, n'ont jamais produit une sentence du Châtelet de Paris, ou de l'Old Bailey de Londres ...[5].

Nous pouvons à notre tour regretter que le parti-pris de Voltaire pour un droit naturel universel l'ait aveuglé sur Montesquieu.

Pourquoi faire un sort à des lignes que l'on pourrait se contenter d'écarter pour leur impertinence et leur persiflage ? On y voit conservée l'idée que les écrits doivent avoir une fonction morale, qu'ils doivent être des leçons de législation pour l'Europe entière. On peut remarquer que c'est justement l'attitude ecclésiastique de demander à tout écrit une conformité avec la morale autorisée. Mais il y a tout un jeu chez Voltaire

1. L'ABC, Beuchot, XLV, p. 105.

2. « Il me semble que Voltaire croit l'attraction parce que c'est une chose extraordinaire, comme on croit les miracles... » ; « Voltaire n'écrira jamais une bonne histoire : il est comme les moines, qui n'écrivent pas pour le sujet qu'ils traitent, mais pour la gloire de leur ordre ; Voltaire écrit pour son couvent » *Mes pensées*, 925 et 927, Paris, Seuil, p. 980.

3. *EL*, XLV, p. 16.

4. Beuchot, XXXI, p. 86. Beuchot signale les nombreuses références critiques à *L'Esprit des lois* aux articles « Amour socratique, Argent, Esclaves, Femmes, Honneur, Inceste ... ».

5. Beuchot, XXXI, p. 87.

qui, d'un autre côté, fustige la méthode chrétienne et, comme il dit, charitable. Dès le *Remerciement sincère à un homme charitable*, en 1750[1], il remercie le destinataire d'assurer « que notre religion est bafouée par tous ceux [anciens et modernes] dont la profession est de chercher la vérité »[2]. La charge est violente :

> Que j'aime votre colère contre l'auteur de *L'Esprit des lois*, quand vous lui reprochez d'avoir loué les Solon, les Platon, les Socrate, les Aristide, les Cicéron, les Caton, les Epictète, les Antonin et les Trajan ! On croirait, à votre dévote fureur contre ces gens-là, qu'ils ont tous signé le formulaire[3]. Quels monstres, Monsieur, que tous ces grands hommes de l'antiquité ! Brûlons tout ce qui nous reste de leurs écrits, avec ceux de Pope et de Locke et de M. de Montesquieu. En effet, tous ces anciens sages sont vos ennemis ; ils ont tous été éclairés par la religion naturelle. Et la vôtre, Monsieur, je dis la vôtre en particulier, paraît si fort contre la nature, que je ne m'étonne pas que vous détestiez sincèrement tous ces illustres réprouvés qui ont fait, je ne sais comment, tant de bien à la terre. Remerciez bien Dieu de n'avoir rien de commun, ni avec leur conduite, ni avec leurs écrits[4].

On peut même aller jusqu'à se demander si l'intention de l'auteur de *l'Essai sur les mœurs et l'esprit des nations* n'est pas d'écrire un Anti-Montesquieu[5]. On a dit que l'*Essai* serait une histoire des autres peuples, des sciences, des arts, des sociétés; plutôt qu'une histoire des grands, ce serait une histoire des œuvres, des inventions; et une dénonciation des impostures politiques, religieuses, intellectuelles. L'énumération des diverses sociétés y suit cependant un ordre chronologique unique et fait rentrer toutes les cultures dans un temps qui, s'il n'est ni providentiel ni chrétien, est bien universel.

Mably critiquera du reste l'histoire universelle de Voltaire[6] parce qu'il « tronque, défigure et altère la plupart des faits ». Car « l'historien doit exercer une sorte de magistrature; et vouloir le réduire à ne coudre que des faits à des faits et les raconter avec agrément [...] c'est n'en faire qu'un insipide gazetier ou un bel esprit »[7]. Que l'historien doive se faire magistrat pour lire l'histoire des constitutions, n'est-ce pas une leçon de Montesquieu

1. Inséré dans le recueil de Philibert cité dans la bibliographie.

2. Beuchot, XXXIX, p. 333.

3. Il s'agit du formulaire que devaient signer les ecclésiastiques pour déclarer condamner les thèses jansénistes (note de F. M.).

4. *Ibid.*, p. 332.

5. Je ne sais si un critique a fait cette hypothèse.

6. *De la manière d'écrire l'histoire* [1783], p. 286 *sq.* éd. B. de Negroni, Paris, Fayard, 1988.

7. *Ibid.*, p. 280.

dont il s'inspire aussi dans sa théorie des contre-forces : « [...] On veut opposer des contre-forces à l'autorité, parce que l'autorité est nécessaire dans toute société, et que l'on a souvent éprouvé qu'en ne la partageant pas en différentes branches, elle était capable d'oublier son devoir et de se porter même aux excès les plus pernicieux [1] ».

### *L'esprit des peuples*

Il règne une certaine confusion dans les manières de déterminer l'esprit des peuples. N'y aurait-il d'autre moyen de penser les différences que de s'inscrire dans l'alternative entre un esprit des peuples au principe de l'histoire, essentiel et moteur, et une dispersion infinie des systèmes de lois et de mœurs, perdue dans l'absence de référent universel, de mesure commune ? Est-ce seul l'universalisme d'un droit naturel qui nous permette de dire que tous les codes ne sont pas équivalents [2] ?

Ce n'est pas dire que l'on puisse purement et simplement opposer à une histoire universelle une histoire plurielle du génie des peuples. Mais le génie ou l'esprit d'un peuple peut être interprété diversement. L'équivoque du terme *d'esprit* en français est de signifier à la fois l'irréductible de la subjectivité et de la pensée et les mécanismes du mot d'esprit, sans parler des métaphores chimiques ou alchimiques de l'esprit de vin, des extraits, des essences, et de la quintessence. La langue allemande a deux mots, la connotation de *Geist* est dans la spiritualité, *Witz* est le mot d'esprit. Or Hegel et après lui, l'école historique du droit, avec F.-C. von Savigny et Gustav Hugo, articulent le *Volksgeist* et l'histoire des formations sociales à une histoire du spirituel et à une philosophie vitaliste. N'oublions pas que la pensée de Hegel procède d'un côté d'un renouvellement de la paléontologie avec la méthode de Cuvier et d'un autre côté d'un vitalisme appliqué à l'histoire des peuples avec la réédition de textes médiévaux [3].

Hegel lit Montesquieu ou du moins le cite dans le cadre d'une critique du droit naturel [4]. Il récuse avec force ce qu'il dénonce, dans la philosophie

1. *Doutes proposés aux philosophes économistes*, p. 223, où il vise les *Ephémérides du citoyen* et Lemercier de La Rivière.

2. Comme si la critique des « totalitarismes » du vingtième siècle avait seulement manqué du salut par l'universel. Il manque encore une étude sur les ambiguïtés du kantisme, ou sur la solidarité entre salut par l'universel et salut par l'obéissance au devoir, souvent citée au procès de Nuremberg.

3. Voir les travaux de Tieck, von der Hagen, Adam Muller. Voir mon article « Hegel et le droit naturel », *Critique* n° 314, juillet 1973.

4. Voir les notes de B. Bourgeois, dans ses traductions : Hegel, *Des manières de traiter scientifiquement du droit naturel*, Paris, Vrin, 1972 ; *l'Encyclopédie des sciences philo-*

des Lumières, comme l'atomisme des théories du contrat tout autant qu'il récuse le privilège de la personne et le primat du juridique et de l'économique sur le politique. L'assimilation de Montesquieu aux théoriciens du droit naturel est significative de la démarche hégélienne.

Hegel écrit : « Dans l'État, l'esprit du peuple, la coutume éthique, la loi, sont ce qui domine. Alors, l'homme est reconnu et traité comme être rationnel, comme libre, comme personne ; et l'individu singulier, de son côté, se rend digne de cette reconnaissance [parce qu'il obéit, en surmontant la naturalité de sa conscience de soi, à un universel, à la loi, reconnaissant les autres comme libres, comme des personnes] »[1]. Le *Volksgeist* a une histoire à l'intérieur de lui-même ; et la dialectique des esprits des peuples, dans l'histoire mondiale universelle, est telle que chacun n'accomplit qu'une seule tâche de l'acte total. Cette partition est solidaire d'une histoire dont la fin est un tribunal, le jugement dernier, et Bernard Bourgeois prend soin de souligner l'ambiguïté de l'expression : *Weltgericht*[2]. L'esprit national déterminé n'est lui-même qu'un seul individu dans le cours de l'histoire universelle qui est la représentation de l'évolution divine, absolue, de l'esprit sous ses formes les plus hautes, de cette progression grâce à laquelle il acquiert la connaissance véritable, la conscience de soi dans la vie morale, la constitution, l'art, la religion et la science. Il revient à l'anthropologie des caractères nationaux d'expliquer cette spécialisation des rôles des peuples. Mais Hegel essentialise ainsi le caractère national.

En classant les types d'histoire, Hegel donne à Montesquieu une place dans l'histoire réfléchie pragmatique. « Seule l'intuition approfondie, libre, compréhensive des situations et le sens profond de l'idée (comme par exemple dans *L'Esprit des lois* de Montesquieu) peut donner aux réflexions de la vérité et de l'intérêt »[3]. Cependant, en déterminant la religion comme le lieu où un peuple se définit à lui-même ce qu'il considère comme la vérité, Hegel s'interdit de voir que Montesquieu n'a pas du tout donné cette fonction à la religion.

La difficulté est que la volonté intégrative de Hegel semble rencontrer la logique des systèmes de Montesquieu, ce qui pourrait laisser le lecteur inattentif supposer un accord entre leurs positions. Mais tout en reconnaissant « les vues pénétrantes » de Montesquieu, Hegel fait une lecture hâtive

*sophiques*, Paris, Vrin, 1986 et 1988, t. III, p. 78. Voir les *Principes de la philosophie du droit*, trad. A. Kaan, Paris, Gallimard, 1940, § 273.

1. *Encyclopédie des sciences philosophiques*, trad. B. Bourgeois, III, add. § 432, p. 533.

2. *Ibid.*, § 449 et 462.

3. *Leçons sur la philosophie de l'histoire*, introduction, trad. J. Gibelin, Paris, Vrin, 1967, p. 18-21.

et superficielle des trois formes de gouvernement, de leur nature et de leur principe, sans prendre garde au fait que Montesquieu avait répondu à ses objections sur la vertu.

Justement, de Montesquieu à Hegel, l'attention au singulier induit deux critiques de l'universalisme absolument divergentes. Montesquieu évite les formes d'essentialisation du peuple, or c'est justement le fond de l'argument hégélien lorsqu'il s'agit de définir la souveraineté : souveraineté du peuple qui est une idée confuse, souveraineté du monarque en tant qu'il incarne la nation et l'esprit du peuple. Car le peuple représente la partie qui ne sait pas ce qu'elle veut[1]. Hegel critique la contingence et le manque d'organicité des conceptions de Montesquieu. La toile de fond reste pour lui la détermination atomistique des individus dans les politiques du contrat et il rend cette position solidaire de la philosophie mécaniste, bien que ce ne soient pas les arguments de Montesquieu. Il reprend ainsi, et à son insu sans doute, les griefs des théologiens sur la réduction du moral au physique.

On peut encore repérer une essentialisation analogue chez F.-C. von Savigny qui écrit en 1814 dans *Vom Beruf unserer Zeit für Gesetzgebung und Rechtwissenschaft* :

> Là où nous trouvons une histoire authentique, le droit civil a déjà un caractère déterminé, propre à un peuple, comme son langage, ses mœurs, sa constitution, car ces manifestations n'ont pas d'existence séparée, ce ne sont que les forces individuelles et les activités d'un unique peuple, inséparablement unies dans leur nature, et qui n'apparaissent comme des qualités isolées qu'à notre point de vue. Ce qui les lie à un tout est la conviction commune du peuple, le sentiment égal d'une nécessité intérieure qui exclut de penser à une naissance due au hasard ou à l'arbitraire. Comment sont unies les fonctions propres des peuples, par lesquels ils ont pu accéder à l'état d'individus, cette question ne peut pas recevoir de réponse par la voie historique[2].

A. Dufour cite Savigny : « Toute la science juridique n'est rien d'autre que l'histoire du droit » mais cette histoire n'est rien de contingent, elle est le développement organique de la vie du peuple. Il y a chez ce romaniste qu'est Savigny, « une double orientation, romaniste spirituelle cosmopolite et germaniste populaire nationale ». Contre l'image qu'a l'Allemagne des

1. *Encyclopédie*..., § 279 et 301.

2. Je traduis. On trouvera dans les *Annales de la Faculté de droit de Strasbourg*, n°7, 2004, intitulée « L'esprit de l'école historique du droit », une longue étude de Joachim Rückert sur Savigny et la méthode juridique. On lira également Alfred Dufour, *Droits de l'homme, droit naturel et histoire*, Paris, P.U.F., 1991.

Lumières françaises et de leur supposée philosophie politique individualiste du contrat, on voit se construire la notion de peuple comme totalité naturelle (*Naturganze*), de Droit coutumier comme expression de la conscience populaire (*Volksgeist*) et de développement organique comme processus de la croissance (*Fortbildung*) des totalités naturelles et culturelles résultant d'une nécessité interne (*innere Notwendigkeit*)[1]. Dans son vitalisme, Hegel citait Bichat. C'était oublier que ces déterminations « organiques » sont elles-mêmes soumises à une histoire des sciences.

Hegel et Savigny ont repris la notion d'un esprit des peuples en l'interprétant d'un point de vue vitaliste comme le principe des manifestations politiques et culturelles. Là où Montesquieu fait varier la composition et l'ordre des facteurs en fonction des temps et des lieux, Hegel et Savigny essentialisent la dernière instance dans le spirituel. Hegel dira que le monarque « incarne » l'esprit du peuple. C'est précisément ce qu'évitait Montesquieu lorsqu'il protestait qu'il était un écrivain politique et non un théologien.

### *Division et distribution des pouvoirs*

En résumant l'histoire de la réception de Montesquieu au XIX<sup>e</sup> et au XX<sup>e</sup> siècle, Robert Derathé écrit :

> Quoique Benjamin Constant cite souvent Montesquieu[2], on ne peut guère le considérer comme un disciple. Le vrai, le grand disciple de Montesquieu au XIX<sup>e</sup> siècle est Alexis de Tocqueville, non seulement parce qu'il partage sa conception aristocratique de la liberté[3], mais aussi parce qu'il suit, pour l'étude de la démocratie en Amérique, la voie tracée par l'auteur de *L'Esprit des lois* dans l'exposé de la constitution d'Angleterre. L'on peut comprendre, écrit Raymond Aron, le problème central de Tocqueville à partir de Montesquieu, l'auteur dont Tocqueville a dit lui-même qu'il avait été son modèle au moment où il écrivait *La Démocratie en Amérique*.

Montesquieu suppose que les individus humains ne sont que les membres des corps, clergé, noblesse, villes, jurandes et raisonne de la

1. Je cite A. Dufour, *op. cit.*, p. 158.

2. Voir aussi G. Benrekassa, « De Montesquieu à Benjamin Constant : la fin des Lumières ? » *Dixhuitième siècle, Montesquieu et la Révolution*, n°21, Paris, P.U.F., 1989. Voir Benjamin Constant, *Principes de politique*, T. Todorov et E. Hofmann (éd.), Paris, Pluriel, 1997.

3. R. Derathé cite Emile Faguet : « La liberté est aristocratique et tout ce qui est aristocratique est libéral » (*La politique comparée de Montesquieu, Rousseau et Voltaire*, 1902, p. 51). Derathé cite plus loin R. Aron, *Les étapes de la pensée sociologique*, Paris, 1967, p. 126.

même manière sur les corps et sur les pouvoirs [1]. Au lieu que l'analyse de Tocqueville repose sur les entités individuelles, sur le fait que chaque homme est une entité. Il y a ainsi deux conceptions de l'individu. C'est ce qui permet à Tocqueville de critiquer les petites sociétés, les corps de l'Ancien Régime, dont il reconnaît la réalité, mais dont il dit qu'elles sont repliées sur elles-mêmes, ne privilégiant que leurs dispositifs de défense. Il écrit :

> Nos pères n'avaient pas le mot *d'individualisme*, que nous avons forgé pour notre usage, parce que, de leur temps, il n'y avait pas en effet d'individu qui n'appartînt à un groupe et qui pût se considérer absolument seul; mais chacun des mille petits groupes dont la société française se composait ne songeait qu'à lui-même. C'était, si je puis m'exprimer ainsi, une sorte d'individualisme collectif, qui préparait les âmes au véritable individualisme que nous connaissons [2].

On pourrait dire que cette idéologie de l'individuel se substitue à l'idéologie du libre-arbitre. Le concept de liberté que défend Tocqueville est précisément ce que critique Montesquieu [3].

On sait que la consultation des États pour lever un impôt était une des lois fondamentales de la monarchie.

> On voit à plusieurs reprises ces assemblées indiquer comme l'origine de tous les abus le pouvoir que s'est arrogé le roi de lever arbitrairement des taxes, ou, pour reproduire les expressions mêmes dont se servait la langue énergique du XV^e^ siècle, « le droit de s'enrichir de la substance du peuple sans le consentement et la délibération des trois états ». Ils ne s'occupent pas seulement de leurs propres droits; ils demandent avec force et souvent ils obtiennent que l'on respecte ceux des provinces et des villes… […] Les états demandent à plusieurs reprises l'abandon du système des jurandes; ils attaquent de siècle en siècle avec une vivacité croissante la vénalité des offices [4].

1. Voir l'article d'Eisenmann dans notre chapitre sur la division des gouvernements et la distribution des pouvoirs, p. 169.

2. *L'Ancien Régime et la Révolution*, Préface, … par F. Melonio, Paris, GF-Flammarion, 1988, p. 188.

3. Tocqueville prend appui sur les concepts des économistes, en particulier d'Adam Smith et des physiocrates pour reprendre une détermination liée au droit naturel comme système universel de normes, ce par quoi il rejoint la métaphysique classique. C'est ce qui justifie aussi sa critique de l'irréligion comme passion générale et dominante chez les Français du XVIII^e^ siècle

4. *L'Ancien Régime et la Révolution*, p. 197. Il ne faut pas oublier que le système des jurandes fut aussi une négociation entre le roi et les corporations, qui achetant leurs statuts,

En soulignant, dans *L'Ancien Régime et la Révolution,* que les rares états généraux des derniers temps de la monarchie ne cessèrent de réclamer contre les jurandes, et contre la vénalité des charges, Tocqueville montre que ce fut l'origine de l'absolutisme.

> Pour un peu d'argent, on s'ôta le droit de diriger, de contrôler et de contraindre ses propres agents. Il se bâtit de cette manière peu à peu une machine administrative si vaste, si compliquée, si embarrassée et si improductive, qu'il fallut la laisser en quelque façon marcher à vide, et construire en dehors d'elle un instrument de gouvernement qui fut simple et mieux à la main, au moyen duquel on fit en réalité ce que tous ces fonctionnaires avaient l'air de faire [1].

Ces considérations conduisent Tocqueville à supposer deux choses : d'une part, l'ancien régime établit une uniformité de la législation, par laquelle les provinces, les ordres, les hommes des différentes classes deviennent de plus en plus semblables, malgré les particularités des conditions; d'autre part, cette uniformité suscite une rivalité générale [2]. Tocqueville analyse la décomposition des corps (noblesse, bourgeoisie) au cours d'une histoire où le gouvernement de la seigneurie se désorganise, où les états généraux se raréfient, où la perte des libertés générales entraîne la perte des libertés locales. Le bourgeois et le gentilhomme, qui administraient les affaires ensemble, n'ont plus de contact dans la vie publique. Ils deviennent, au XVIII^e^ siècle, deux classes ennemies. L'ordre de la noblesse perd ses pouvoirs politiques, le gentilhomme acquiert individuellement des privilèges. Tocqueville a cette étonnante formule qui rappelle Montesquieu : « On dirait que les membres s'enrichissent des dépouilles du corps » [3]. Mais ils en tirent des conséquences divergentes, sur la question de la liberté, sur la division des pouvoirs : car Montesquieu prend appui sur la nécessité de lier les pouvoirs les uns aux autres pour les contrôler les uns par les autres : c'est sa lecture de la constitution anglaise [4].

La décomposition des corps est la naissance du despotisme pour Tocqueville et c'est au bénéfice de la naissance d'un individualisme. Sa critique ne rencontre donc pas celle de Montesquieu pour lequel les individualités n'ont de consistance que par les corps et leur pouvoir juridique.

prêtaient au roi. Voir G. Schelle, *Vincent de Gournay*, 1897 et reprint 1984; D. Dessert, *Argent, pouvoir et société au Grand siècle*, Paris, Fayard, 1984.

1. *L'Ancien Régime...*, p. 197.
2. *Ibid.*, p. 170-171.
3. Ainsi en est-il du privilège de l'exemption d'impôt qui ne correspond plus aux rouages du gouvernement féodal, aux charges de la guerre, de la justice, de l'administration, *ibid*, p. 177-178.
4. Voir *infra*, p. 167 *sq*.

*Montesquieu saisi par les modernes*

Nous avons dit que nous ne prendrions que quelques échantillons de la lecture que l'on a faite de Montesquieu. Dans les limites de cet exposé, nous voudrions évoquer quelques contemporains.

Cassirer, après Durkheim[1] et Max Weber, a été attentif à la détermination des «types»[2]. Cassirer montre que Montesquieu reprend la méthode de Condillac dans le *Traité des systèmes*[3], il n'entend pas seulement décrire les formes et les types de constitution – despotisme, monarchie constitutionnelle, constitution républicaine – il entend reconstruire ces régimes politiques à partir des forces qui les constituent et montrer comment la recherche de l'équilibre de ces forces contraires peut produire une constitution réalisant l'exigence de la plus grande liberté possible. La célèbre doctrine de la «division des pouvoirs» n'est rien d'autre. Montesquieu veut changer l'équilibre instable qui régit et caractérise les formes d'État imparfaites en un équilibre statique[4]. Mais Cassirer, en bon kantien, ne peut dissocier le type du type idéal qui programme le progrès historique.

«On peut dire que Montesquieu est le premier penseur qui a conçu et exprimé d'une façon claire et précise la notion du "type idéal" historique. Sur le plan politique et sociologique, l'esprit des lois est une théorie des "Types".[L'ouvrage veut démontrer que les organismes politiques ne sont pas des agrégats mais que chacun est pour ainsi dire préformé]». Sous l'hétérogénéité des phénomènes, la différence essentielle serait celle de l'impulsion, de la motivation intellectuelle et morale qui donne à chaque société sa forme et son mouvement[5]. La conscience reste un élément déterminant.

Les types idéaux sont des formes essentiellement statiques. Cassirer s'appuie cependant sur les lectures de Herder et de Lessing pour déchiffrer dans le texte de Montesquieu une dynamique, le désir humain de créer son destin en maîtrisant par la connaissance les diverses formes de l'existence historique. C'est Cassirer qui, dans la réduction des lois à un petit nombre de principes déterminés, désigne Newton comme le maître à penser[6]:

1. E. Durkheim, *Montesquieu et Rousseau précurseurs de la sociologie*, note introductive de G. Davy, Paris, Librairie Marcel Rivière et Cie, 1966, traduction par A. Cuvillier de sa thèse latine, 1892.

2. Voir H. Colliot-Thélène, *Max Weber et l'histoire*, Paris, P.U.F., 1990.

3. Il cite le *Traité des systèmes*, II, XV.

4. E. Cassirer, *La philosophie des lumières*, trad. P. Quillet, Paris, Fayard, 1966, p. 54; l'édition allemande est de 1932.

5. *Ibid.*, p. 218.

6. *Ibid.*, p. 246-247.

Montesquieu pose « en tant que juriste la même question que Newton avait posée en tant que physicien ». Il s'attache ainsi à l'interdépendance systématique qui existe entre les formes particulières dans la *nature des choses*. Car c'est cette expression que Cassirer commente, laissant de côté la détermination de la loi comme *rapport*.

L'ouvrage de référence que donna Robert Shackleton et qui fut adapté en français [1] est très attentif à la reprise des thèses de Bodin, de Campanella, de Vico, de Doria. La référence aux juristes, Grotius, Pufendorf, Domat, Burlamaqui et à saint Thomas n'est pas moins présente que la référence aux philosophes, à Hobbes, Malebranche, Clarke, Hume ... En critiquant l'idée que l'*Essai touchant les lois naturelles* soit de Montesquieu, comme l'avait pensé André Masson [2], Shackleton marque la distance de Montesquieu à ses prédécesseurs. « Les juristes précurseurs de Montesquieu parlent une langue et il en parle une autre [suivent des références à Malebranche et Clarke]...On voit donc déjà que Montesquieu s'appuie, pour sa conception de la loi, sur des écrivains qui étaient loin d'être des juristes ou même réellement intéressés par la jurisprudence ». Bien que Shackleton cite « Il faut éclairer l'histoire par les lois et les lois par l'histoire » [3], dans ce contexte, il ne fait pas prévaloir la référence à la détermination de la loi comme rapport, ni le souci de Montesquieu d'écrire l'histoire à partir des textes des juristes.

En outre, l'histoire du droit est en quelque sorte reléguée dans la sociologie, ce qui permet de sauver une image du la loi naturelle. On n'a pas pris pour un témoignage demandant à être interprété les discours parfois contradictoires que Montesquieu tient sur la loi naturelle. Nous avons pour notre part préféré chercher des instruments conceptuels chez Jean-Claude Pariente qui fait l'hypothèse *d'opérateurs d'individualisation* [4]. Il est possible que cette distinction que Pariente applique à la théorie des climats, permette de réévaluer la position positiviste de Montesquieu sur le droit naturel. Car, loin de postuler une croyance de Montesquieu, elle le pose en artisan ou en ingénieur de ses instruments de pensée.

Quoi qu'il en soit, elle permet de réinterroger le rapport de Montesquieu à Newton. Shackleton cite une lettre de Charles Bonnet comme si elle disait le vrai sur le vrai [5] : « Newton a découvert les lois du monde matériel. Vous

1. Shackleton, *Une biographie critique*, trad. J. Loiseau, Presses universitaires de Grenoble, 1977. On relira le commentaire que donne Robert Derathé de la version anglaise dans son édition de *L'Esprit des lois*, Paris, Garnier, 1973.

2. A la note 19, p. 203.

3. *EL*, XXXI, 2.

4. J.-Cl. Pariente, *Le langage et l'individuel*, Paris, Minuit, 1970, p. 166-176.

5. Lettre du 14 novembre 1753.

avez découvert, Monsieur, les lois du monde intellectuel ». C'est méconnaître que l'usage paradigmatique du nom de Newton est assez courant au XVIII^e siècle[1], comme l'usage d'affecter un article à un nom de personne[2]. La charge théorique du signifiant Newton est la référence à un temps et à un espace universel, or ce ne sont pas les hypothèses de Montesquieu.

Dans son impressionnante synthèse, *Le moment machiavélien*[3], J.G.A. Pocock consacre un chapitre[4] à ce qu'il caractérise comme le débat du XVIII^e siècle : la vertu, la passion et le commerce. Il faut garder présent à l'esprit le propos du livre :

> que la révolution américaine, comme la constitution américaine, constituent en un certain sens le dernier acte de la Renaissance civique et que les idées de la tradition de l'humanisme civique – le mélange de pensée aristotélicienne et de pensée machiavélienne au sujet du *zôon politikon* – fournissent une clé importante pour comprendre les paradoxes des tensions modernes entre la conscience de soi de l'individu, d'une part, et de l'autre, la conscience de la société, de la propriété et de l'histoire.

Réservons la question de ce qui autorise un tel finalisme historique et remarquons seulement que dans son analyse du passage d'une société de citoyens–soldats à une société de commerce et même de crédit, Pocock fait jouer deux concepts majeurs qui sont l'autonomie du sujet citoyen et la corruption des acteurs des différents pouvoirs. C'est-à-dire qu'en analysant l'image que se sont donnée les philosophes politiques de la transformation de la société, Pocock sauve paradoxalement l'autonomie de la conscience de ceux qui prennent les décisions, et au moment même où il reprend la thèse d'une séparation du politique et de la pensée chrétienne.

Evoquant Max Weber et l'éthique protestante, il utilise des connotations psychologiques : par exemple sur la question des rapports entre les femmes et le luxe, là où Cantillon et Montesquieu avaient travaillé sur des effets de structure, justement sans essentialiser les femmes, mais en marquant leur place et leur rôle institutionnel et économique dans la

1. Il existe un usage des noms propres affectés d'un article qui les transforme en fonctions. Voir par exemple J.C. Pariente, « De l'usage impropre des noms propres », *Corpus, Revue de philosophie*, n°50, « Le nom propre », 2006.

2. Vico le pratique dans *La science nouvelle*, pour montrer que les noms des dieux sont les noms d'une période de l'histoire.

3. J.G.A. Pocock, *Le moment machiavélien*, (1^re éd. Princeton and London, 1975), trad. L. Borot, préface de J.-F. Spitz, Paris, P.U.F., 1997.

4. Il y explore avec ampleur et précision, s'appuyant à la fois sur l'histoire de l'Angleterre et la philosophie des textes, les publications contemporaines de Montesquieu.

causalité sociale[1]. Montesquieu fait une analyse historique de la galanterie et des modifications sociales apportées par des mœurs qui échappent aux modèles militaires ou politico-militaires. Il est donc léger de dire, avec Pocock, à propos des *Lettres Persanes*, que « Montesquieu déplace l'analyse de l'imagination et de la corruption vers le fondement sexuel de *l'oikos* classique ».

Pocock fait réendosser à Montesquieu l'énoncé qu'il prête à Machiavel d'une vertu civique et séculière qui ne peut s'identifier à la communauté chrétienne. On pourrait interroger différemment la vertu politique et héroïque de la Renaissance mais ce n'est pas le lieu. Pocock veut montrer que le fondement de la personnalité et de la moralité est fourni par les armes puis par la propriété foncière : « La terre et l'héritage restaient essentiels pour la vertu, et la vertu pour la réalité de l'ego à ses propres yeux ». Sans doute a-t-il raison de rappeler l'importance du modèle décisionnel dans la détermination de la vertu civique ; mais outre qu'il néglige que tous ne sont pas citoyens dans cette détermination, il l'identifie à la volonté et à la liberté et pour cela, convoque une autonomie, résidu sans doute de la référence chrétienne ; mais surtout, il néglige la détermination machiavélienne de la liberté qui est dans le conflit[2]. Le conflit suppose hétéronomie, quelles que soient les couches de réalité où il se manifeste. La question est de savoir si l'on essentialise l'individu ou si l'on en fait un nœud de relations.

La référence à Mandeville, sur lequel Montesquieu s'appuie aussi[3], s'inscrit encore dans la détermination morale par le rapprochement que fait l'auteur avec Machiavel et Hobbes : si l'on osait faire d'autres rapprochements[4], avec les malebranchistes ou les jansénistes, références plus proches de l'enseignement que reçut Montesquieu à Juilly, on verrait que la question n'est pas celle du cynisme, mais d'une politique chrétienne de réhabilitation de l'amour-propre. Pierre-Maxime Schuhl avait été l'un des premiers en 1938 à le souligner à propos des physiocrates. Avant Weber, on s'est préoccupé d'une normalisation catholique des valeurs du commerce

1. Cantillon étudie la disposition hiérarchisée des centres de consommation, de la capitale à la ville, à la bourgade. P. Dockès, dans *L'espace dans la pensée économique, du XVIe au XVIIIe siècle*, Paris, Flammarion, 1969, a différencié les structures de ces espaces économiques en se servant des modèles d'attraction, de circulation, de régulation que la physique mettait en œuvre à la même époque.

2. Dans les *Histoires florentines*, Machiavel fait une typologie des conflits et y articule la question de la liberté dans les républiques : entre les grandes familles patriciennes, entre les nobles et le peuple, entre le peuple des corporations et ceux qui n'appartiennent pas à un corps, entre les citoyens et les cités étrangères. Voir la thèse de P. Fontura Aranovich, *Machiavel et l'histoire*, Sao Paulo, 2005.

3. Montesquieu cite Mandeville *EL*, XIX, 9.

4. G. Faccarello, *Pierre de Boisguilbert*, Anthropos, 1987.

et du crédit et Turgot remarquait, en politique avisé, les dégâts qu'avait fait dans les collèges des Jésuites une éducation scolastique qui était destinée à ceux qui composeraient les grands corps de l'État. Il devenait urgent en effet de réviser la condamnation thomiste du prêt à intérêt. Mais, pour cela, il a fallu changer de paradigme philosophique, passer par l'extension du mécanisme aux phénomènes moraux et à la réhabilitation de l'ambition et de l'intérêt personnel. D'où une floraison de traités des passions au dix-septième siècle[1].

Montesquieu s'est exprimé nettement sur la critique de la liberté métaphysique, conçue comme un pouvoir qui nous a été donné, comme une autonomie de la créature. La liberté est, en réalité, de faire ce que les lois permettent. Les lois ne sont pas des commandements mais des registres de conduites compatibles. On retrouverait la détermination de Kelsen : une norme est la signification d'un ensemble d'actes[2]. La critique de la loi comme obligation fait partie d'un arsenal de dispositifs contre la pensée chrétienne scolastique. La critique de la loi comme volonté d'un législateur, contre Pufendorf, la pensée de la loi comme rapport et ordre des choses, le traitement quasi algébrique des systèmes de variation des différents systèmes de lois, cet ensemble de mesures méthodologiques manifeste une solidarité conceptuelle qui interdit de définir l'homme en général dans une idéologie de l'autonomie. Celle-ci requiert en effet un recours dans le transcendantal, même s'il reste, à la manière de Kant, entièrement hypothétique.

Sans doute peut-on dire avec Venturi et Pocock, que le républicanisme et le déisme ont poursuivi la croisade anglaise contre un clergé puissant. Mais c'est trop général. Faut-il traiter la croyance au surnaturel, dans les termes de la différence entre la raison et la foi, ou comme un effet de discours ? Si l'on s'en tient à la critique de la religion révélée, du point de vue des principes, et à l'histoire nationale des sectes, du point de vue de l'histoire, cette séparation empêche de voir quelle rhétorique, quelle anthropologie est chaque fois à l'œuvre. La question que pose Montesquieu, encore une fois, n'est pas la question de la forme politique optimale ni du sens de l'histoire, mais la question de la différenciation des fonctionnements selon les temps et les lieux. Et ainsi, il s'interroge sur le pouvoir d'un corps dans l'État, le corps du clergé. Il lègue la question sans doute à Rousseau et à Condorcet et ne méconnaît pas, implicitement du moins, sa dette envers Hobbes et Spinoza. Cette réflexion sur la puissance des corps

1. On peut citer R. Bodei, *La géométrie des passions*, trad. M. Raiola, Paris, P.U.F., 1997, comme un abrégé de la bibliographie sur cette question.

2. H. Kelsen, *Théorie pure du droit*, trad. C. Eisenmann, Paris, Dalloz, 1962.

rejoint la question de Bodin dans sa *République* autant que celle de Junius Brutus dans le *Vindiciae contra tyrannos* : la société n'est pas constituée par des individus mais par des corps : les nobles, les villes, les corporations, les magistrats, l'Église... L'élément constituant l'institutionnel est déjà institutionnel, et toutes les problématiques du fondement ou du contrat ne feront que ressasser une régression à l'infini prise entre les mythes de l'individuel et le droit du plus fort.

En citant l'étude de Robert Shackleton « Montesquieu, Bolingbroke and the Separation of Powers »[1], Pocock envisage que ce soit sous l'influence de Bolingbroke que Montesquieu ait substitué le trinôme exécutif, judiciaire, législatif au binôme des fonctions propres au grand nombre et au petit – pour Guichardin *deliberazione* et *approvazione*, pour Harrington, le « débat » et la « résolution » ... Sous l'effet des critiques, Bolingbroke reconnut que le roi, les Lords, les Communes « étaient joints dans une activité politique commune qui pouvait aussi bien recevoir le nom de législation que de gouvernement » et il aurait désigné par « indépendance » l'élimination de toute influence directe ou indirecte que l'une des trois risquerait d'exercer sur les deux autres.

Il me semble au contraire, pour avoir lu les analyses de Charles Eisenmann, que ce n'est pas dans cette démarche que Montesquieu aura pu suivre, si du moins il le suivit, Bolingbroke. On verra en effet[2] que Montesquieu travaille sur la distribution des pouvoirs, sur la division de chaque pouvoir et le partage des fonctions. En cela, il n'y a pas indépendance. Et il n'y a pas lieu non plus de soupçonner la corruption des personnes là où il peut y avoir une interaction ou une dépendance des pouvoirs. Et encore moins une corruption des individus là où Montesquieu parle de *la corruption des principes.* Pocock raisonne en termes de dépendance personnelle des membres de ces pouvoirs (et par là, il ne peut éviter le concept de corruption) là où Montesquieu raisonne en termes de facteurs et de dispositifs.

On peut donc douter qu'il soit pertinent d'appliquer à Montesquieu l'idée d'une opposition entre la vertu et l'intérêt. Il reste que les analyses que fait Pocock de la pensée économique de Hume pourraient servir de fil conducteur pour interroger chez Montesquieu la relation du crédit et de la confiance. Chez les deux illustres correspondants[3], c'est en ce point que

1. *French Studies* 3, 1949 et *Montesquieu, Critical Biography*, Oxford, Clarendon Press, 1961.

2. Voir *infra*, p. 167 *sq*.

3. On citera en particulier la lettre de Hume à Montesquieu du 10 avril 1749 où Hume commente avec précision plusieurs points de *L'Esprit des lois*, sur les Parlements, les jurés,

bascule la question de la cohésion sociale et de ce que Silhon, au dix-septième siècle, appelait le *lien social*[1]. Montesquieu, à propos du système de Law[2] montre le changement de détermination du politique et le risque du despotisme dans une aventure, financière ou économique en apparence, qui change les structures de la société. Quant à Hume, il raisonnait sur un autre effet de crédit : la dette sociale.

Dans la dernière partie de son livre, *Montesquieu, la politique et l'histoire*[3] Althusser repère la place de Montesquieu dans son texte. Il montre le discours d'un grand seigneur dans le débat sur l'histoire de la monarchie, entre un Boulainvilliers[4] et un abbé Dubos[5]. Je crois qu'il y aurait une autre manière de repérer la place de Montesquieu et ce serait dans son épistémologie même : dans *L'Esprit des lois* comme dans *les Lettres persanes*[6], l'observateur est acteur, il appartient à la situation, il n'est pas un regard extérieur, il fait partie des facteurs de l'analyse. Cette technique de problématisation est reprise à Naudé et à ses *Considérations politiques sur les coups d'État,* qui logent l'observateur dans l'observation et se retrouveront dans *La Nouvelle Héloïse* de Rousseau dont le personnage de Wolmar « se fit acteur pour être spectateur », renversant ainsi l'hypothèse cartésienne.

Althusser a été l'un des premiers à marquer l'impact du raisonnement spinoziste dans la critique de la volonté engagée dans ces textes et à interpréter l'esprit des lois comme « loi des lois ». Mais il va trop vite vers une « physique sociale » sans montrer le double enjeu d'une critique de la

les dettes publiques, dans le cadre des institutions anglaises. Montesquieu répond le 19 mai 1749 en admirant sans les nommer deux ouvrages de Hume et il lui dit qu'il « maltraite » un peu le corps ecclésiastique.

1. Jean de Silhon, *De la certitude des connaissances humaines*, [3e partie du Ministre d'Estat] où sont particulièrement expliquez les principes et les fondemens de la Morale et de la Politique, Paris, 1662, éd. C. Nadeau, Paris, Fayard, 2002.

2. *EL*, XXII, 10.

3. Paris, P.U.F., 1959 et 1964.

4. Boulainvilliers, premier traducteur de Spinoza, ce qui donne à Voltaire l'occasion d'écrire « Le dîner du comte de Boulainvilliers, banquet sceptique » (Beuchot XLIII, 562). Voir l'ouvrage de R. Simon, *Henry de Boulainviller*...

5. L'abbé Dubos fut aussi l'auteur de *Réflexions critiques sur la peinture et sur la poésie*, 1734.

6. Marana pratique cette méthode dans *L'Espion dans les cours des Princes chrétiens, ou Lettres et mémoires d'un envoyé secret de la Porte dans les Cours de l'Europe où l'on peut voir les découvertes qu'il a faites dans toutes les Cours où il s'est trouvé avec une Dissertation curieuse de leurs Forces, Politique et Religion* [sic], à Cologne, chez Erasme Kinkius, 1705, 6 vol.

subjectivité et d'une critique de la causalité transitive[1]. Il est vrai qu'il cite Charles Eisenmann sur la théorie de la distribution des pouvoirs. Mais il interroge moins le droit pénal que le droit politique, il ne s'attache pas à la catégorisation des peines et des délits[2]. Il reconnaît que le droit naturel fait problème chez Montesquieu : mais il ne montre pas que n'importe quel droit positif peut être par *supplément*, le droit naturel d'un autre peuple[3]. Or, la différence entre la liberté civile et la liberté politique, la catégorisation des actes, sont ce qui rend possible la dénonciation de l'Inquisition comme tribunal mixte et monstrueux[4]. Montesquieu déclare avoir été le premier à montrer la solidarité du droit politique et du droit civil (sans laquelle le droit civil n'est qu'une image du droit naturel), mais il est très attentif aussi à montrer de quel registre dépendent les actions : et par exemple, les droits de succession sont chez les Romains des droits politiques et non des droits civils privés. Toute confusion entre droit civil et droit naturel est ainsi interdite.

Mais tous les auteurs restent déconcertés par deux problèmes : l'ordre de *L'Esprit des lois* et l'énumération des exemples.

Après avoir dit que dans un relativisme intégral, il est impossible de déterminer quelle est l'organisation juste ou vraie, R. Aron écrit : « Montesquieu ne va pas jusqu'au bout de ce relativisme naturaliste et il connaît les lois universelles supérieures aux lois positives expliquées de manière causale. Je vous rappelle cette formule fameuse : "Dire qu'il n'y a rien de juste ni d'injuste que ce qu'ordonnent ou défendent les lois positives, c'est dire qu'avant que l'on eût tracé le cercle, tous les rayons n'étaient pas égaux". Cette formule célèbre revient à assimiler les lois universelles de la justice aux vérités universelles de la géométrie, ce qui implique que, dans la pensée de Montesquieu, il existe une nature humaine *supra*-historique, définie par certains traits qui permettent de caractériser une institution comme juste et une autre comme injuste »[5]. Raymond Aron

1. Il a conduit ailleurs cette critique de la causalité transitive en la confrontant à une causalité structurale et à une causalité expressive. L. Althusser, Ét. Balibar, R. Establet, *Lire le capital*, Paris, Maspéro, 1966, t. II, p. 167-168.

2. C. Beccaria, *Des délits et des peines*, 1764, trad. par M. Chevallier, préface de R. Badinter, Paris, GF-Flammarion, 1965. Voir M. Foucault, *Histoire de la folie à l'âge classique*, Paris, Gallimard, 1965 et *Surveiller et punir, naissance de la prison*, Paris, Gallimard, 1975.

3. *EL*, XXVI.

4. *EL*, XII et XXVI, 11.

5. R. Aron, *Dix-huit leçons sur la société industrielle*, Paris, Gallimard, 1962, p. 64

va un peu vite en besogne[1]. Car la circonférence n'est que le déplacement d'une des extrémités du rayon. Spinoza évoque la construction de la ligne par le déplacement du point, du plan par le déplacement de la ligne, du corps ou du solide par le déplacement de la surface[2]. C'est bien en contemporain de Leibniz qu'il raisonne sur les lignes de différent degré et sur la figure ou le corps que produit leur déplacement. Si l'on applique cet exemple à la détermination de la loi, cela signifie que la loi naturelle est contemporaine de la loi positive, ce qui est justement la formulation de Hobbes qui dit que la loi naturelle est une partie de la loi positive :

> La loi de nature et la loi civile se contiennent l'une l'autre et sont d'égale étendue. En effet, dans l'état de pure nature, les lois de nature, qui consistent dans l'équité, la justice, la gratitude, et les autres vertus morales qui découlent de ces premières, ne sont pas proprement des lois (je l'ai dit plus haut, à la fin du chapitre XV), mais des qualités qui disposent les hommes à la paix et à l'obéissance. C'est une fois qu'une République est établie (et non pas avant) qu'elles sont effectivement des lois, en tant qu'elles sont alors les commandements de la République, et qu'en conséquence elles sont aussi lois civiles : c'est en effet le pouvoir souverain qui oblige les hommes à leur obéir [pour rendre ces exigences contraignantes, il faut des ordonnances du souverain et un système de sanctions]. La loi de nature est donc, dans toutes les Républiques du monde, une partie de la loi civile. Et réciproquement, la loi civile est une partie des préceptes de la nature...La loi civile et la loi naturelle ne sont pas des espèces de lois différentes, mais des parties différentes de la loi : une partie de celle-ci, écrite, est appelée loi civile, l'autre, non écrite, est appelée loi naturelle[3].

La loi naturelle n'est ni l'origine ni le modèle de la loi positive, elle en est la doublure ou le revers, ce qui explique qu'au livre XXVI, Montesquieu dise que toute loi positive peut jouer, auprès d'un autre peuple, le rôle de loi naturelle.

Méconnaissant ces déterminations, Raymond Aron écrit :

> Le mot de loi lui-même est pris dans l'œuvre de Montesquieu dans deux sens différents, d'une part le rapport nécessaire qui dérive de la nature des choses (la loi au sens naturaliste ou déterministe du terme), d'autre part, l'objet de l'étude, la législation elle-même, c'est-à-dire les commandements de la société. Montesquieu connaît évidemment la distinction entre les lois établies par l'État ou par le droit d'une collectivité et les rapports de

1. R. Aron, *Les étapes de la pensée sociologique*, Paris, Tel-Gallimard, 1967, en particulier le premier chapitre.

2. Spinoza, *Traité de la réforme de l'entendement*, trad. C. Appuhn, § 51 et fin de la préface à la III^e partie de *l'Ethique*.

3. Hobbes, *Léviathan*, chap. XXVI, trad. Fr. Tricaud, Paris, Sirey, p. 285.

> causalité (ou lois) qui expliquent ces lois juridiques ou politiques, mais, avec humour, il joue sur ces deux sens du mot loi, de sorte que l'on ne voit pas toujours en quelle acception il utilise le mot [1].

L'usage du terme *d'humour*, après qu'Aron, un peu plus haut, eut caractérisé le style de Montesquieu par la pratique *d'épigrammes* marque bien la résistance d'Aron à l'idée que, pour être vécues comme des devoirs et des obligations subjectives, les lois n'en sont pas moins, dans leur réalité, les « rapports nécessaires qui dérivent de la nature des choses ». C'est cette résistance à la réduction de la dualité de deux législations, celle de la nature, celle de la liberté, qui se marque ici. Mais quel est l'enjeu d'une telle résistance ?

Ce dispositif de défense, appuyé sur la liberté et la notion de sujet, nous le retrouvons à l'œuvre dans la pensée libérale aujourd'hui. Car on lit aujourd'hui Montesquieu par rapport à la société libérale[2]. En raisonnant sur de grandes entités : les classiques, les modernes, ou bien : les républiques antiques, les républiques libérales modernes, Thomas Pangle[3], avec d'autres libéraux, suppose que l'individualisme moderne introduit une rupture, avec l'émergence et la prise en compte de la liberté individuelle. Or, il ne fait que pratiquer comme la continuation du discours hégélien dans *La philosophie de l'histoire* : la modernité serait l'émergence des théories de la subjectivité. Comme si, à l'époque de l'âge moderne qui est celui du cartésianisme autant que de la constitution de la subjectivité par la Réforme, c'est cette prise en compte du sujet qui introduisait une rupture. En déterminant la loi comme rapport et non comme volonté, Montesquieu s'inscrit en faux contre cette problématique.

A cela se rattache le recours à Leo Strauss et à la notion de « pouvoir », qui est inséparable de la défense des individus et des personnes, considérés comme dernière instance du droit. Cette individualisation des pouvoirs ne doit pas être confondue avec la position de Montesquieu, même lorsqu'il raisonne sur des corps comme le clergé, les nobles, les villes, les corporations. Le positivisme de Montesquieu consiste à déterminer les personnes et les corps comme des effets du droit. Car ce ne sont pas les individus qui pour lui déterminent le droit, mais ce sont les rapports juridiques qui déterminent le statut des individus. Or Bernard Manin, après Th. Pangle, prête à Montesquieu le dessein de privilégier la sécurité des individus, ce

1. R. Aron, *Dix-huit leçons sur la société industrielle*, p. 63.

2. Pierre Manent, *Les libéraux*, Tel-Gallimard, 1986 et 2001, et *Cours familier de philosophie politique*, Paris, Tel-Gallimard, 2001.

3. Th. Pangle, *Montesquieu's philosophy of liberalism. A commentary on the Spirit of the Laws*, The Chicago University Press, 1973.

qui est privilégier une partie du droit civil et faire abstraction du travail sur l'histoire du droit politique[1].

La conséquence en est que la logique libérale cherchera la régulation de la société en demandant qui arrêtera l'arbitraire, qui empêchera la corruption ; et elle interprétera la « modération » de Montesquieu dans le sens de l'apologie de la tolérance et de la démocratie. Il nous semble que la démarche de Montesquieu n'est pas d'identifier des *instances* de contrôle, mais par le jeu de la division de chacun des trois grands pouvoirs, législatif, exécutif, judiciaire, de faire jouer des rôles différents à chacune des parties, ce que nous expliquerons en son lieu. Il s'agit donc de déterminer des *dispositifs* dont l'interaction réduira l'arbitraire. Cette confiance dans les mécanismes du droit et des institutions s'accompagne d'une prise en compte du réel, le mécanisme des passions et de l'amour propre dont témoignent à l'époque de nombreux traités[2].

Hayek[3] n'hésite pas à se dire le Montesquieu du XX$^{e}$ siècle. Il commence ainsi son livre :

> Lorsque Montesquieu et les rédacteurs de la Constitution américaine exposèrent la conception, qui s'était développée en Angleterre, d'une constitution limitative, ils proposèrent un modèle qu'a toujours suivi depuis le constitutionnalisme libéral. Leur objectif principal était de fournir des sauvegardes institutionnelles à la liberté individuelle ; et le dispositif dans lequel ils placèrent leur confiance fut la séparation des pouvoirs. Dans la forme où nous la connaissons, cette division du pouvoir, entre la législature, le judiciaire et l'administration, n'a pas atteint le but auquel elle était censée parvenir. Partout les gouvernements ont obtenu, par des moyens constitutionnels, des pouvoirs que ces hommes entendaient leur dénier. La première tentative en vue d'assurer la liberté individuelle par des constitutions a manifestement échoué.

Au dix-huitième siècle, des hommes comme Montesquieu et Linguet s'étaient attachés à montrer sur quels dispositifs de mystification reposait l'apologie de la liberté individuelle.

On peut donc se demander pourquoi le libéralisme tient tant à donner de Montesquieu une interprétation qui permette d'en faire un critique des pouvoirs constitués, un défenseur des droits individuels, ce qui libère une

1. Sur cette prise de position, voir l'article de B. Manin, « Montesquieu et la politique moderne », *Cahiers de philosophie politique*, Reims, dans *Lectures de L'Esprit des lois*, C. Spector et Th. Hoquet (dir.), P.U. de Bordeaux, 2004, p. 227-230.

2. Il est étonnant de voir à quel point ces traités sont méconnus dans la littérature libérale alors qu'elle pourrait y trouver des arguments.

3. F. A. Hayek, *Droit, législation et liberté*, trad. angl. R. Audoin, Paris, P.U.F., 1980 et 1995.

philosophie du marché. Montesquieu sera pris entre la narration sociologique et le mythe de la division des pouvoirs. Mais ce faisant, n'aura-t-on pas substitué à la pensée de Montesquieu celle des physiocrates[1] : car leur idéologie du droit naturel était solidaire d'une substitution de l'administration au politique. En apparence, ils critiquaient un volontarisme en récusant l'interventionnisme de l'État dans la célèbre doctrine du *laissez-faire, laissez-passer*, en réalité ils désarmaient les travailleurs au bénéfice des entrepreneurs, ce que l'on a bien vu dans la suppression des corporations[2]. Si la politique pouvait se réduire à l'administration, si l'économie trouvait d'elle-même son équilibre comme une autre physique, on pouvait bien naturaliser les conflits dans le marché. Mais ce n'est pas le discours de Montesquieu : quel est alors le sens de cette stratégie d'annexion et qu'y a-t-il de si fort dans son propos que l'on y résiste tant? et le libéralisme politique et économique, dans ses théoriciens ou ses défenseurs du moins, sinon dans ses acteurs, n'a-t-il pas repris des arguments mis en œuvre par les théologiens?

De toute façon il est clair que Montesquieu est un homme du XVIIIe siècle mais sans doute n'est-il pas un homme des Lumières au sens de la mythologie du progrès. Ses contemporains l'ont aimé comme un maître à penser. Si même on voulait aujourd'hui chercher une leçon dans ses écrits, ce ne pourrait être ni un modèle ni une caution.

1. F. Markovits, *L'ordre des échanges, Philosophie de l'économie et économie du discours au XVIIIe siècle en France*, Paris, P.U.F., 1986.

2. La suppression des jurandes et des corporations est l'effet des lois de Turgot et Le Chapelier.

CHAPITRE II

# FIGURES DE L'HUMAIN

## LA QUESTION DU DÉCENTREMENT DE L'OBSERVATEUR

Toute description, toute méthodologie même est commandée par la question de la place de l'observateur. Cette place peut se décrire comme un centre de perspective, ou inversement comme l'inscription de l'observateur dans l'observation. Dans le premier cas, l'observateur est en surplomb, il est extérieur à la situation, dans le second cas, il fait partie de la situation, il est une des variables de l'observation. Mais l'auteur de l'ouvrage est aussi en ce sens *dans* son ouvrage. C'est en réfléchissant sur ces effets répétés d'altérité que nous avons pensé trouver dans l'ensemble de l'œuvre, sans nous limiter aux textes juridiques, les traces de l'intérêt de Montesquieu pour cette mise en question de la dépendance entre l'observateur et l'observé.

Révolutions et métamorphoses sont deux démarches différentes pour instruire une variation ; les révolutions supposent un changement de centre : dans les *Lettres persanes*, celui qui écrit « je » et est au centre du dispositif d'observation est lui-même observé ; il bouleverse, pour le lecteur, les axes d'évaluation de ce qu'il observe ; en produisant des parallèles entre les politiques, les religions, les hommes et les femmes, la thématique du voyage et du déplacement interdit d'assigner un lieu fixe à l'observateur.

Les métamorphoses supposent un changement d'identité. Montesquieu s'attache à rendre instable ce qui était établi, dans les textes romanesques, c'est le héros qui se transforme, dans les textes juridiques, ce sont les lois.

Montesquieu cite beaucoup Ovide[1]. Les métamorphoses reposent sur le changement d'identité : maître et valet, homme et femme, humain et animal, animaux différents, pays différents, époques différentes, différents styles d'aventures : ce sont les travaux pratiques de la variation anthropologique que met en scène l'*Histoire véritable*. Montesquieu reprend le thème sceptique des métamorphoses chez Lucien, Apulée et Machiavel. La fable de *L'Ane d'or* exploite du reste la double symbolique de l'animal, simplet ou sage. Plus tard, les variations de *L'Esprit des lois* seront une extension de ce *topos* de la transformation appliquée aux systèmes de lois et de mœurs.

Mais cette histoire n'est pas solidaire d'une périodicité. « C'est mal à propos que M. de Ramsay, Fréret et les siens font leur système de l'idée des trois états de l'homme chez tous les peuples : de la félicité et innocence, de la dégradation et corruption après la chute, et de la réparation »[2]. Les religions des Grecs, des Perses et des Epyptiens nous sont fort inconnues : nous avons des mots, nous en ignorons le sens, nous ne pouvons donc faire un système commun de ces religions. Montesquieu va plus loin : « Que sait-on s'il n'y a pas eu successivement plusieurs mondes avant celui-ci ? cette hypothèse donnerait bien naturellement l'origine des bons et des mauvais anges. Il serait convenable d'ajouter à chaque monde un jugement universel. Les destructions de ces mondes ne seraient point des anéantissements, mais des arrangements » [3].

Montesquieu ne se contente pas de discuter l'idée d'une histoire universelle. Il pose la question de la pluralité des mondes comme l'ont fait les déistes ; il ne pose pas la question de l'origine des peuples mais de leur mélange, de son incidence sur la couleur de la peau, mais aussi sur la forme de la raison. Il discute ces hypothèses chez les anciens et les modernes, selon qu'elles prouvent trop ou trop peu. Il pense la variété des déluges[4] de

1. Montesquieu cite les *Métamorphoses* (I, 1) : « In nova fert animus mutatas dicere formas / Corporis… » (*EL*, XXVIII) et I, 293 : « …deerant quoque littora ponto » (*EL*, XXX, 11, note, p. 759).

2. *Mes Pensées*, 1463, Oster, p. 1009. Les trois états de l'homme chez tous les peuples.

3. La critique de l'origine du monde s'accompagne d'une réflexion sur les thèmes de l'éternité du monde et de la pluralité des mondes (*Mes Pensées*, 1458-1459, Oster, p. 1007). Précédant ces passages, on trouve des considérations sur l'histoire et la critique : « Le vrai n'est pas toujours vraisemblable » (*Mes Pensées*, 1442). Montesquieu reprend les termes mêmes de Fontenelle dans sa *Digression sur les anciens et les modernes* : « Les hommes ont si mauvaise opinion d'eux qu'ils ont cru, non seulement que leur esprit et leur âme avaient dégénéré, mais aussi leur corps et qu'ils étaient devenus moins grands, et non seulement eux, mais les animaux ; la terre moins fertile, eux, moins parfaits, etc. » (*Mes Pensées*, 1464).

4. Pense-t-il à Benoît de Maillet, *Telliamed, ou entretiens d'un philosophe indien avec un missionnaire français*, 1755, Paris, Fayard, 1984 ?

Noé à Deucalion. Mais la variété des mythes ne renvoie jamais à un mythe fondateur[1]. En revanche, si la poésie fut le langage des dieux, la mythologie est la clé de l'histoire réelle des peuples.

En pratiquant différents styles et différents genres, sans du reste être le seul à le faire à l'époque, Montesquieu a sans doute réfléchi aux rapports entre le style et la teneur du texte. Il n'y a pas de lien organique entre la physique et la prose, entre la poésie et la religion; d'un point de vue historique, les déterminations peuvent s'échanger : et par exemple, Lucrèce écrit un poème, saint Thomas n'écrit pas *l'Apocalypse*. On a parfois traduit cela par l'idée d'un travestissement des choses graves dans la légèreté de l'expression. Mais il ne s'agit pas ou pas seulement de cela. Il s'agit de prendre en compte le sens historique du partage des questions dans le partage des styles ou des genres.

## LES IMAGES DE L'ALTÉRITÉ
### LES FEMMES, LES BARBARES, LES ESCLAVES, LES ROMAINS

Sans opposer les écrits romanesques et les écrits politiques de Montesquieu, on voudrait étudier ici la variation des déterminations de l'humain en interrogeant des figures qui furent souvent marginalisées. Les Romains sont un autre peuple, mais les barbares forment-ils des peuples ou des peuplades ? Les femmes font partie de l'humanité mais leur soumission est le prix de leurs droits. Les esclaves sont les exclus de l'humanité. On voudrait montrer à travers ces quatre figures, qui sont comme des limites, que Montesquieu n'essentialise ni n'exclut aucune des déterminations de l'humain.

#### *Les femmes*

Les femmes ne sont pas essentialisées dans le discours de Montesquieu, et s'il y a des rôles, il n'y a pas de nature féminine à proprement parler : l'humanité est formée de deux parties, dont les rapports varient selon l'histoire des peuples[2]. On voit par exemple dans son interprétation de la loi salique la raison sociologique, fondée sur les mœurs, de la loi qui écartait

1. Les anciennes physionomies des peuples se sont perdues : Rousseau reprend le thème des voyages et du mélange des peuples (à distinguer du scientisme et de la revendication de la pureté de la race) : « Nous nous étonnons de la couleur de la peau… Et que savons-nous des changements qui arriveraient dans notre espèce même non seulement sur la figure, mais sur la raison ? », *Emile*, V, Paris, Gallimard, p. 1465.

2. Voir *Mes Pensées*, 552 à 581, « Fragments pour un ouvrage sur la jalousie ».

les femmes du trône; elle est liée à la *sala*, la maison. C'est la loi liée aux institutions d'un peuple qui cultivait peu, qui n'habitait point de villes: « Nous savons, par Tacite et César, que les terres que les Germains cultivaient, ne leur étaient données que pour un an; après quoi, elles redevenaient publiques. Ils n'avaient de patrimoine que la maison et un morceau de terre dans l'enceinte autour de la maison. C'est ce patrimoine particulier qui appartenait aux mâles. En effet, pourquoi aurait-il appartenu aux filles? Elles passaient dans une autre maison »[1].

Tandis que des auteurs comme Botero[2] attribuent la ruine des empires au luxe et aux femmes, Montesquieu analyse la différence du *commerce d'économie* et du *commerce de luxe* et étudie le statut des femmes en fonction de ces facteurs économiques et politiques. « Le commerce a du rapport avec la constitution » (XX, 4). Par où il se distingue de la plupart des économistes de son temps, en particulier des physiocrates, qui sépareront le politique de l'économie, traitant le politique comme une pure administration. Il ne fait pas l'apologie du luxe comme Cantillon, chez lequel la question est liée aux centres urbains qui sont le moteur de la machine sociale par leur dépense[3]. Il ne le critique pas en tant que tel, il montre « l'esprit » du commerce chez les Anglais, à Marseille, en Hollande[4], ce qui le conduit à poser la question des taxes, des tribunaux de commerce, du change, des colonies, des conquêtes. Ainsi n'y a-t-il jamais d'entité du féminin et même, au contraire, ironise-t-il dans les *Lettres Persanes* sur le fait que les femmes, selon les modes et les époques, changent littéralement de corps, ce qui donne bien du mal aux architectes lorsqu'il faut changer la hauteur des portes en fonction des coiffures (Lettre 99).

On en verrait un exemple dans *L'Esprit des lois* où, à propos du gouvernement des femmes, et loin de tourner en ridicule leur influence politique (comme dans la Lettre 107 qui en fait les médiatrices universelles de la politique[5]), Montesquieu examine « la condition des femmes » par

1. Montesquieu cite M. Echard, *Les lois saliques chez les Francs et leurs voisins* (1720). *EL*, XVIII, 22.

2. *Raison et gouvernement d'Estat*, en dix livres. Du Seigneur Giovani Botero Genese, traduicts sur la quatrième impression italienne, plus ample que les autres premières, la version respondante à son original, colonne pour colonne, par Gabriel Chappuys, Secrétaire, Interprète du Roy : et dediez à Monsieur d'Incarville, à Paris, chez Guillaume Chaudiere, 1599 avec Privilège du Roy. Livre II, p. 227.

3. Cantillon, *Essai sur le commerce en général*, 1755 (INED, 1952).

4. P. Dockès, *L'espace dans la pensée économique du* XVI*e au* XVIII*e siècle*, Paris, Flammarion, 1969.

5. Et en ce sens, il ne réduit pas la politique aux secrets d'alcôve. Ce n'est du reste pas non plus la démarche de Diderot dans les *Bijoux indiscrets*.

rapport au luxe et aux lois somptuaires dans les différents gouvernements (monarchies, démocraties) et dans les différents empires (en Chine, à Rome). Et la conclusion du livre est que dans les Indes, en Afrique, en Moscovie et en Angleterre, on se trouve très bien du gouvernement des femmes[1]. Au contraire, dans nos sociétés, elles n'ont d'identité que dans le mariage : « Les filles que l'on ne conduit que par le mariage aux plaisirs et à la liberté, qui ont un esprit qui n'ose penser, un cœur qui n'ose sentir, des yeux qui n'osent voir, des oreilles qui n'osent entendre, qui ne se présentent que pour se montrer stupides ; condamnées sans relâche à des bagatelles et à des préceptes, sont assez portées au mariage : ce sont les garçons qu'il faut encourager » (*EL*, XXIII, 9).

Il y a dans *L'Esprit des lois* un discours sur la fonction civilisatrice de la galanterie au moyen-âge, dans son opposition à la culture de l'art militaire (*EL*, XXVIII, 22). La démonstration repose sur les mœurs relatives à un peuple guerrier chez lequel toutes les institutions et d'abord la justice ne peuvent s'exprimer que dans la logique du combat. C'est ainsi que naît le « combat judiciaire », forme paradoxale pour nous : « on aura peut-être de la curiosité à voir cet usage monstrueux du combat judiciaire réduit en principe » dit Montesquieu (*ibid.* 23). Et il en explique la jurisprudence, les règles et l'usage des champions, pour combattre à la place des femmes. La naissance de la galanterie appartient donc à la culture de l'art militaire, c'est une partie du système.

> Notre liaison avec les femmes est fondée sur le plaisir attaché au plaisir des sens, sur le charme d'aimer et d'être aimé, et encore sur le désir de leur plaire, parce que ce sont des juges très éclairés sur une partie des choses qui constituent le mérite personnel. Ce désir général de plaire produit la galanterie, qui n'est point l'amour, mais le délicat, mais le léger, mais le perpétuel mensonge de l'amour. Selon les circonstances différentes dans chaque nation et dans chaque siècle, l'amour se porte plus vers une de ces trois choses que vers les deux autres. Or je dis que dans le temps de nos combats, ce fut l'esprit de galanterie qui dût prendre des forces (*ibid.* 22).

On vit donc les champions recourir à des herbes magiques, à des armes enchantées et la législation (lois des Lombards) dut les proscrire. De là naquit le système merveilleux de la chevalerie, les paladins et les romans, les héros qui s'exposèrent pour défendre la beauté et la vertu des femmes. Les tournois prolongèrent cet esprit de galanterie que l'on peut dire avoir été peu connu par les anciens. Ce n'est pas seulement l'esprit des lois

1. *EL*, VII, 17.

mais le style de ces différentes mœurs que Montesquieu rattache aux lois fondamentales d'un système (*ibid.*, 27).

Il y a, dans les textes de jeunesse, une apologie poétique de l'amour[1], qui, comme dans les écrits libertins, est une critique de la concupiscence, de la différence coupable du sensible et du sensuel. Ce discours sur l'amour s'accompagne, en particulier dans *Les Lettres persanes*, d'un discours sur l'enfermement (Lettre 38). Ce thème se retrouve dans la critique des religions à monastères. La culture unisexuée, qu'elle soit le fait du cloître ou du sérail, est d'abord un facteur d'incivilité et de servitude: dans les deux cas, un seul époux, le Christ ou le Grand Seigneur. Au sérail, le renfermement implique une logique de l'obéissance fondée d'un côté, sur une domination en chaîne, celle du maître, celle de la hiérarchie des eunuques et des esclaves; d'un autre côté, sur la souffrance de la castration, souffrance toujours vive car la mutilation ne fait pas disparaître le désir. Le monastère connaît une hiérarchie sévère et le chapitre est à la fois un gouvernement et un tribunal; la chasteté y est aussi une souffrance, dont les adoucissements ne peuvent être que de nouvelles transgressions dans les plaisirs contre nature. Dans de telles sociétés, l'humiliation est la revanche de l'impuissance.

La jouissance de commander et la jouissance d'humilier sont les corrélats de l'obéissance. On a au sérail, dans le registre de l'érotique, la transposition de la règle sévère du couvent. Ainsi se définit dans les deux cas une forme de vertu liée à la violence du renfermement. Entre ces deux formes de vertu, dans l'interdiction de voir et d'être vu(e), parce que le regard est le désir[2], l'écrivain prend plaisir à coder des parallélismes tacites, à jouer sur des analogies[3]. L'histoire d'Anaïs (Lettre 141) renverse les rapports entre hommes et femmes et donne à une femme le rôle de maître d'un sérail d'hommes. Mais au lieu de l'esclavage et de l'humi-

1. La Mettrie cite *Le temple de Gnide* et aussi une lettre sur la médecine.

2. Diderot, *La Lettre sur les aveugles*; *La religieuse*.

3. Il est vrai qu'il a ridiculisé la traduction au sens direct (Lettre 128). Ne fait-il pas dire à Usbeck, à propos de la mécanique de la nature et de son divin architecte: « Je ne m'accommode guère du style figuré » (Lettre 97)? Mais il ne faut pas oublier que le contexte est à la manie de la transposition. On a par exemple, *les lettres juives*, *les lettres chinoises*, du marquis d'Argens. Ce qui est critiqué dans la traduction, c'est qu'elle ne sait pas, justement, comment transposer. Car c'est un art. Ainsi le parallèle de « notre Alcoran et du leur » tourne naturellement à l'avantage du premier. Mais qui parle? Il ne suffit pas de dire que chacun défend son Alcoran. Au delà des analogies de fonction, les Bibles ne sont pas substituables. Il s'agit moins ici de relativisme que d'un exemple ordinaire de ce que nous appelions le style déclaratif: une pure assertion sans adhésion, l'obédience est évacuée.

liation, c'est le culte de l'amour qui règne et qui ferait penser plutôt à la poésie du *Temple de Gnide*.

Le despotisme de l'orient sacrifie une partie de l'humanité; et le despotisme de l'Église sacrifie la fécondité et enlève des sujets au souverain et des acteurs à l'économie politique (Lettres 112 à 114 sur les causes morales et physiques du dépeuplement de la terre depuis l'antiquité). Dans ses réflexions sur le célibat des prêtres, Montesquieu dit prudemment : « Je ne parlerai point ici des conséquences de la loi du célibat : on sent qu'elle pourrait devenir nuisible, à proportion que le corps du clergé serait trop étendu, et que par conséquent, celui des laïques ne le serait pas assez. [...] On sent que toutes ces réflexions ne portent que sur la trop grande extension du célibat et non sur le célibat même ». (*EL*, XXV, 4)

La défaillance économique va d'ailleurs chercher des arguments dans les conversions forcées : et la conversion des Arméniens à l'Islam est à l'image de la persécution des Protestants sous Louis XIV (Lettre 85). C'est d'un certain point de vue économique encore que Montesquieu fait la critique de la polygamie qui exige des athlètes pour soutenir les ardeurs de tout un harem (argument dont il ne se vante pas auprès des théologiens) et enlève des citoyens à la vie active. Mais le thème le plus intéressant et le plus présent chez les économistes de l'époque reste celui de la dépopulation et de l'oisiveté. C'est la morale du travail et du profit qu'Adam Smith illustre si bien.

En passant sans cesse, et dans le registre de l'allusion, de l'Islam à la chrétienté, Montesquieu dégage des invariants comme, par exemple, la pratique de l'enfermement. Il ne s'agit pas de faire figurer une religion par une autre, mais plutôt de marquer, dans l'histoire de l'humanité, des pratiques constantes. Car comme il dit ailleurs, et comme dit Fontenelle, il n'y a point de sottises que les hommes n'aient faites et qui ne doivent nous faire trembler.

L'art de jouir[1] conjugue amour et dévotion, comme en témoigne la lettre 78 sur les Espagnols. C'est le thème du début de la *Lettre de Thrasybule à Leucippe*[2] : « La dévotion est sans doute, ma chère Leucippe, la plus douce et la plus désirable de toutes les passions, lorsqu'elle est

1. Cette expression a eu une fortune singulière puisque La Mettrie en fait le titre d'un ouvrage que l'on a tort de confondre avec *L'école de la volupté*, et avec *La volupté*. Et La Mettrie cite *Le temple de Gnide*. Rousseau met dans la bouche de Saint-Preux *l'art de jouir* que pratique Julie (*La Nouvelle Héloïse*, V, 2).

2. Nicolas Fréret, *Lettre de Thrasybule à Leucippe*, Edizione critica, introduzione e commento a cura di S. Landucci, Firenze, Leo S. Olschki Editore, 1986.

sincère et continue » car elle est en résonance avec les textes quiétistes et en même temps avec ce dont ils sont le symptôme : dans *La Nouvelle Héloïse*, Julie déclare qu'elle n'est pas de ces saintes qui donnent le change à leurs passions.

*Le temple de Gnide* a pour suite *Céphise et l'amour*. La Mettrie connaissait ces récits ou ces poèmes et y a reconnu un art d'aimer qu'il met lui-même en scène sous le nom de « métaphysique de la tendresse »[1], « dialectique du sentiment », et qui est différent des variations anthropologiques que La Mothe le Vayer décrit dans « le banquet sceptique ». Cet éloge de la sensibilité transpose le *je ne sais quoi* et le *presque rien* en une culture de l'exquis, en une école de la volupté qui est culte du désir : « elle m'embrassa : je reçus ma grâce, hélas, sans espérance de devenir coupable ».

A l'époque où Diderot et Condillac rivalisent sur le thème de *l'anatomie métaphysique*, la métaphysique des sentiments, l'anatomie de la délicatesse, témoignent du même entrecroisement des registres : ces expressions qui sont des oxymores ou des paradoxes aux yeux des métaphysiciens dualistes, sont en réalité des armes pour combattre le dualisme. Sans la culpabilité de la chair, sans la concupiscence, sans l'identification du désir et de la génération, l'art de jouir, l'art de plaire, transposent le ravissement du dévot en charme secret de la séduction. Ainsi la religion est-elle, par la grâce de la rhétorique, restituée à sa vérité sensuelle. Montesquieu entrelace deux histoires, amour et amitié, et sacrifie à l'art des portraits (La coquette, la courtisane, l'homme riche) pour faire cette histoire du désir.

*L'Histoire véritable* est donnée comme l'entreprise d'un libraire qui veut rétablir son commerce et se rapporte à Mlle de Scudéry et aux *Aventures du Mandarin Fun Hoam*[2] pour donner du piquant à son ouvrage sans se brouiller avec les magistrats. Dans cette fable, ou ce roman, les métamorphoses sont l'analogue du voyage : dans la désappropriation du moi, la variation de son identité, le seul point fixe est l'interlocuteur, le lecteur, Ayesda. Un Génie tout-puissant parle au personnage qui dit « je » et le place dans telle ou telle vie. C'est un voyage dans les conditions

1. La Mettrie, *La volupté*, *L'art de jouir*, *Œuvres philosophiques* II, éd. F. Markovits, Paris, Fayard, 1987.

2. Thomas Simon Gueulette, *Aventures du Mandarin Fun Hoam, Contes chinois*, 1723. La Mettrie (si du moins on suit Quérard) reprend cette référence dans son ouvrage *Politique du médecin de Machiavel ou le chemin de la fortune ouvert aux médecins, Ouvrage réduit en forme de conseils par le docteur Fum Ho Ham et traduit sur l'original chinois par un nouveau maître es arts de Saint Cosme, Première partie qui contient les portraits des plus célèbres médecins de Pékin*. Amsterdam [sd].

humaines, hommes et femmes, valets et maîtres, eunuques et amants, fripons et honnêtes gens; voyage dans les animaux, de l'éléphant aux insectes, et dans les peuples, anciens, modernes, Européens, Orientaux; le moi n'est que sa place: en témoignent, paradoxalement, l'amour pour sa propre personne et l'amour pour la condition des autres. L'amour de soi est au pluriel.

Au cours de ces naissances répétées, l'anti-héros (car il n'est guère recommandable) connaîtra toutes les conditions, toutes les situations. Mais il n'y a pas d'ordre moral dans ces transmigrations, le hasard y préside; le charme de ces métempsychoses est qu'elles dévoilent l'étrangeté à soi, d'une âme déportée dans un nouveau corps, d'un corps qui n'a pas les moyens de son âme. Si bien que Montesquieu joue sans cesse sur le fait que l'âme et le corps, dans ces déplacements, ne sont jamais contemporains et qu'aucun ne possède l'autre ni ne se reconnaît en lui. On serait tenté de dire que l'auteur se livre là à un véritable exercice, complètement opposé par exemple aux exercices spirituels qui veulent la conversion à la vie intérieure, le recueillement en soi. Ici au contraire, tout se tourne en extériorité. Le plaisir de lire ne tiendrait donc pas uniquement au merveilleux des aventures s'il ne s'y mêlait un sens de la plaisanterie métaphysique (si l'on ose dire).

Le despotisme produit de la conspiration, c'est la leçon machiavélienne de l'oppression qui engendre de la résistance et on peut lire les *Lettres persanes* comme le récit d'une conspiration. On comprend qu'Usbeck, qui a pris le prétexte de voyager pour s'instruire, a en réalité fui les intrigues de la Cour où il était menacé et ne peut revenir dans sa patrie. Ses femmes se révoltent donc, chacune à sa manière. La bien-aimée Roxane lui fait sans doute le plus de mal (lettres 156 et 161): « Tu me croyais trompée et je te trompais ». Les relations de violence sont autant dans l'enfermement que dans le mensonge. Par cette révolte, les femmes s'inscrivent dans le politique, dans la lutte contre le despotisme, et d'abord dans l'humanité.

La violence de la castration est un facteur politique, comme son symétrique, la clôture des femmes. Et c'est là que l'on voit la réflexion de Montesquieu sur la nature humaine. Il ne se contente plus de parler de fibres et de machines, il met en œuvre la violence du désir. Ce n'est pas, là non plus, pour essentialiser la sexualité: « C'est pour lors que les sens qui restent veulent obstinément suppléer à ceux que l'on a perdus; et que les entreprises du désespoir sont une espèce de jouissance. Ainsi, dans Milton, cet Esprit à qui il ne reste que des désirs, pénétré de sa dégradation, veut faire usage de son impuissance même ».(*EL*, XV, 19). A ce passage, on pourrait opposer: « Il est heureux de vivre dans ces climats qui permettent que l'on se communique; où le sexe qui a le plus d'agrément semble parer la société; et où les femmes, se réservant aux plaisirs d'un seul, servent encore à l'amusement de tous » (*EL*, XVI, 11).

Nous avons dit que le climat n'est pas une pure réalité physique, qu'il est socio-politique. Dans les variations anthropologiques sur les mœurs des hommes et des femmes, et sur la pudeur naturelle, que veut-il signifier, puisque à travers ces variations infinies, chaque fois explicables dans un contexte, le mépris attaché à l'incontinence des femmes montre que la nature a parlé à toutes les nations (*EL*, XVI, 12)? Mais Montesquieu ne donne pas de la pudeur une détermination liée à la chasteté, il la définit seulement comme la honte de nos imperfections et il décale la loi naturelle, puisque la nature même du climat peut la violer et le législateur la rétablir. « Quand la puissance physique de certains climats viole la loi naturelle des deux sexes et celle des êtres intelligents, c'est au législateur à faire des lois qui forcent la nature du climat et rétablissent les lois primitives » (*EL*, XVI, 12).

Montesquieu évoque le transport des mœurs de nos femmes européennes sous les climats de l'orient, comme au livre XXIX, il fait l'hypothèse du transport des lois: Supposons un moment, dit-il, que la légèreté d'esprit et les indiscrétions, les passions et les dégoûts de nos femmes se trouvassent transportés dans un gouvernement d'Orient. On ne peut s'empêcher de penser au raisonnement analogue que fait Machiavel, supposant la Cour de Rome transportée au milieu de la Suisse. De tels déplacements produiraient les plus sanglants désordres.

Les considérations de Montesquieu sur la polygamie, sur le mariage et le divorce, qui ont tant scandalisé ceux qui y voyaient une apologie des pratiques non-chrétiennes, sont une manière de ramener au droit civil des problèmes qui faisaient partie, pour les partisans du droit naturel, des titres de ce droit. La vivacité des critiques de *L'Esprit des lois* au sujet de la polygamie montre bien la résistance à une telle anthropologie, la résistance de l'Église à penser la variété des mœurs. Montesquieu plaide pour le droit à un discours de pur historien, il n'est pas question ici d'effacer la distinction entre décrire et autoriser.

*Les barbares*

Les barbares sont les autres : l'inhumain est dans l'autre peuple[1]. « Les barbares n'introduisirent guère rien qui n'eut été plus cruellement exercé avant eux »[2].Dans un premier sens, les barbares sont les peuples non sédentaires, les nomades : sans propriété du sol, pas d'agriculture, pas de civilisation. Dans un second sens, les barbares sont les envahisseurs.

Appartient-il à l'historien ou au juriste de nous faire reconnaître l'humain dans le barbare ? A cette figure du mal, figure de l'autre absolu, et qui suppose un tribunal divin, Montesquieu pose des questions qui réduisent la figure emblématique aux images très naturelles d'une histoire : d'où venaient-ils ? étaient-ils surgis de nulle part comme si des peuples ne migraient pas, comme s'ils n'avaient pas de culture, de techniques, de territoire ? Comme si le changement de leurs ressources, une oppression insupportable ne les avaient forcés à une migration ? A l'image simplifiée de saint Augustin, devant la chute de l'empire romain, Montesquieu substitue l'analyse des facteurs d'un déplacement. Aussi la figure d'Attila occupe-t-elle une place décisive : Montesquieu ne traite pas les barbares qui ont envahi l'empire romain comme des peuples inhumains mais comme des peuples guerriers et migrants, qui ont des coutumes, des lois, des techniques, des savoirs, des modes d'occupation du sol dont le modèle doit être adapté à ce mode de vie.

Lorsque Montesquieu parle de la conquête du Mexique par Cortez, il souligne à la fois la barbarie et l'extravagance, comme lorsqu'il parle de l'Inquisition, il en parle comme d'un droit contraire à l'esprit du droit :

> Les Espagnols conquirent les deux empires du Mexique et du Pérou par la même perfidie : ils se font conduire devant les rois comme ambassadeurs et les font prisonniers. On est indigné de voir Cortez parler sans cesse de son

1. Rousseau cite à deux reprises (au début du *Discours sur les lettres et les arts*, ainsi qu'en épigraphe aux *Dialogues*) un passage des *Tristes* d'Ovide (X, 5). qui écrivit ces élégies lors de son exil en Scythie. « Quand on ne les craindrait pas, on ne pourrait se défendre d'un sentiment d'horreur, à voir leurs vêtements de peaux, et cette longue chevelure qui leur couvre la tête. Ceux mêmes, qui passent pour être d'origine grecque, ont échangé le costume de leur patrie contre les larges braies des Perses ; ils parlent, du reste, un langage commun aux deux races, tandis que je suis obligé de recourir aux signes pour me faire comprendre. Je suis même ici un barbare, puisque personne ne m'entend, et que les mots latins sont la risée des Gètes stupides. Souvent, en ma présence, ils disent impunément du mal de moi, ils me font peut-être un crime de mon exil, et comme, tandis qu'ils parlent, il m'arrive d'approuver par un signe ou de désapprouver, ils en tirent des conclusions fâcheuses contre moi ». Le thème de l'inculture de l'étranger et de sa langue prédomine dans les connotations du barbare.

2. Voir R. Derathé, dans *Œuvres de Montesquieu*, Paris, Gallimard, t. II p. 1493 pour le chapitre XVIII des *Considérations*.

> équité et de sa modération, à des peuples contre lesquels il exerce mille barbaries. Par une extravagance jusqu'alors inouïe, il prend pour sujet de son ambassade de venir abolir la religion dominante [1].

D'un autre côté, et puisque l'ethnocentrisme est ainsi récusé, Montesquieu parlera de barbarie à propos du mépris de la civilité. Outre la justice, nous avons des devoirs de bienséance qui correspondent à des codes non écrits et qui nous donnent des manières et du goût pour une société agréable et des égards mutuels dans les relations [2].

« La seule différence qu'il y ait entre les peuples policés et les peuples barbares, c'est que les uns se sont appliqués aux sciences; les autres les ont absolument négligées » [3].Ainsi la conquête des Indes par les Espagnols peut-elle s'interpréter par la supériorité des armes et des techniques, la poudre à canon permettant une destruction à distance à l'abri des arcs et des flèches.

> Si un Descartes était venu au Mexique cent ans avant Cortez; qu'il eût appris aux Mexicains que les hommes, composés comme ils sont, ne peuvent pas être immortels; qu'il leur eût fait comprendre que tous les effets de la nature sont une suite des lois et des communications des mouvements; qu'il leur eût fait reconnaître dans les effets de la nature le choc des corps plutôt que la puissance invisible des Esprits: Cortez, avec une poignée de gens, n'aurait jamais détruit le vaste empire du Mexique, et Pizarre, celui du Pérou [4].

En restant dans l'esprit de la confrontation des exemples anciens et modernes, on peut dire qu'à l'inverse, les Romains qui virent pour la première fois des éléphants combattre contre eux, n'en perdirent pas l'esprit pour autant, ils jugèrent seulement que c'étaient des bêtes plus grandes que celles qu'ils avaient vues jusqu'ici, et en face desquelles il ne fallait qu'un plus grand courage.

Montesquieu en tire une leçon sur les croyances qu'il est dangereux d'inspirer au peuple sous prétexte de le gouverner. Il récuse ainsi le système de la politique cynique qui prétend gouverner par la crainte et l'ignorance.

1. *Mes Pensées*, 617.
2. *Mes Pensées*, 619.
3. *Mes Pensées*, 613 et 614 : Montesquieu ne dit pas civilisés mais policés.
4. On notera l'usage de l'article indéfini, qui transforme le cartésianisme en une figure ou une fonction. D'autre part, le Descartes dont il s'agit est le physicien et en aucun cas l'auteur des *Méditations métaphysiques*. C'est le physicien que D'Alembert récuse dans *l'Encyclopédie*.

> Ces effets que l'ignorance de la philosophie fait attribuer aux Puissances invisibles ne sont pas pernicieux en ce qu'ils donnent la peur, mais en ce qu'ils jettent dans le désespoir de vaincre et ne permettent point à ceux qui en sont frappés de faire usage de leurs forces, les leur faisant juger inutiles. Ainsi, il n'y a rien de si dangereux que de frapper trop l'esprit du peuple de miracles et de prodiges. Rien n'est plus capable d'engendrer des préjugés destructifs que la superstition, et, s'il est quelquefois arrivé que de sages législateurs s'en soient servis avec avantage, le genre humain, en général, y a mille fois plus perdu que gagné [...] Les avantages que les monarques du Pérou avaient tirés de la superstition, la superstition les leur fit perdre.

On sera frappé de voir qu'il met la culture des miracles au compte de la superstition. Bien plus, c'est l'idée d'un tribunal de l'histoire qu'il schématise : « en se faisant passer pour fils du Soleil, les premiers rois du Pérou se rendirent absolus sur leurs sujets et respectables aux étrangers [...] Mais la seule venue des Espagnols découragea les sujets d'Atahualpa et lui-même, parce qu'elle lui parut être une marque de la colère du Soleil et de l'abandon qu'il faisait de sa nation ».

Montesquieu va plus loin et pose la question de l'obéissance au prince [1] :

> Y a-t-il des cas où il soit permis à un sujet de désobéir à son prince ? Il ne doit rien faire pour lui et ce serait penser d'une manière bien bizarre d'avoir tant de respect pour les ordres et d'en avoir si peu pour l'honneur de son prince. Il est très dangereux à un prince d'avoir des sujets qui lui obéissent aveuglément. Si l'Inca Atahualpa n'avait pas été obéi par ses peuples comme par des bêtes, ils auraient empêché cent soixante Espagnols de le prendre. S'il avait été moins obéi depuis sa prison, les généraux péruviens auraient sauvé l'empire. Si Manco-Inca, étant au pouvoir des Espagnols, n'avait, par ses ordres, empêché le soulèvement de ses peuples, les Espagnols n'auraient pas eu le temps de se fortifier contre lui. Si Montezuma prisonnier, n'avait été respecté que comme un homme, les Mexicains auraient détruit les Espagnols. Et si Guatimozin, pris, n'avait pas d'un seul mot, fait cesser la guerre, sa prise n'aurait pas été le moment de la chute de l'Empire, et les Espagnols auraient craint d'irriter ses sujets par son supplice [2].

Ce n'est pas que Montesquieu condamne la conquête en elle-même. Il s'en explique au livre X de *L'Esprit des lois*. « Une conquête peut détruire les préjugés nuisibles, et mettre, si j'ose parler ainsi, une nation sous un meilleur génie ». Ainsi, Gélon roi de Syracuse fit-il un traité avec les Carthaginois pour leur faire abolir la coutume d'immoler leurs enfants;

1. C'est s'opposer à la doctrine de l'obéissance passive, défendue par un Berkeley.
2. *Mes Pensées*, 648.

Alexandre défendit aux Bactriens de faire manger leurs vieux pères par des chiens. En empruntant ces exemples à Barbeyrac et à Strabon, Montesquieu écrit que ces vainqueurs « stipulaient pour le genre humain ».

Il écrit encore : « Quel bien les Espagnols ne pouvaient-ils pas faire aux Mexicains ? Ils avaient à leur donner une religion douce ; ils leur apportèrent une superstition furieuse. Ils auraient pu rendre libres les esclaves ; et ils rendirent esclaves les hommes libres. Ils pouvaient les éclairer sur l'abus des sacrifices humains ; au lieu de cela, ils les exterminèrent. Je n'aurais jamais fini si je voulais raconter tous les biens qu'ils ne firent pas, et tous les maux qu'ils firent ». Si l'on veut juger des conquêtes, ce n'est pas la morale qu'il faut suivre.

Et cependant, la conquête n'est pas hors droit. « Du droit de la guerre dérive celui de conquête qui en est la conséquence. Il en doit donc suivre l'esprit[1] ». Lorsqu'un peuple est conquis, le droit que le conquérant a sur lui suit quatre sortes de lois : la loi de la nature, qui fait que tout tend à la conservation des espèces ; la loi de la lumière naturelle, qui veut que nous fassions à autrui ce que nous voudrions que l'on nous fît ; la loi qui forme les sociétés politiques, qui sont telles que la nature n'en a point borné la durée ; enfin la loi tirée de la chose même. La conquête est une acquisition ; l'esprit d'acquisition porte avec lui l'esprit de conservation et d'usage, et non pas celui de la destruction. La conséquence en est qu'un peuple qui en a conquis un autre a quatre manières de traiter le peuple conquis : « Il continue de le gouverner selon ses lois et ne prend pour lui que l'exercice du gouvernement politique et civil ; ou il donne un nouveau gouvernement politique et civil ; ou il détruit la société, et la disperse dans d'autres ; ou enfin il extermine tous les citoyens ».

Entre la justification du vainqueur, par la force et par l'idéologie, et la sanction morale d'un humanitaire avant la lettre, Montesquieu cherche toujours à prendre appui sur les codes juridiques et sur ce qu'il appelle la nature de la chose. Dans celle-ci, il détermine l'objet des acteurs avant les moyens. Ainsi, l'esclave est un moyen et non un objet. Malgré l'impétuosité de l'action et l'orgueil de la victoire, « nos pères » suivirent ces règles : « [Aux] Bourguignons, Goths et Lombards, qui voulaient toujours que les Romains fussent le peuple vaincu, [Montesquieu oppose] les lois d'Euric, de Gondebaud et de Rotharis [qui] firent du Barbare et du Romain des concitoyens »[2]. Ainsi l'esprit du droit reste t-il celui du calcul et de la

1. *EL*. X, 3.

2. Montesquieu renvoie au code des lois des barbares et au livre XXVIII de *L'Esprit des lois*.

négociation pour la conservation de l'État et de l'objet par lequel il définit sa spécificité. On est donc loin de l'idée d'une auto-détermination des peuples, ou du droit primordial à un territoire, toutes convictions arbitraires liées au mythe du premier occupant. Le refus de Montesquieu de recourir à de telles instanciations intemporelles, tant du côté de l'essentialisation d'un peuple que du côté d'une origine territoriale, est constant.

Qu'il ne cite pas Vico et ses «bestioni» ne signifie pas que Montesquieu n'ait pas lu Vico[1]. La question est de savoir à quels arguments de *La science nouvelle* il fut sensible. Car, après le *Dialogue sur les deux grands systèmes du monde* de Galilée qui calculent la résistance des matériaux en fonction des dimensions des machines, avant la *science nouvelle* de l'économie politique chantée par Dupont de Nemours, ne peut-on se demander si une «histoire naturelle des lois» à la manière de Montesquieu n'est pas une «science nouvelle»?

A la différence de Vico, Montesquieu récuse l'idée de périodicité. Vico rectifiait une idée reçue. Les premiers hommes ne furent pas des sages, mais des barbares. Montesquieu ne fait pas de l'origine de l'humanité, ni de celle de la société, un thème majeur. Cependant, il retient l'idée d'un rythme, qui diffère selon les nations. Vico, attentif à la différence des modes de pensée, entre les archétypes de l'imagination et les concepts de l'entendement, montrait que le droit, la religion, le langage sont d'abord des pratiques, un ensemble de gestes muets[2]. C'est en ce sens que Vico déclare : nous appliquerons la méthode de Bacon aux questions humaines et civiles[3]. Contre la théorie de la donation de tous les éléments de la culture par la Providence, voire même par une Providence immanente[4], on voit l'humanité inventer progressivement les langues, les arts, la politique. De cette méthode, Montesquieu semble retenir la recherche des règles de l'invention : il évacue l'idée d'une primitivité, mais suit le fil conducteur de

1. Montesquieu note lors de son voyage à Venise (1728) : «Acheter à Naples *Principii d'una nova Scienza, di Jean Baptista Vico, 1725*». Cité par D. Oster, p. 226.

2. Déterminer le langage comme une structure et non comme la voix d'un moi, est très loin du cartésianisme et de la *Logique de Port Royal*.

3. G. Vico, *Principes d'une science nouvelle relative à la nature commune des nations*, trad. Ariel Doubine, Présentation Benedetto Croce, Intro., notes et index F. Nicolini, Paris, Nagel, p. 70. A. Pons a donné une traduction nouvelle, Paris, Fayard, 2001, (p. 94).

4. Dans la préface de l'édition Nagel, Nicolini pose la question de savoir comment, pour réduire les contradictions, interpréter le credo obligé de Vico qui veut écarter épicurisme et stoïcisme mais recueillir les philosophes politiques comme Platon qui se trouvent d'accord avec les législateurs sur l'existence d'une providence divine, la modération des passions, l'immortalité de l'âme.

la philologie[1] pour interpréter les lois. Il trouve aussi chez Vico l'idée que chaque peuple a « son » droit naturel. Il cherche comment, par exemple, à partir de la pratique des armes s'invente le droit dans les duels judiciaires. Mais que la religion et le droit soient à l'origine de tous les peuples en fait autre chose que ce que nous appelons religion et droit. Cet effet d'étrangeté, ou de dénaturation, est essentiel pour comprendre la genèse de ces déterminations.

C'est à propos des lois dans le rapport qu'elles ont avec la nature du terrain que Montesquieu définit les barbares et les sauvages[2]. En un sens, ces peuples sont définis de manière plus « physique » que les autres, ce qui pourrait faire croire à une sorte d'option, de la part de Montesquieu, pour leur caractère « primitif »; mais en un autre sens, c'est tout le contraire, puisque l'on va montrer, dans leurs mœurs, des constantes qui expriment une logique; et d'autre part encore, la logique institutionnelle des peuples qui ont des villes et des monnaies est aussi toujours traitée en relation avec ces facteurs physiques. Il n'y aura donc pas, chez Montesquieu, d'échelle ni de hiérarchie des nations[3].

La démonstration de Montesquieu est double et c'est un des sens possibles de sa référence à Pufendorf et à Grotius, citée au début de cette étude : il y a des peuples qui ont des lois civiles, ce qui est lié à l'occupation et à la propriété de la terre; mais tous les peuples, même barbares et sauvages, ont des lois; la détermination universelle de l'humanité se fait par la production fonctionnelle de lois même si les mœurs jouent parfois le rôle de lois. Aussi n'y a-t-il pas de peuples primitifs, mais une détermination universaliste de l'humanité par le droit : c'est cela qui appartient à Pufendorf mais vient de Cicéron : la loi est la raison et la vérité.

En second lieu, comme Grotius, il ne pense pas la guerre comme de la violence, mais comme du droit : c'est ce que dira Engels[4] sur la violence dans l'histoire : il faut distinguer les flèches et les canons et articuler la technique à la juridiction. Montesquieu le montre à propos des guerres

1. Ainsi le premier axiome de la *Science nouvelle*, (Naples, 1725 et 1744) est que l'homme, dans l'ignorance, se prend lui-même comme règle de l'univers. Par exemple, les deux poèmes d'Homère sont l'histoire civile des anciennes coutumes de la Grèce. Chaque nation païenne a eu « son » Jupiter et « son » Hercule mais les nations et les érudits n'ont pas su interpréter les mythes fondateurs.

2. *EL*, XVIII, 11.

3. Voir *infra*, p. 107 *sq*.

4. *Le rôle de la violence dans l'histoire*, Paris, Éditions Sociales, 1962, (Extraits de l'*Anti-Duhring*, trad. E. Bottigelli, Paris, 1956).

contre les Indiens[1]. Les Espagnols croyaient trouver des barbares. Mais Montesquieu ne se contente pas d'invoquer la supériorité technique des Européens et des Espagnols sur les Indiens qui ignoraient ces arts mécaniques. Leurs croyances mêmes furent l'artisan de leur malheur. Il y a toujours un mythe pour justifier la soumission.

> Il y a cette différence entre les peuples sauvages et les peuples barbares, que les premiers sont de petites nations dispersées, qui, par quelques raisons particulières, ne peuvent pas se réunir; au lieu que les barbares sont ordinairement de petites nations qui peuvent se réunir. Les premiers sont ordinairement des peuples chasseurs; les seconds, des peuples pasteurs. Cela se voit bien dans le Nord de l'Asie. Les peuples de la Sibérie ne sauraient vivre en corps, parce qu'ils ne pourraient se nourrir; les Tartares peuvent vivre en corps pendant quelque temps, parce que leurs troupeaux peuvent être rassemblés pendant quelque temps. Toutes les hordes peuvent donc se réunir; et cela se voit lorsqu'un chef en a soumis beaucoup d'autres; après quoi, il faut qu'elles fassent de deux choses l'une : qu'elles se séparent, ou qu'elles aillent faire quelque grande conquête dans quelqu'empire du Midi.

Avant Montesquieu, les barbares n'entrent pas comme tels dans les parallèles entre les anciens et les modernes, l'Europe et l'orient. La littérature sceptique multiplie, exemplifie à l'infini les figures de l'autre dans l'humain, les figures de l'irrationnel dans les normes, elle naturalise l'exotique et rend étrange le familier: stratégie du renversement et du décentrement. Avec Montesquieu, c'est autre chose qu'une stratégie, des pratiques barbares sont rendues à l'humain, et cependant les hommes ne sont pas des barbares.

En portant sa clairvoyance sur le haut moyen âge et la féodalité, Montesquieu ne cherche pas seulement, comme on a pu le croire, la caution historique du corps des nobles. Il étudie « la façon de penser de nos pères ». Le mot barbare lui-même y perd sa caractéristique d'être hors-culture. Ce que Montesquieu construit, à l'écart de ces effets de « balance », c'est une autre humanité dont nous n'avons plus d'exemple. Il interroge le combat judiciaire, la preuve par le feu, le tarif des mutilations. Ce droit barbare est

1. Bien que Montesquieu ne le cite pas, on peut évoquer le Père Francisco de Vitoria, *De bello contra Indos*, Salamanque, 1539, éd. critique et trad. J. Baumel, Montpellier, 1936. Voir A. M. Vanderpol, *La doctrine scolastique du droit de guerre*, Paris, 1919. Vitoria travaille longuement sur le sens du mot barbare en distinguant les infidèles et les hérétiques. Son ouvrage comporte trois parties: 1) En vertu de quel droit les Barbares furent soumis à la domination des Espagnols? 2) Quels sont les actes que peuvent faire les princes espagnols à l'encontre de ces barbares, en matière temporelle et en matière civile? 3) Que peuvent faire à l'encontre des Indiens les princes ou l'Église, en matière spirituelle et religieuse?

pourtant un droit. Or qu'est-ce que le droit sans le droit? peut-on parler d'une genèse du droit dans cette société belliqueuse, qui ne pense qu'en termes de combat? et comment suivre la rationalité de ces règlements, issus du mélange de tant de coutumes de peuples différents? et comment éviter l'illusion rétrospective qui y verrait les balbutiements du droit?

Jamais le grand juriste qu'est Montesquieu ne prononce sur ces périodes sombres de l'histoire de jugement de finalité. Il cherche patiemment (c'est peut-être là qu'il est vraiment, comme le dit Voltaire, un Montaigne législateur), il cherche la logique des sanctions, la négociation des droits. Il ne s'agit pas des autres peuples, il s'agit des périodes exclues de notre propre histoire. A la manière de Vico et avec un autre sens de la périodisation, sans glorifier ces peuples [1], Montesquieu introduit une triangulation avec les anciens et les modernes. Les barbares sont nos ancêtres.

> Du temps des Romains, les peuples du Nord de l'Europe vivaient sans arts, sans éducation, presque sans lois; et cependant, par le seul bon sens attaché aux fibres grossières des climats, ils se maintinrent avec une sagesse admirable contre la puissance romaine, jusqu'au moment où ils sortirent de leurs forêts pour la détruire. (*EL*, XIV, 3)

### *Les esclaves. Une familière étrangeté*

Voltaire reproche à notre auteur de plaisanter sur l'esclavage. Mais l'esclave du Surinam n'en fait-il pas autant dans *Candide*, parlant de son corps comme d'une machine en pièces détachées? Et de l'ironie au cynisme, Montesquieu ne pose-t-il pas crûment la question des plantations en fonction du prix du sucre [2]? Linguet n'interroge t-il pas la bonne conscience des Economistes et leur idéologie libertaire pour dénoncer les formes de servitude cachées dans le travail des journaliers? Peut-on se réfugier dans l'idéologie de l'égalité, là où l'on pourrait dire que le christianisme a échoué, si ses représentants n'avaient eux-mêmes spéculé sur les Africains et les Indiens? Quelles furent les conditions ou les rapports de force pour que la revendication de l'abolition de l'esclavage pût aboutir? Montesquieu ne s'abrite jamais derrière la conscience morale. Il examine l'économie de la servitude par rapport aux climats, aux conquêtes et aux transmigrations, au partage des terres, à l'usage de la monnaie, au droit civil.

1. R. Aron, dans les *Etapes de la pensée sociologique*, cite A. Thierry, (chap. I, note 19).
2. Sur l'histoire de l'esclavage sous ses différentes formes, nous renvoyons à l'ouvrage exemplaire d'O. Pétré-Grenouilleau, *Les traites négrières*, essai d'histoire globale, Paris, Gallimard, 2004.

La liberté est l'effet d'un calcul comme l'impôt. Après un livre sur le code politique et le code civil qui établissent la liberté du citoyen, vient un livre sur la proportion entre l'impôt et la liberté. Que la liberté ait un prix n'est pas une métaphore (*EL*, XIII à XVII).

Montesquieu analyse le fait de l'esclavage par rapport à deux choses, la grandeur des revenus publics et le climat. Analysant les rapports socio-économiques du climat, il analyse des codes. Il examine d'abord les rapports de la liberté avec la levée des tributs et la grandeur des revenus publics. Il analyse alors le servage d'une partie du peuple, servage de la glèbe, lorsqu'il est établi, et les proportions dans lesquelles les impôts peuvent être prélevés par le seigneur pour le prince, ou par le particulier pour l'État. Ni la république ni la monarchie ni le despotisme n'ont intérêt à augmenter le poids de la servitude.

Lorsque l'esclavage de la glèbe n'est pas établi, on peut mettre des impôts sur les personnes, sur les terres, sur les marchandises. Dans le premier cas, on divise les citoyens en classes, comme à Athènes, en fonction des revenus. Dans la taxe sur les terres, « si l'État proportionne sa fortune à celle des particuliers, l'aisance des particuliers fera bientôt monter sa fortune. [mais qui commencera? ]Tout dépend du moment ». Les droits sur les marchandises sont ceux que les peuples sentent le moins parce que la demande n'est pas directe.

Montesquieu établit une « règle générale : on peut lever des impôts plus forts, à proportion de la liberté des sujets; et l'on est forcé de les modérer à mesure que la servitude augmente [...] C'est une règle tirée de la nature ». Il ajoute : « Il y a, dans les États modérés, un dédommagement pour la pesanteur des tributs : c'est la liberté. Il y a, dans les États despotiques, un équivalent pour la liberté : c'est la modicité des tributs » (*EL*, XIII, 12).

La définition de l'esclavage comme « établissement d'un droit qui rend un homme tellement propre à un autre homme, qu'il est le maître absolu de sa vie et de ses biens ... n'est pas bon par sa nature : il n'est utile ni au maître, ni à l'esclave » (*EL*, XV, 1). Dans les états despotiques, où la condition d'esclave n'est guère plus à charge que la condition de sujet, « les hommes libres trop faibles contre le gouvernement, cherchent à devenir les esclaves de ceux qui tyrannisent le gouvernement ». Dans certains régimes, l'esclavage peut être supportable; dans d'autres gouvernements, les esclaves sont contre l'esprit de la constitution. Ce qui ne veut pas dire que l'esclavage soit impossible dans les monarchies modernes : on verra l'exemple des plantations.

Montesquieu critique les raisons des jurisconsultes romains. L'esclavage ne résulte pas de la guerre et n'est pas le moyen d'éviter de tuer un ennemi. Un homme libre ne peut se vendre : la liberté est sans prix pour celui qui la vend et ce serait un acte d'une telle extravagance que l'on ne peut le supposer chez un homme. Enfin, la naissance est un argument qui tombe avec les autres. La loi de l'esclavage ne peut être que domestique, il est aussi opposé au droit civil qu'au droit naturel.

Et Montesquieu ajoute: «j'aimerais autant dire que le droit de l'esclavage vient du mépris qu'une nation conçoit pour une autre, fondé sur la différence des coutumes». Et il cite les exemples dérisoires de la justification que les Espagnols donnèrent de l'asservissement des Américains. «J'aimerais autant dire, répète-t-il, que la religion donne à ceux qui la professent un droit de réduire en servitude ceux qui ne la professent pas, pour travailler plus aisément à sa propagation». Le préjugé sur les habitudes alimentaires et le préjugé de religion sont mis au même rang. Il dit enfin: «Si j'avais à soutenir le droit que nous avons eu de rendre les nègres esclaves, voici ce que je dirais». Et il adopte le discours de l'esclavagiste pour mettre en scène ses raisons avec cynisme: il fallait remplacer la main d'œuvre américaine par la main d'œuvre africaine pour que le sucre ne fût pas trop cher. Il est naturel de penser que c'est la couleur qui constitue l'essence de l'humanité. Ce sont des peuples qui n'ont pas de bon sens, ni de sens des valeurs puisqu'ils n'estiment pas le prix de l'or incomparable à celui de la verroterie. Et enfin, si nous les supposions des hommes, c'est que nous-mêmes n'en serions pas (*EL*, XV, 5).

Or il y a une réalité juridique de l'esclavage, puisqu'il y a un *Code Noir* qui prescrit les devoirs des maîtres et aussi les limites de leur pouvoir: par exemple, ils ne peuvent importer leurs esclaves en France[1]. L'inutilité de l'esclavage parmi nous tiendrait aux lumières du christianisme, dit sans doute ironiquement Montesquieu, et à la commodité des machines qui permet de suppléer au travail forcé que l'on a fait faire aux esclaves dans les mines. Montesquieu qui a visité les mines de Hongrie et du Harz, souligne l'intérêt de la profession de mineur et le gain que les travailleurs, grâce aux machines, peuvent en tirer, et même, écrit-il, ils y sont heureux.

Car on peut sans doute condamner moralement l'esclavage, et accuser la cruauté des maîtres, et à cet égard, la morale chrétienne a pu jouer le rôle d'un «politiquement correct». Mais ce consensus moral ne change rien à la réalité des lois civiles qui règlent l'économie des servitudes chez les

1. *Le code noir* (Voir l'édition qu'en a donnée L. Sala-Molins) a été rédigé au moment où Louis XIV chassait les Huguenots de France. Y a-t-il une logique commune à ces deux faits contemporains? Cette politique économique doit bien être fondée sur la nature des choses. D'un côté, on exproprie les manufacturiers protestants, de l'autre, on crée les plantations. D'ailleurs le rendement de la main d'œuvre esclave fut faible aussi longtemps que l'on ne leur donna pas d'instruments (car les instruments pouvaient devenir des armes).

peuples mêmes qui jouissent de la liberté civile (comme nos monarchies modernes, comme Lacédémone autrefois) : la question demeure de savoir comment les lois ont réglé l'intolérable, comment il s'est maintenu.

C'est la paresse qui est, dans les sérails d'orient, le prix de la servitude des femmes. Pourtant la raison veut que l'esclavage soit pour l'utilité et non pour la volupté. Dans un contexte où la servitude entraîne la transgression des rapports de pudicité, la corruption des mœurs suit le partage entre maîtres et esclaves, qu'il s'agisse de l'orient ou de Rome. Après ce premier danger qui est la perte des mœurs, c'est le nombre des esclaves, le fait de les armer qui peut être un danger. Si le grand nombre d'esclaves n'est pas un danger dans un État despotique où la liberté politique n'existe pas, il l'est au contraire dans les États modérés. Dans une monarchie, un peuple guerrier, un corps de noblesse, contiendront les esclaves armés. Tant que les esclaves furent armés par leurs maîtres et sous leurs ordres, comme chez les Goths qui conquirent l'Espagne, ils ne représentèrent pas un danger. Mais les lois des Romains une fois établis dans le luxe, montrent qu'ils en usèrent avec leurs esclaves selon le droit de la guerre : le senatus-consulte sillanien qui portait sur la condamnation à mort de tous les esclaves d'une maison qui auraient voulu tuer le maître ou même ne se seraient pas opposés à son meurtre, voire à son suicide par la main d'un autre, sont du registre de ce droit des gens qui veut qu'une société se protège (*EL*, XV, 16).

En examinant les règlements des différentes sociétés institués entre les maîtres et les esclaves, Montesquieu s'attache à montrer ce qui manque dans chaque cas : si, malades et abandonnés, ils trouvent la liberté sans les moyens de subsister; si la loi donne un droit de vie et de mort au maître sans les formalités; si l'esclave survit à la peine infligée par le maître, sans être mis à mort parce qu'il a du prix pour le maître; si les esclaves ne peuvent avoir aucune justice ni contre les insultes ni contre les injures, tous ces cas de figure, ceux de Moïse, de Rome, des Grecs, montrent que ces règles, même si elles ont le nom de lois, ne respectent pas l'équité.

Montesquieu déclare ne pas savoir quels règlements une bonne république devrait faire sur les affranchissements. La république est entre deux dangers : trop d'esclaves ou trop d'affranchis. Les uns ne peuvent être contenus, les autres ne peuvent vivre. La question est donc de savoir comment introduire insensiblement de nouveaux citoyens dans la république. Favoriser le pécule, borner le temps de la servitude, transporter aux ingénus certains emplois serviles, sont diverses manières de faire. La question est de savoir si et comment, dans quelle mesure, les affranchis peuvent parvenir aux magistratures et aux alliances qui peuvent leur donner un pouvoir dans la vie civile; et Montesquieu analyse la situation à Rome dont les lois politiques balancèrent très prudemment les avantages et les réserves, donnant accès à des magistratures et même au sacerdoce «privilège rendu vain par les désavantages qu'ils avaient dans les élections».

Mais peut-on considérer les eunuques comme des affranchis? Peuvent-ils avoir une famille? Peuvent-ils exercer des magistratures? Ne peuvent-ils même parfois, pour en avoir trop étudié les faiblesses, être les maîtres de leurs maîtres dans les gouvernements? Pourvu que l'on parcoure les relations des voyageurs, on ne trouvera rien d'impossible.

*Les Romains*

On a beaucoup dit que la fonction de la référence à l'antiquité était de donner des modèles de vie citoyenne et républicaine que l'on puisse opposer au destin despotique des monarchies modernes. Mais qu'est-ce que l'image de Rome en particulier? Cet attachement à une civilisation, à un monde dont le monde chrétien est en partie issu, dont la littérature a constitué notre humanité, nos humanités, marque aussi comme une relation, dans l'histoire, de microcosme à macrocosme, comme si l'histoire romaine, sans se réduire à une pépinière de modèles pour les grands hommes, était comme le paradigme de la vie d'une culture. Rome nous offrirait comme l'échelle du destin d'une société. C'est Machiavel qui, en commentant les *Discours* de Tite-Live et en écrivant les *Histoires florentines,* demandait combien de temps dure une civilisation[1]. Si les différents éditeurs de *L'Esprit des lois* ont pu considérer les *Considérations sur les causes de la grandeur des Romains et de leur décadence*[2] comme des travaux préparatoires au grand œuvre, c'est que les *Considérations* sont l'essai d'une méthode historique qui n'a pu se constituer qu'en prenant pour objet un monde, Rome.

Les astronomes de l'époque posent la question: qu'est ce qu'un monde? Comment une question de physique se transpose-t-elle en histoire? Rome est-elle un tourbillon parmi d'autres? S'agit-il seulement de la pluralité des mondes? Comme son ami Fontenelle faisait des soleils autant d'horloges de la vie de l'univers, s'éteignant avant d'avoir fini de transmettre leur lumière, Montesquieu a t-il, comme l'a dit, par exemple, Cassirer, cherché à appliquer à la culture les lois d'une physique newtonienne? Mais il faudrait faire remarquer que la pluralité des systèmes politiques interdit leur inscription dans un temps universel et que chacun a

1. Voir aussi Machiavel, *L'art de la guerre*, I, 9, *Œuvres complètes*, trad. E. Barincou, «Bibliothèque de la Pléiade», Paris, Gallimard, 1952, p. 748.

2. Oster, p. 435-484. Désormais noté *CR*.

son temps propre, ce qui est leibnizien et non newtonien [1]. Chaque vie a un temps qui lui est propre. Ce qui peut littérairement se traduire en termes de destin mais n'enveloppe pas nécessairement un finalisme historique.

Rome n'illustre que sa propre histoire et tout le monde s'accorde à dire que Bossuet ne pourrait inscrire les *Considérations* dans son *Discours sur l'histoire universelle*. Ce n'est pas seulement que Montesquieu récuse le concept d'un tribunal de l'histoire. Car quel est l'objet des *Considérations* ? De quoi s'agit-il donc de faire l'histoire ? « La ville n'avait pas même de rues, si l'on n'appelle de ce nom la continuation des chemins qui y aboutissaient. Les maisons étaient placées sans ordre et très petites, car les hommes, toujours au travail ou dans la place publique, ne se tenaient guère dans les maisons ». Voilà les mœurs de ce petit peuple qui devint le peuple bâtisseur par excellence. Montesquieu s'attache à caractériser des traits qui n'anticipent pas sur la grandeur de Rome. Dans cette description, pas de germes du futur. L'écrivain compare les époques et souligne la disproportion : les dépouilles prises aux vaincus par Romulus et ses successeurs furent des gerbes de blé et des troupeaux : « voilà l'origine des triomphes ».

L'histoire ancienne ne nous montre pas des hommes différents de nous : « Les hommes ont eu dans tous les temps les mêmes passions, les occasions qui produisent les grands changements sont différentes, mais les causes sont toujours les mêmes ». Fontenelle ne dit pas autre chose dans la *Digression sur les anciens et les modernes*. La prodigieuse fortune de ce peuple doit être rapportée à la différence des *situations* dans le monde antique et dans l'Europe moderne. Il faut d'abord considérer la proportion des soldats au reste du peuple, le budget du prince pour l'entretien d'une armée et le partage des terres que les fondateurs des anciennes républiques avaient fondé sur l'égalité. Mais lorsque les lois ne furent plus rigidement observées, les fonds de terre passèrent de l'entretien des soldats à celui des esclaves et des artisans, instruments des nouveaux possesseurs.

### *Une histoire des structures, une histoire des caractères*

Dans *L'Esprit des lois*, un État se définit par son objet [2]. L'objet de Rome fut son agrandissement et le moyen, la guerre. Et on sait que les

1. Voir la correspondance de Leibniz et de Clarke éditée par A. Robinet, Paris, P.U.F., 1957.

2. « Quoique tous les Etats aient en général un même objet qui est de se maintenir, chaque Etat en a pourtant un qui lui est particulier. L'agrandissement était l'objet de Rome ; la guerre celui de Lacédémone ; la religion, celui des lois judaïques ; le commerce, celui de Marseille ; la tranquillité publique, celui des lois de la Chine ; la navigation, celui des lois des rhodiens ; la liberté naturelle, l'objet de la police des sauvages ; en général, les délices du prince, celui des

Romains regardant la guerre comme le seul art, mirent, dit Montesquieu, tout leur esprit à le perfectionner, à tel point qu'un auteur comme Végèce pense que ce fut un dieu qui leur inspira la légion, cette organisation qui fut comme une place de guerre mobile, comme une machine dont les parties elles-mêmes fussent mobiles dans des dispositions variées et adaptées à toutes les configurations de terrain, à tous les types d'opérations. Divisée en différents corps de soldats, cavalerie, infanterie, la légion fut aussi divisée en corps de métiers de façon à assurer partout son autonomie. En observant leurs ennemis, ils inventèrent des machines, Marius détourna des fleuves, Publius Nasica fit construire une flotte. La discipline militaire fut affermie chaque fois que l'armée essuya quelque perte comme pour la persuader de sa responsabilité dans le défaut technique d'une opération. L'entraînement fut impitoyable mais les plus âgés et les chefs donnèrent l'exemple. De leur force et de leur résistance physique, condition de leurs victoires, ils tirent la fierté d'être Romains. « Comme dit Josèphe, la guerre était pour eux une méditation; la paix, un exercice ».

Il semble, dit Montesquieu, qu'il y ait deux causes de la grandeur de Rome, une suite non interrompue de grands hommes d'État et de grands capitaines et une profonde connaissance de l'art militaire. Cette logique de la guerre, pour une ville sans commerce et sans arts, était le seul moyen de s'enrichir; et le sénat distribuait au peuple les terres du peuple vaincu.

La vie militaire commande la division du texte et la succession des conflits où Rome se trouva, d'abord avec les peuples de la Grèce, puis avec Carthage: on vit deux mondes séparés, l'un où combattaient les Carthaginois et les Romains, l'autre animé par les guerres de succession d'Alexandre. Les Romains se mirent en mesure de vaincre la résistance de la Macédoine, de la Syrie et de l'Egypte par deux moyens : ils ordonnèrent que chaque ville grecque qui avait été à Philippe ou à quelqu'autre prince se gouvernerait dorénavant par ses propres lois; ils empêchèrent les autres peuples de recruter des Grecs dans leur armée car c'étaient d'excellents soldats. Pour les priver d'une telle milice, « ils établirent peu à peu, comme une maxime chez les Grecs, qu'ils ne pourraient avoir aucune alliance, accorder du secours ou faire la guerre à qui que ce fût, sans leur consentement : de plus, dans leurs traités avec les rois, ils leur défendirent de faire aucune levée chez les alliés des Romains; ce qui les réduisit à leurs troupes nationales » (*CR*, V et VI).

Etats despotiques; sa gloire et celle de l'État, celui des monarchies; l'indépendance de chaque particulier est l'objet des lois de Pologne; et ce qui en résulte, l'oppression de tous » (*EL*, XI, 5).

Le changement d'échelle du territoire vit l'extension de leurs maximes : les Romains conduisirent, dans le prolongement de cette logique de guerre, une politique d'alliances cherchant à semer la division chez les autres peuples. Ainsi le sénat romain s'érigea en tribunal qui jugea tous les peuples, ôtant une partie du domaine aux vaincus pour le donner aux alliés, intervenant dans les affaires intérieures, rendant le prince impopulaire par le tribut qu'ils le forcent de prélever, le tenant à leur merci parce qu'ils gardaient à Rome un autre héritier du trône, qu'ils pouvaient au besoin soutenir dans une sédition.

> Ces coutumes des Romains n'étaient point quelques faits particuliers arrivés par hasard; c'étaient des principes toujours constants : et cela se peut voir aisément; car les maximes dont ils firent usage contre les plus grandes puissances, furent précisément celles qu'ils avaient employées contre les petites villes qui étaient autour d'eux [1]. (*CR*, VI)

Ainsi Rome n'était pas proprement une monarchie ou une république mais la tête du corps formé par tous les peuples du monde. « Mais Rome n'imposant aucunes lois générales, les peuples n'avaient point entre eux de liaisons dangereuses; ils ne faisaient un corps que par une obéissance commune; et sans être compatriotes, ils étaient tous romains ». Seul Mithridate put leur résister : au moment où Rome était travaillée par ses dissensions civiles, les villes de Grèce et d'Asie mirent leur confiance dans ce roi Barbare qui les appelait à la liberté. Il fut vaincu successivement par Sylla, Lucullus et Pompée.

Montesquieu examine, à cette occasion, les divisions qui furent *toujours* dans la ville pour y chercher les causes de la perte de Rome. Ainsi tient-il toujours trois fils conducteurs : la division des classes dans Rome, le peuple, le sénat, les patriciens, plus tard les nobles; ensuite le respect pour les institutions et les magistratures qui devint une concurrence entre les familles patriciennes ou nobles; enfin la magistrature particulière des censeurs qui veillent sur les mœurs et peuvent, sans agir sur les magistratures, sanctionner des écarts en sortant un homme de son rang et de son statut.

Cette analyse des structures permet de comparer Rome et l'Angleterre.

> Le gouvernement de Rome fut admirable en ce que, depuis sa naissance, sa constitution se trouva telle, soit par l'esprit du peuple, la force du sénat ou l'autorité de certains magistrats, que tout abus du pouvoir y pût toujours être corrigé [ce qui ne fut pas le cas de Carthage et d'Athènes, ni des

1. Oster, p. 446-447.

> républiques italiennes modernes]. Le gouvernement d'Angleterre est plus sage, parce qu'il y a un corps qui l'examine continuellement et qui s'examine continuellement lui-même; et telles sont ses erreurs qu'elles ne sont jamais longues, et que, par l'esprit d'attention qu'elles donnent à la nation, elles sont souvent utiles. En un mot, un gouvernement libre, c'est-à-dire toujours agité, ne saurait se maintenir s'il n'est, par ses propres lois, capable de correction (*CR*, VIII).

Montesquieu met en place le rôle des corps et l'idée que les pouvoirs peuvent se tempérer les uns par les autres qu'il développera dans *L'Esprit des lois* à propose de la Constitution d'Angleterre en faisant de nouveau une comparaison avec les institutions antiques. Ces confrontations de structure étant acquises, Montesquieu en vient aux deux causes de la perte de Rome. Les chapitres suivants mettront en scène des politiques menées par les généraux, les dictateurs, les empereurs, la première corruption étant la personnalisation du pouvoir et l'héroïsation du chef d'État. En conduisant ses analyses comme l'aurait fait un partisan de la raison d'État, c'est-à-dire en montrant les mécanismes de la prise et de la conservation du pouvoir, le rôle de l'idéologie et des sectes, les facteurs des décisions, Montesquieu montre la solidarité entre un type d'État et une manière d'écrire l'histoire. La théorie de la raison d'État donne une grande place à la pratique du secret : Montesquieu cite Dion pour dire que, « depuis les empereurs, il fut plus difficile d'écrire l'histoire : tout devint secret; toutes les dépêches des provinces furent portées dans le cabinet des empereurs; on ne sut plus que ce que la folie et la hardiesse des tyrans ne voulut point cacher, ou ce que les historiens conjecturèrent ».

Après la personnalisation du pouvoir, la seconde cause de corruption consiste en ce que, dans le changement d'échelle des États, les statuts et les rôles ne soient plus perçus comme tels [1]. La corruption du peuple est que de citoyen il devienne foule. « Quand la populace eut ses favoris, la république fut perdue ». La ville, déchirée par cet afflux de peuples différents, change de dimensions, le changement d'échelle entraîne un changement de structure. La question de la dimension des États est une question fondamentale dans une pensée qui prend en compte des mécanismes politiques. Après la *science nouvelle* de Galilée, l'article « Art » de l'*Encyclopédie* pose la

1. Montesquieu souligne la dégradation des rapports institutionnels en rapports personnels. Avant lui, Saint-Evremond avait écrit des *Réflexions sur les divers génies du peuple romain*, au début de son exil en Angleterre en 1662. Montesquieu s'est pourtant exprimé sèchement sur Saint-Evremond, mais cela témoigne qu'il l'a lu (*Mes Pensées*, 899)...

question du changement qualitatif des effets d'une machine dont on conserve les proportions mais dont on change les dimensions[1].

La ville déchirée par cet afflux de peuples ne forma plus un tout ensemble : ces divisions avaient toujours été, elles étaient nécessaires, dit Montesquieu : ce fut uniquement la grandeur de la république qui fit le mal, et qui changea en guerres civiles les tumultes populaires. Montesquieu se fonde ainsi sur les rapports de force objectifs :

> Ce que l'on appelle union dans un corps politique est une chose très équivoque : la vraie est une union d'harmonie, qui fait que toutes les parties, quelqu'opposées qu'elles nous paraissent, concourent au bien général de la société; comme des dissonances, dans la musique, concourent à l'accord total. Il peut y avoir de l'union dans un état où l'on ne voit que du trouble...
>
> Mais dans l'accord du despotisme asiatique, c'est-à-dire de tout gouvernement qui n'est pas modéré, il y a toujours une division réelle. Le laboureur, l'homme de guerre, le négociant, le magistrat, le noble, ne sont joints que parce que les uns oppriment les autres sans résistance... Rome était faite pour s'agrandir... Elle perdit sa liberté parce qu'elle acheva trop tôt son ouvrage.

En parallèle avec l'Angleterre, Rome devient le paradigme de la liberté : les anciens et les modernes ont tous un modèle de liberté dans un système où les différents pouvoirs se tempèrent les uns les autres. Cette notion de *tempérament* nous renverrait sans doute à l'harmonie et aux débats de l'époque sur la musique auxquels Montesquieu fait allusion par la notion de dissonance.

> Les lois de Rome avaient sagement divisé la puissance publique en un grand nombre de magistratures, qui se soutenaient, s'arrêtaient et se tempéraient l'une l'autre : et, comme elles n'avaient toutes qu'un pouvoir borné, chaque citoyen était bon pour y parvenir et le peuple, voyant passer devant lui plusieurs personnages l'un après l'autre, ne s'accoutumait à aucun d'eux (*CR*, XI).

Dans les chapitres qui suivent, Montesquieu passe donc de l'analyse des structures à l'analyse des personnages. Sans qu'il fonde, à la manière de Hegel, l'histoire sur les grands hommes, il n'en peint pas moins des

1. Rousseau posera la même question dans l'article « Economie politique ». La prise en compte des rapports entre le changement d'échelle et la résistance des matériaux est étendue à la physique des sociétés.

caractères, mais chacun de ces caractères est la figure d'un problème. Il dit de Sylla : « la fantaisie qui lui fit quitter la dictature fut une suite de ses violences[1] » ; « ce qui perdit surtout Pompée, fut la honte qu'il eut de penser qu'en élevant César comme il avait fait, il avait manqué de prévoyance. Il s'accoutuma le plus tard qu'il put à cette idée... ».

Lorsqu'il s'agit de César, la réflexion se porte sur le tyrannicide. Cela tient « à un certain droit des gens dans l'antiquité qui faisait regarder comme un homme vertueux l'assassin de celui qui avait usurpé la souveraine puissance ». Cet amour dominant pour la patrie nous fait sortir des règles ordinaires des crimes et des vertus. « La vertu semblait s'oublier pour se surpasser elle-même » et faisait admirer une action atroce comme une action divine. « En effet le crime de César, qui vivait dans un gouvernement libre, n'était-il pas hors d'état d'être puni autrement que par un assassinat ? » (*CR*, XI). N'est-ce pas ici une leçon sur le régicide ? On pourrait la rapprocher des textes sur le Mexique où Montesquieu pose la question de savoir si l'obéissance au souverain ne peut être la cause de la perte de l'État tout entier.

« Auguste (c'est le nom que la flatterie donna à Octave) établit l'ordre, c'est-à-dire une servitude durable ». La clé de toute la vie d'Auguste fut, à la différence de César et pour éviter son sort, de ne parler que de la dignité du Sénat : il fit un gouvernement aristocratique par rapport au civil et monarchique par rapport au militaire, gouvernement ambigu qui ne pouvait subsister que tant qu'il plairait au monarque. Sa maxime fut d'entretenir la paix, et dès lors qu'il n'y avait plus de guerres, il ne fallait plus de bourgeoisie nouvelle ni d'affranchissements. Le nombre du petit peuple composé d'affranchis ou de fils d'affranchis devenant incommode, on en fit des colonies pour s'assurer de la fidélité des provinces. Auguste disposa des garnisons, rendit les corps de légion éternels, paya les vétérans en argent et non plus en terres, ce qui fit des armées pour les ambitieux. Et les flottes d'Auguste témoignèrent de la maîtrise de la Méditerranée.

1. Dans le *Dialogue de Sylla et d'Eucrate* (Oster, p. 156) il étudie les paradoxes de la grandeur, dans l'audace des transgressions : « Vous appelez des crimes, dit Sylla, ce qui a fait le salut de la République ! ». En expliquant la différence entre l'ambition et la gloire, Sylla fait la théorie de la grandeur politique opposée aux vertus privées : « un héroïsme de principe plus funeste qu'un héroïsme d'impétuosité », rétorque son interlocuteur. Montesquieu s'y montre comme un penseur de la raison d'Etat et de ses coups d'éclat, associés à des caractères d'exception. Lorsque Sylla se retire dans la médiocrité, c'est qu'il ne peut que quitter un rôle qui n'aurait pu devenir celui d'un administrateur. Ce texte fonctionne en ce sens comme un éloge de la cruauté, et comme la divulgation du secret « pour aller à la tyrannie et la garder sans péril », il a ôté « ce qui fait seul les bons citoyens d'une république trop grande et trop riche : le désespoir de pouvoir l'opprimer ».

Tibère se saisit de la loi de majesté qui regardait les crimes contre le peuple romain pour l'appliquer à tout ce qui put servir sa haine ou sa défiance; «ce n'étaient pas seulement les actions qui tombaient dans le cas de cette loi, mais des paroles, des signes et des pensées mêmes». Montesquieu reprendra ce thème de la division des choses qui regardent le magistrat et de celles qui ne sont pas de son ressort[1]. C'est cette confusion qui est en œuvre dans les dispositions de Tibère. Et ce système institua la délation au sein du Sénat même. En ôtant au peuple le pouvoir de faire des lois et de juger des crimes publics, Auguste lui avait laissé le pouvoir d'élire les magistrats. Tibère lui ôta encore ce privilège et le donna au Sénat c'est-à-dire à lui-même. L'homme d'État, en Tibère, cédait continuellement à l'homme. La peinture de la politique regarde la décomposition des institutions.

Cette épouvantable tyrannie des empereurs, dit Montesquieu, vient de la soudaineté du passage de l'âge guerrier de la république à l'empire, sans que les citoyens y fussent «préparés par des mœurs douces»: dans cette négligence de la règle de la continuité, l'esprit général des Romains fit que l'on appliqua aux citoyens le traitement que l'on avait appliqué aux ennemis vaincus (*CR*, XV). Et de Caligula jusqu'à Antonin, le spectacle des choses humaines ne nous montre tant de politique, de constance, de courage dans l'histoire de Rome que pour finalement voir tomber le Sénat dans le plus indigne esclavage. Montesquieu cite Claudien pour écrire: «On n'élève donc sa puissance que pour la voir mieux renversée». Elévation et chute des empires selon le schéma circulaire des contraires figurés par les extrémités du diamètre de la roue de la fortune. *L'âne d'or*[2] ne dit pas autre chose.

Ainsi les Romains établirent-ils dans les derniers temps des usages tout contraires à ceux qui les avaient rendus maîtres du monde.

> Et comme autrefois leur politique constante fut de se réserver l'art militaire et d'en priver tous leurs voisins, ils le détruisaient pour lors chez eux, et l'établissaient chez les autres. Voici, en un mot, l'histoire des Romains. Ils vainquirent tous les peuples par leurs maximes: mais lorsqu'ils y furent parvenus, leur république ne put subsister; il fallut changer le gouvernement: et des maximes contraires aux premières, employées dans ce gouvernement nouveau, firent tomber leur grandeur. Ce n'est pas la fortune qui domine le monde [...] il y a des causes générales, soit morales,

1. *EL*, XII.
2. Machiavel, *L'âne d'or*, chant V. Mais Naudé cite Boèce pour dire le même renversement en termes d'inconstance des choses humaines livrées au tribunal de Dieu.

> soit physiques, qui agissent dans chaque monarchie, l'élèvent, la maintiennent ou la précipitent; tous les accidents sont soumis à ces causes [...]. En un mot, l'allure principale entraîne avec elle tous les accidents particuliers.

C'est dans un « vice intérieur », dans une contradiction, qu'il faut chercher la raison de la chute d'un empire. Et de manière systématique, Montesquieu le repère dans le dysfonctionnement institutionnel, soumettant celui-ci au jeu des causes dans le monde qui est le lieu de cet empire.

« Claude acheva de perdre les anciens ordres, en donnant à ses officiers le droit de rendre la justice ». il se produit une confusion entre les magistratures, entre les rôles, dont le peuple ne sort pas moins avili que le Sénat. Et l'ancienne coutume par laquelle le vainqueur distribuait quelques deniers à chaque soldat devient dangereuse dans les guerres civiles comme le moyen d'acheter les soldats et de faire des empereurs. « Les soldats mirent l'empire à l'enchère » (*CR*, XVI). L'augmentation de la paie des soldats par Domitien, puis par Caracalla donna aux soldats ce rôle déterminant. Car, dit Montesquieu un peu cynique, la condition de soldat ne doit avoir que le nécessaire physique.

L'accent mis sur la différence des magistratures nous invite à penser que les lois de l'histoire concernent des rôles; d'où l'importance de la méthode des exemples et des parallèles. On peut imaginer que d'autres aient joué le rôle des César, des Pompée; un rôle était déterminé par la logique de la situation, il fallait que quelqu'un le jouât. On ne peut s'empêcher de penser à Leibniz et à la fin de la *Théodicée* où il faut bien que le pauvre Sextus choisisse un rôle s'il veut croire à la liberté. Mais chaque rôle est solidaire de la logique d'un monde singulier. Et ce sont les rôles qui déterminent les Sextus.

Sans se contenter de suivre la chronologie, (il dit écrire après toutes les histoires), Montesquieu démêle plusieurs fils conducteurs: celui de l'analyse des institutions, celui de la poursuite des guerres, avec leurs conséquences sur le statut militaire et civil à la fois de l'empereur, l'importation des divinités étrangères, l'enrôlement de légions barbares parmi les légions romaines. En analysant la décomposition des structures et des magistratures, Montesquieu poursuit le récit des guerres où, avec Trajan, s'affrontent les deux empires de Rome et des Parthes, montrant au passage deux manières de faire la guerre, avec la cavalerie ou avec l'infanterie. Ainsi la nation des Parthes fut-elle la première à secouer le joug romain. Peu après, c'est sous Hadrien que la localisation des cultes des différents dieux et la question de leur subordination à Jupiter montre comment la religion romaine va se fissurer. Or, la question est d'importance, chez un peuple qui mêlait toujours quelque sentiment religieux à l'amour de la patrie. La naturalisation des dieux étrangers[1], honorés à condition d'être rebaptisés, montre la profonde transformation de la société romaine sous l'effet des conquêtes et de la pénétration par les barbares. Or les anciens séparaient ce que le christianisme réunit, le culte et la doctrine, si bien que les sectes de philosophie eurent un rôle prépondérant à jouer. Montesquieu demande (*CR*, X) comment une secte de philosophie, par exemple les épicuriens, put gâter l'esprit d'une république; c'est en revanche au stoïcisme que les Romains durent leurs meilleurs empereurs (*CR*, XVI). Il montrera encore, dans *L'Esprit des lois*, à propos de l'immortalité de l'âme, que « c'est moins la vérité ou la fausseté d'un dogme qui le rend utile ou pernicieux aux hommes dans l'état civil, que l'usage ou l'abus que l'on en fait » (*EL*, XXIV). Ce commerce de dieux, « indépendamment des voies secrètes que Dieu choisit », (bien entendu), fut peut-être une des raisons de l'établissement du christianisme (*CR*, XVI).

En expliquant la puissance des empereurs, Montesquieu fait la théorie du despotisme :

> La puissance des empereurs pouvait plus aisément paraître tyrannique que celle des princes de nos jours. Comme leur dignité était un assemblage de toutes les magistratures romaines; que, dictateurs sous le nom d'empereurs, tribuns du peuple, censeurs, proconsuls, grands pontifes, et quand ils le voulaient, consuls, ils exerçaient souvent la justice distributive, ils pouvaient aisément faire soupçonner que ceux qu'ils avaient condamnés, ils les avaient opprimés; le peuple jugeant ordinairement de l'abus de la puissance par la grandeur de la puissance : au lieu que les rois d'Europe, législateurs et non pas exécuteurs de la loi, princes et non pas juges, se sont déchargés de cette partie de l'autorité qui peut être odieuse; et faisant eux-mêmes les grâces, ont commis à des magistrats particuliers la distribution des peines (*CR*, XVI).

Pour régler par la division ce pouvoir absolu, Dioclétien établit qu'il y aurait toujours deux empereurs et deux Césars (*CR*, XVII). Mais l'arbitraire ne fit que se protéger par plus d'artifices et plus de silences. Ce fut le règne des confidents ou des courtisans. Le séjour de quelques empereurs en Asie leur fit désirer une déification analogue à celle de ces contrées et

1. Tout en étant dans une guerre éternelle, les Romains ont assimilé les usages et jusqu'aux dieux des autres peuples. « On doit remarquer que ce qui a le plus contribué à rendre les Romains les maîtres du monde, c'est qu'ayant combattu successivement contre tous les peuples, ils ont toujours renoncé à leurs usages, sitôt qu'ils en ont trouvé de meilleurs ». Et la religion aussi est un usage.

même une autre ville à laquelle Constantin voulut donner son nom. Rome avait bien autrefois attiré à elle l'or d'Alexandrie, mais lorsque l'empire eût été divisé, les richesses allèrent à Constantinople. Il y eut deux empires : cette division ruina Rome et ce qui acheva de la rendre vulnérable fut que Constantin ôta les légions qui étaient sur le bord des grands fleuves et les dispersa dans les provinces. Montesquieu ne manque pas l'occasion de faire ici l'éloge de Julien. C'est à ce moment que la nation des Huns entra dans l'histoire romaine et que l'Asie, pour peser sur l'Europe, acquit un nouveau poids (*CR*, XVII).

Les Romains avaient donc dû changer de maximes. Car « les fautes que font les hommes d'État ne sont pas toujours libres; souvent ce sont des suites nécessaires de la situation où l'on est; et les inconvénients ont fait naître les inconvénients », formule qui témoigne toujours de la même méthode et du traitement objectif des choses subjectives; mais lorsque les armées romaines comptèrent des légions barbares, les Romains « contractèrent un esprit d'indépendance qui faisait le caractère de ces nations ». Il n'y eut pas de ministre ou de grand qui ne préférât son ambition et ne laissât les barbares ravager l'empire; il n'y a point d'État où l'on ait plus besoin de tributs que dans ceux qui s'affaiblissent; et lorsque les tributs devinrent intolérables, les citoyens n'eurent d'autre ressource que d'échanger leur liberté contre la protection des barbares. Ce qui servirait à expliquer la patience avec laquelle les Gaulois souffrirent la servitude de la glèbe (*CR*, XVIII).

Au moment où il fait le portrait d'Attila, Montesquieu plante un autre décor. Il s'agit d'abord des accusations qu'échangèrent chrétiens et païens, s'imputant les uns aux autres les malheurs de Rome. La politique d'Attila n'avait pas pour objet la conquête mais la soumission. « Les Romains d'Orient comme les Romains d'Occident venaient recevoir ses lois ou implorer sa clémence » et il faisait un trafic continuel de la frayeur des Romains. Puis ce furent les divisions de l'administration de Rome, les alliances séparées de l'empire d'orient face aux alliances barbares des Huns et des Vandales qui précipitèrent la chute de l'empire d'occident. Malgré un système de défense selon lequel, pour sauver l'Italie, qui était la tête de l'empire, il fallait faire passer les barbares aux frontières et les y établir en échangeant leur subsistance contre le maintien de la souveraineté romaine, l'armée d'Italie, « composée d'étrangers, forma une aristocratie qui se donna le tiers des terres de l'Italie; et ce fut le coup mortel à cet empire ». Mais parmi tant de malheurs et comme les empereurs durent fuir Rome, devenue par son étendue, indéfendable, pour se réfugier à Ravenne, défendue à cette époque par la mer, le peuple romain, « abandonné de ses souverains, commença à le devenir » : il acquit la souveraine puissance.

Le siècle de Justinien est marqué par les divisions religieuses, l'intolérance et la production démesurée de règles juridiques liées à l'intégration de cette multitude de peuples qui, d'abord assemblés en corps d'armée, cessèrent d'être des nations et s'affaiblirent. Justinien entreprit de reconquérir l'Afrique et l'Italie, profitant de la faiblesse des Barbares; comme ils se distinguaient par leur manière particulière de combattre et de s'armer, « les Romains prenaient dans toutes ces nations les divers corps de troupe qui convenaient à leurs desseins, et combattaient contre une seule avec les avantages de toutes les autres ». Mais les conquêtes étaient instables et dépendaient plus des circonstances que du nombre de l'armée. L'inconstance de Justinien, le règne à la fois dur et faible d'un tyran, rendit inutiles les triomphes de Bélisaire, prenant Carthage, Rome et Ravenne, envoyant les rois des Goths et des Vandales captifs à Constantinople. Justinien favorisait l'une des factions d'un peuple divisé, il pratiquait la persécution religieuse alors que le dogme même n'était pas établi, et que les sectes étaient des nations entières. Un changement continuel de jurisprudence en obligeant les peuples à se révolter, obligeait le souverain à les exterminer. Loin de louer en Justinien le juriste, ce que fait toute une tradition chrétienne, Montesquieu analyse ses désordres.

Malgré les victoires de Bélisaire, les Perses et les Avares dominèrent les Romains.

> L'histoire de l'empire grec, c'est ainsi que nous nommerons désormais l'empire romain, n'est plus qu'un tissu de révoltes, de séditions et de perfidies. Les sujets n'avaient pas seulement l'idée de la fidélité que l'on doit aux princes… […]. Toutes les voies furent bonnes pour parvenir à l'empire: on y alla par les soldats, par le clergé, par le Sénat, par les paysans, par le peuple de Constantinople, par celui des autres villes. La religion chrétienne étant devenue dominante dans l'empire, il s'éleva successivement plusieurs hérésies qu'il fallut condamner […]. Et les peuples s'accoutumèrent à penser que des princes si souvent rebelles à Dieu, n'avaient pu être choisis par la Providence pour les gouverner (*CR*, XXI).

Une superstition nouvelle succéda à la divination du paganisme, ce fut l'astrologie judiciaire. Pour expliquer la fréquence et la facilité de ces révolutions, Montesquieu établit selon sa méthode un parallèle entre les anciens et les modernes: il semble traiter de l'usage des superstitions par les conspirateurs et il établit des analogies entre les formes de pouvoir absolu. Il déclare ainsi que l'étendue de la communication entre les nations, l'invention des postes et des lettres de change, l'invention de l'imprimerie, sont des facteurs qui mettent aujourd'hui toutes les forces de l'État entre les mains des princes, les opérations des conspirateurs en étant par là ralenties et déjouées.

L'extension de l'Islam, la régression du christianisme donnent l'occasion de réfléchir sur la fonction idéologique d'une religion et de souligner « la différence entre une armée fanatique et une armée bigote ». On peut penser qu'il y eut alors une révolution analogue à celle qu'au renouvellement des lettres, la Réforme introduisit plus tard. Les guerres contre les Images sont traitées comme un révélateur. Elles furent toujours des guerres contre les moines qui, malgré les empereurs iconoclastes, mais grâce à l'ignorance profonde où ils avaient plongé les laïques, usurpèrent la puissance, bien que leur condition les séparât des affaires politiques. Et ce fut un des caractères de la religion chrétienne, dans la décadence de l'empire, par opposition à la religion des anciens romains. C'est la violence des positions religieuses qui est à la fois l'appui du despotisme et sa fragilité :

> C'est une erreur de croire qu'il y ait dans le monde une autorité humaine à tous les égards despotique ; il n'y en a jamais eu et il n'y en aura jamais ; le pouvoir le plus immense est toujours borné par quelque coin. Que le grand Seigneur mette un nouvel impôt à Constantinople, un cri général lui fait d'abord trouver des limites qu'il n'avait pas connues. Un roi de Perse peut bien contraindre un fils de tuer son Père ou un père de tuer son fils ; mais obliger ses sujets de boire du vin, il ne le peut pas.

Montesquieu met sur le compte d'un esprit général « sur lequel la puissance même est fondée », un interdit religieux.

Et il ajoute :

> La source la plus empoisonnée de tous les malheurs des Grecs, c'est qu'ils ne connurent jamais la nature ni les bornes de la puissance ecclésiastique et de la séculière ; ce qui fit que l'on tomba, de part et d'autre, dans des égarements continuels. Cette grande distinction, qui est la base sur laquelle pose la tranquillité des peuples, est fondée non seulement sur la religion, mais encore sur la raison et la nature, qui veulent que des choses réellement séparées et qui ne peuvent subsister que séparées, ne soient jamais confondues.

Il est vrai que Montesquieu ne traite pas cette question en son lieu, et l'on pourrait estimer que ce lieu est dans les livres XXIV et XXV de *L'Esprit des lois*. Or Montesquieu souligne la chose à propos d'un trait du caractère de l'empire grec. C'est un artifice de méthode, que de cacher quelque chose en l'exposant hors de sa place. Du reste, cela ne tient pas à la différence entre les Romains et les modernes et ils connaissaient cette distinction aussi bien que nous (*CR*, XXII).

On peut donc se demander comment l'empire grec a pu durer si longtemps. Montesquieu transforme ainsi le problème de la décadence de l'empire en celui de la vie d'un empire en déclin. C'est donc une forme d'existence politique qui entre dans l'étude de la pathologie des gouvernements. Car s'il y a vie, il y a pathologie. Le système des parallélismes demeure puisque l'empire des Turcs est à peu près, à présent, dit-il, dans l'état de faiblesse où était celui des Grecs. Mais quelle peut être sa durée dans cet état ? Aussi ne peut-on laisser les moralistes dire que la corruption des mœurs fut la cause de la ruine de Rome ; la question est plutôt de savoir comment, à l'inverse, « la force de son institution avait été telle qu'elle avait conservé une valeur héroïque, et toute son application à la guerre au milieu des richesses, de la mollesse et de la volupté ; ce qui n'est, [croit-il] jamais arrivé à aucune nation du monde ». Dans le même sens, on peut mesurer les effets de la guerre civile dans Rome pour former de grands hommes et des hommes nouveaux. Dans ces approches paradoxales, Montesquieu reste attentif aux rôles plus qu'aux individus : « Si César et Pompée avaient pensé comme Caton, d'autres auraient pensé comme firent César ou Pompée ; mais la république, destinée à périr, aurait été entraînée au précipice par d'autres mains ». Car les causes qui avaient détruit Rome avaient subsisté après le meurtre de César.

Pendant que l'empire était affaissé sous un mauvais gouvernement, des choses particulières le soutenaient : l'affaiblissement des Arabes, dû à des conflits internes, l'établissement des barbares qui formèrent une barrière contre d'autres barbares, des secrets d'État et de guerre comme le feu grégeois, le monopole du commerce par Constantinople. Du point de vue politique et religieux, sans insister sur le schisme qui opposa les deux rites, Montesquieu dessine à grands traits désinvoltes l'histoire des Croisades : « Il se répandit en Europe une opinion religieuse que les lieux où Jésus-Christ était né, ceux où il avait souffert, étaient profanés par les infidèles, le moyen d'effacer ses péchés était de prendre les armes pour les en chasser. L'Europe était pleine de gens qui aimaient la guerre, qui avaient beaucoup de crimes à expier, et que l'on leur proposait d'expier en suivant leur passion dominante ; tout le monde prit donc la croix et les armes ».

En procédant toujours par des touches significatives qui sont des tableaux successifs des situations, Montesquieu retrace la fin de l'empire jusqu'à la prise de Constantinople. Il montre comment un empire qui reposait sur les forces maritimes vit son commerce supplanté par Gênes et Venise, comment sa marine s'affaiblit, comment ses communications furent coupées. On voit monter la puissance des villes et un autre type d'organisation politique s'établir. On voit aussi les Turcs se livrer à une sorte de « chasse aux hommes » pour mener en esclavage les peuples vaincus. Autre forme de trafic de la servitude que celle du commerce triangulaire que Montesquieu dénonce aux livres XV à XVII dans sa typologie de l'esclavage[1].

C'est à la fin de *L'Esprit des lois*, dans la sixième partie, que Montesquieu établit les facteurs de la transmutation des lois romaines au contact des lois barbares et des lois franques. C'est dans les lois des Romains sur les successions qu'il en cherche les raisons, conscient d'investir un domaine encore inexploré. « … Qu'il me soit permis de chercher dans les premières lois des Romains ce que je ne sache pas que l'on y ait vu jusqu'ici » (*EL*, XXVII).

*Les codes, les territoires, les personnes*

En expliquant les règles de la succession, Montesquieu montre que, chez les Romains, l'ordre de succession a été établi en conséquence d'une loi politique. Un citoyen ne devait pas le troubler par une volonté particulière. Mais, explique notre auteur, « on trouva un moyen de concilier à cet égard les lois avec la volonté des particuliers. Il fut permis de disposer de ses biens dans une assemblée du peuple ; et chaque testament fut, en quelque façon, un acte de la puissance législative ». Et il ajoute : « Les testaments se faisant dans l'assemblée du peuple, ils étaient plutôt des actes du droit politique que du droit civil, du droit public que du droit privé ». Ce qui caractérise une société est donc le partage du droit politique et du droit civil, dont la liste de titres varie, contrairement aux thèses selon lesquelles la famille, la propriété, les successions relèvent du droit naturel ; ce serait un argument de plus pour montrer que Montesquieu n'adopte pas les positions des jusnaturalistes, car ce partage est instable entre les divers lieux, les diverses époques[2].

> L'ordre de succession ayant été établi en conséquence d'une loi politique, un citoyen ne devait pas le troubler par une loi particulière ; c'est-à-dire que dans les premiers temps de Rome, il ne devait pas être permis de faire un testament. Cependant, il eût été dur que l'on eût été privé dans ses derniers moments, du commerce des bienfaits. On trouva un moyen de concilier à cet égard les lois avec la volonté des particuliers. Il fut permis de disposer de ses biens dans une assemblée du peuple ; et chaque testament fut, en

1. En ce sens, Montesquieu a été attentif à toutes les formes de traite. Voir *supra*, p. 70, note 2.

2. Pour le dire en passant, c'est une des raisons pour lesquelles Linguet ne comprend pas Montesquieu. Voir *supra*, p. 31-32.

> quelque façon, un acte de la puissance législative. [...] La raison qui fit que les lois romaines restreignirent si fort le nombre de ceux qui pouvaient succéder *ab intestat*, fut la loi du partage des terres ; et la raison pourquoi elles étendirent si fort la faculté de tester, fut que, le père pouvant vendre ses enfants, il pouvait, à plus forte raison, les priver de ses biens. C'étaient donc des effets différents, puisqu'ils coulaient de principes divers ; et c'est l'esprit des lois romaines à cet égard.

Et Montesquieu explique que, « les testaments se faisant dans l'assemblée du peuple, ils étaient plutôt des actes du droit politique que du droit civil, du droit public que du droit privé ; de là il suivit que le père ne pouvait permettre à son fils qui était en sa puissance, de faire un testament ».

Les lois des premiers Romains sur les successions suivirent l'esprit du partage des terres mais, ne restreignant pas assez les richesses des femmes, ouvrirent la porte au luxe. Car l'opinion des anciens est que le goût du luxe vient des femmes. La loi Voconienne s'efforça d'y remédier. L'objet de la loi était d'empêcher les femmes de recevoir aucune succession, et même de recevoir comme legs ce qu'elles ne pouvaient recevoir comme succession. La loi fixait donc une certaine somme qui devait être donnée aux femmes qu'elle privait de la succession. Mais la loi, nous dit Cicéron, ne statuait que sur ceux qui étaient inscrits dans le cens. Il y eut donc des pères qui refusèrent de se faire inscrire dans le cens, ce qui fournissait un prétexte pour éluder la loi.

> C'est un malheur de la condition humaine, commente Montesquieu, que les législateurs soient obligés de faire des lois qui combattent les sentiments naturels mêmes : telle fut la loi Voconienne. C'est que les législateurs statuent plus sur la société que sur le citoyen, et sur le citoyen que sur l'homme. La loi sacrifiait et le citoyen et l'homme et ne pensait qu'à la République.

Mais les guerres civiles ayant dépeuplé Rome, il fallut encourager les citoyens à se marier et à avoir des enfants : on fit donc la loi Pappienne. Rome abîmée par les richesses des nations vit les mœurs changer. La loi Voconienne fut couverte par l'opulence de la cité.

> Les mêmes causes qui firent restreindre la loi qui empêchait les femmes de succéder, firent renverser peu à peu celles qui avaient gêné la succession des parents par femmes. Ces lois étaient très conformes à l'esprit d'une bonne république, où l'on doit faire en sorte que ce sexe ne puisse se prévaloir pour le luxe, ni de ses richesses, ni de l'espérance de ses richesses. Au contraire, le luxe d'une monarchie rendant le mariage à charge et coûteux, il faut y être invité, et par les richesses que les femmes

> peuvent donner, et par l'espérance des successions qu'elles peuvent procurer. Ainsi, lorsque la monarchie s'établit à Rome, tout le système fut changé sur les successions.

Le grand Justinien, qui ôta jusqu'au moindre vestige du droit ancien sur les successions, crut suivre la nature même en s'écartant de ce qu'il appela les embarras de l'ancienne jurisprudence. Il ne fit que méconnaître l'esprit de la législation romaine.

Le livre XXVIII s'ouvre par une citation d'Ovide qui évoque les métamorphoses des corps. Montesquieu l'applique aux corps politiques, non seulement aux corps qui constituent la société politique comme le clergé, les magistrats, les corporations, les villes, mais aux sociétés elles-mêmes comme corps vivants et changeants, soumis à la rencontre d'autres corps. Les lois sur la succession à Rome fournissent la voie d'accès à de nouvelles métamorphoses : les révolutions des lois civiles chez les Français, le rôle du droit pénal dans l'histoire du droit civil. Car s'il s'agit de peuples guerriers qui se déplacent sans cesse, et ce sont moins les affaires de succession et de propriété des terres qui vont les occuper que la question du tarif des crimes et des peines. Si la société ne se passe pas de justice, la question est de savoir comment traduire le droit pénal pour un peuple qui ne vit que de la guerre.

Dans un premier moment, Montesquieu fait deux distinctions : entre les codes qui sortent des mains des vainqueurs et les codes qui sont une transcription des coutumes du lieu; entre les lois qui s'appliquent aux personnes et les lois qui s'appliquent aux territoires. Les peuples qui firent rédiger leurs lois par les sages de leur nation, comme les Francs les lois saliques, le firent pour conserver leurs usages; en lisant les codes de Pépin et de Charlemagne, on voit au contraire qu'ils sortent des mains des vainqueurs. Les lois reflètent ainsi l'histoire des peuples, et en particulier leurs relations avec le clergé chrétien. « Les évêques eurent une autorité immense à la cour des rois wisigoths; les affaires les plus importantes étaient décidées dans les conciles ».

> C'est un caractère particulier de ces lois des Barbares qu'elles ne furent point attachées à un certain territoire : le Franc était jugé par la loi des Francs, l'Allemand par la loi des Allemands, le Bourguignon par la loi des Bourguignons, le Romain par la loi romaine; et bien loin que l'on songeât dans ces temps-là à rendre uniformes les lois des peuples conquérants, on ne pensa même pas à se faire législateur du peuple vaincu. Je trouve l'origine de cela dans les mœurs des peuples Germains. Ces nations étaient partagées par des forêts, des lacs et des marais, [seule leur crainte des Romains les réunit]. Tous ces peuples, dans leur particulier, étaient libres et indépendants [...] La patrie était commune et la république particulière.

> L'esprit des lois personnelles était donc chez ces peuples avant qu'ils partissent de chez eux, et ils le portèrent dans leurs conquêtes.

Pour récuser les positions de l'abbé Dubos[1], Montesquieu montre la partialité des lois saliques envers les Romains : le tarif des peines, c'est-à-dire la *composition,* varie, selon que la victime est un Franc ou un Romain, du simple au double, mettant une cruelle différence entre le seigneur franc et le seigneur romain, et entre le franc et le romain qui étaient d'une condition médiocre. Le droit romain se perdit dans le pays du domaine des Francs, en Espagne, et se conserva dans le pays du domaine des Goths et des Bourguignons et chez les Lombards. Montesquieu montre alors la répartition des codes selon les territoires, selon les personnes :

> Dans le pays du domaine des Francs, la loi salique était établie pour les Francs, et le code théodosien pour les Romains. Dans celui du domaine des Wisigoths, une compilation du code théodosien, faite par l'ordre d'Alaric, régla les différends des Romains; les coutumes de la nation, qu'Euric fit rédiger par écrit, décidèrent ceux des Wisigoths. Mais pourquoi les lois saliques acquirent-elles une autorité presque générale dans les pays des Francs? Et pourquoi le droit romain s'y perdit-il peu à peu, pendant que dans le domaine des Wisigoths, le droit romain s'étendit et eut une autorité générale?

La réponse est dans les avantages qu'il y avait à être franc, comme on vient de le voir. L'intérêt décide de la conservation des lois. Les ecclésiastiques de leur côté gardèrent le droit romain dont ils ne recevaient pas de préjudice. Chez les Wisigoths, les Romains n'eurent point d'intérêt à changer de loi. La loi de Gondebaud ne fut pas plus favorable aux Bourguignons qu'aux Romains : le droit romain subsista dans la Bourgogne. De même dans le pays de l'établissement des Goths, le droit romain et la loi gothe se maintinrent ensemble : et lorsque Pépin et Charles-Martel en chassèrent les Sarrazins, ces peuples demandèrent à conserver leurs lois : ce qui, commente Montesquieu, « malgré l'usage de ces temps-là où les lois étaient personnelles, fit bientôt regarder le droit romain comme une loi réelle et territoriale dans ces pays ».

Montesquieu analyse alors l'édit de Pistes, donné par Charles le Chauve l'an 864 et qui distingue les pays dans lesquels on jugeait par le droit romain d'avec ceux où l'on n'y jugeait pas. Et cela prouve que la distinction des pays de la France coutumière et de la France régie par le droit écrit, était déjà établie du temps de l'édit de Pistes. Et si les lois de ce temps étaient

1. *L'établissement des Francs dans les Gaules* (*EL*, XXVIII, 3).

personnelles, cela prouve que dans les pays qui n'étaient pas de droit romain, tant de gens avaient choisi de vivre sous l'une des lois barbares.

En examinant la naissance des nouvelles républiques, et la chute de la noblesse, on comprend aussi comment la loi des Lombards, qui tenait beaucoup aux usages de chevalerie, tomba sans avoir été en conflit avec la loi romaine, simplement parce que celle-ci statuait sur l'ensemble des cas et qu'elle les embrassait tous. On voit ainsi comment les codes des lois des barbares cessèrent d'être en usage. Les fiefs étant devenus héréditaires, ces lois ne furent plus applicables aux nouveaux usages, on ne put plus en suivre que l'esprit et non la lettre, et il prescrivait de régler les affaires par des amendes. Mais la naissance des fiefs porte la fin d'une loi commune.

Sous les deux premières races, il y eut des assemblées de la nation, avec les évêques et les seigneurs. Il n'était point encore question des communes. Les lois qui se formèrent pour régler le clergé, qui se constituait alors, furent les capitulaires : les lois des fiefs s'établirent, une grande partie des biens de l'Église fut gouvernée par les lois des fiefs ; mais les ecclésiastiques négligèrent les lois de réforme où ils n'avaient pas été les seuls réformateurs, et reconnurent, à leur place, les canons des conciles et les décrétales du pape. Et, depuis l'érection des grands fiefs, les rois cessèrent d'avoir des envoyés dans les provinces pour surveiller l'exécution de leurs lois. Or les capitulaires avaient du rapport, soit au gouvernement politique, soit à l'économique, soit à l'ecclésiastique, soit au civil : les trois premiers n'avaient point de rapport avec la loi romaine et le dernier servit à augmenter ou corriger les lois des barbares. « Mais ces capitulaires, ajoutés aux lois personnelles, firent, je crois, négliger le corps même des capitulaires. Dans des temps d'ignorance, l'abrégé d'un ouvrage fait souvent tomber l'ouvrage même ».

Les nations germaines conquirent l'empire romain, y trouvèrent l'usage de l'écriture, rédigèrent leurs usages par écrit en en firent des codes. Mais les invasions qui suivirent firent oublier l'écriture, les lois barbares écrites, le droit romain, et les capitulaires. Et par la chute de tant de lois, il se forma des coutumes. Ces propositions de Montesquieu manifestent un cycle des codes, des usages aux lois écrites et à nouveau des lois aux usages. Il n'y a donc pas lieu d'essentialiser le droit romain comme loi en l'opposant aux coutumes des barbares. Ce sont au contraire les lois des barbares qui introduisirent les coutumes. La loi salique était une loi personnelle, mais dans les lieux où habitaient les Francs, elle devenait une loi territoriale et n'était personnelle que pour les Francs qui habitaient ailleurs. Cependant tous les cas ne sont pas décidés par la loi salique, en particulier si d'autres peuples cohabitent avec les Francs, et un grand nombre de jugements conformes à ces lois auraient dû introduire d'autres usages.

Montesquieu montre ainsi qu'il y avait « dans chaque lieu une loi dominante et des usages reçus qui servaient de *supplément* à la loi dominante lorsqu'ils ne la choquaient pas »[1].

*Fonctionnalité des lois : provision et supplément*

L'idée d'un tel *supplément* montre bien la fonctionnalité des lois. On leur demande un service, que la loi dominante n'est pas toujours à même de fournir parce qu'elle n'a pas prévu certains cas. Par ce supplément, Montesquieu montre en même temps la recherche d'une sorte de complémentarité, comme si par l'usage, les systèmes formels devenaient compatibles. Or le premier livre de *L'Esprit des lois* travaille sur une sorte de logique stricte, dont le livre XXIX reprend l'argument : on ne peut considérer les lois une à une, les exporter isolément, elles n'ont de sens, on n'en peut contrôler les effets, que dans un système donné, dans un contexte déterminé. En lieu et place de ce calcul juridique, de cette logique stricte, on trouve ici, avec l'idée de supplément, comme un bricolage de la juridiction. Peut-être Montesquieu n'en invente-t-il pas complètement le concept : l'abbé Claude Fleury, dans les *Institutions du droit français*, avait posé la question d'un droit *par provision*, car le droit romain put, selon lui, jouer le rôle d'un droit civil par provision dans les intervalles des différentes coutumes. Montesquieu donne sans doute un autre rôle au droit romain. Il n'en demeure pas moins qu'il examine comme des réserves du droit, comme un dépôt de la raison, pour parodier ses propres expressions[2] et que cette conception « économique » du droit doit être complètement distinguée d'une méthode d'approximation de l'idéal.

> Il pouvait même arriver [que ces usages reçus] servissent de supplément à une loi qui n'était point territoriale ; et, pour suivre le même exemple, si, dans un lieu où la loi salique était territoriale, un Bourguignon était jugé par la loi des Bourguignons, et que le cas ne se trouvât pas dans le texte de cette loi, il ne faut pas douter que l'on ne jugeât suivant la coutume du lieu.

Montesquieu explique ainsi comment le droit romain devint une loi territoriale, la loi personnelle générale tandis que la loi gothe devenait la loi personnelle particulière. « Mais comment, demande-t-il, l'ignorance fit-elle tomber partout les lois personnelles des peuples barbares tandis que le droit romain subsista, comme loi territoriale, dans les provinces wisigothes et bourguignonnes » ? Il répond que la loi romaine eut à peu près le sort des autres lois personnelles : car nous avons les lois de Justinien au lieu d'avoir

1. Je souligne.
2. Ne parle-t-il pas, à maintes reprises, du *dépôt des lois* ?

encore le code théodosien. C'est la différence interne du droit romain qui intervient ici, sa propre métamorphose telle qu'il l'a décrite dans les *Causes de la grandeur des Romains et de leur décadence*. Dans l'ancien royaume des Francs, la compilation de Justinien fut reçue comme *raison écrite* tandis que dans le royaume des Goths et des Bourguignons, elle fut reçue comme *loi écrite*, avec cet amour que des peuples portent à leur loi, surtout quand ils la considèrent comme un privilège.

Montesquieu, après avoir mis en place le concept de ces différents codes, peut poser la question des chefs d'imputation, des preuves judiciaires, des témoins, des épreuves et des peines[1]. Montesquieu veut montrer dans ce passage la rationalité de la preuve par le combat et pour cela, il montre que la jurisprudence du combat est la conséquence de l'établissement des preuves négatives (par lesquelles l'accusé niait le chef d'accusation).

Certaines lois, comme la loi salique, n'avaient pas besoin de la preuve par le combat, parce qu'elle faisait ouïr les témoins du demandeur et les témoins du défenseur par le juge. Cette pratique était bien différente de celle par les preuves négatives, qui reposait sur le serment mais supposait une vraie candeur des deux parties. La preuve par le combat était une suite naturelle si l'on admettait les preuves négatives et que l'on fût à la merci d'un parjure. Du reste, Montesquieu prend soin de noter qu'il ne parle que de l'esprit général des lois des Germains, dont certaines dispositions particulières pouvaient échapper à cette présentation formelle.

De la *preuve par l'eau bouillante*, qui a tant ému nos écrivains, Montesquieu dit qu'elle permettait un *tempérament*: l'accusé pouvait racheter sa main, l'accusateur pouvait se contenter du serment de quelques témoins. « Cette preuve était une chose de convention que la loi souffrait mais qu'elle n'ordonnait pas ». Etudiant « la manière de penser de nos pères », il dit que l'on peut être étonné de voir qu'ils « fissent ainsi dépendre l'honneur, la fortune et la vie des citoyens, de choses qui étaient moins du ressort de la raison que du hasard ». Mais puisque les Germains ne pouvaient s'empêcher de se faire la guerre, on mit la guerre sous des règles, on la prescrivit. Et comme aujourd'hui les Turcs, les Germains prenaient l'issue du combat pour un arrêt de la providence. Le combat singulier fut ainsi une manière de régler les affaires publiques. C'est aussi, pour citer Gondebaud, roi de Bourgogne, une manière de régler les serments « afin

1. Et comme le notait aussi l'abbé Fleury, à cette époque, c'est le droit pénal qui prend toute la place du droit civil et le droit pénal lui-même n'est qu'un tarif des peines.

que nos sujets ne fassent plus de serments sur des faits obscurs et ne se parjurent point sur des faits certains » (*EL*, XXVIII, 17).

Malgré les clameurs des ecclésiastiques qui voulaient la preuve par le serment, les nobles firent établir la preuve par le combat, et l'Église dut faire combattre ses champions. Mais ce fut au temps des Othons, dit Montesquieu, qui rétablirent l'empire lorsque les papes étaient petits.

La grande extension de la preuve par le combat, où la nation suivait son génie guerrier, fit perdre aux lois saliques, aux lois romaines et aux capitulaires leur autorité. On ne songea plus qu'à faire une bonne jurisprudence du combat judiciaire : les lois qui ne l'admettaient pas tombèrent en désuétude.

L'accusateur déclarait devant le juge qu'un tel avait commis telle action ; et l'accusé répondait qu'il en avait menti ; le juge ordonnait le duel auquel on ne pouvait échapper : de là l'origine du point d'honneur : « quand un homme s'était engagé par sa parole, l'honneur ne lui permettait plus de la rétracter ». Chez les peuples germains, les parents prenaient une part très vive aux injures. Il se forma ensuite une échelle des affronts, comme de recevoir des coups d'une épée ou d'un bâton, sur le visage ou telle partie du corps, et d'une certaine manière.

Dans ce contexte, les mœurs guerrières et le sentiment de l'honneur produisent aussi l'esprit de galanterie, qui en est comme l'idéologie, et on voit Montesquieu décrire la naissance de nos romans de chevalerie et de leur système merveilleux. Montesquieu pratique comme une ethnologie du sentiment amoureux. La loi des Lombards qui porte que si l'un des champions avait sur lui des herbes propres aux enchantements, le juge devait les lui faire ôter, montre bien le rôle de la peur et de la superstition dans cette culture du courage et de l'amour. « L'opinion des armes enchantées dut tourner la tête à bien des gens ».

Montesquieu ne cesse d'insister sur la rationalité de nos pères, à travers l'impression de l'étrangeté et de l'arbitraire par laquelle nous nous défendons d'entrer dans leurs raisons.

> On aura peut-être de la curiosité à voir cet usage monstrueux du combat judiciaire réduit en principes, et à trouver les corps d'une jurisprudence si singulière. Les hommes, dans le fond raisonnables, mettent sous des règles, leurs préjugés mêmes. Rien n'était plus contraire au bon sens que le combat judiciaire ; mais ce point une fois posé, l'exécution s'en fit avec une certaine prudence. Pour se mettre bien au fait de la jurisprudence de ces temps-là, il faut lire avec attention les règlements de saint Louis, qui fit de si grands changements dans l'ordre judiciaire. Désfontaines était contemporain de ce prince ; Beaumanoir écrivait après lui ; les autres ont vécu

> depuis lui. Il faut donc chercher l'ancienne pratique dans les corrections que l'on en a faites (*EL*, XXVIII, 23).

Une fois de plus ce passage est exemplaire : les modifications du droit nous enseignent à déchiffrer une histoire des pratiques qui n'est jamais l'objet d'un récit direct.

Nous n'entrerons pas dans le détail de ces règles. Mais il faut encore examiner un point qui nous semble faire partie de la démarche juridique et qui ne l'était pas pour ces temps-là. Il s'agit de la notion d'appel. Car la décision par le combat signifiait qu'il n'y aurait pas d'autre recours, que c'était l'ultime instance (*ibid.*, 27). Nous connaissons des querelles de plume, tandis qu'alors, la querelle se terminait par le sang. Montesquieu cite saint Louis qui dit, dans ses *Établissements*, « que l'appel contient félonie et iniquité. Aussi Beaumanoir nous dit-il que, si un homme voulait se plaindre de quelqu'attentat commis contre lui par son seigneur, il devait lui dénoncer qu'il abandonnait son fief ; après quoi il l'appelait devant son seigneur suzerain, et offrait les gages de batailles. De même, le seigneur renonçait à l'hommage, s'il appelait son homme devant le comte »[1]. Appeler son seigneur de faux jugement était commettre une sorte de crime de félonie ; on appelait donc les pairs qui formaient le tribunal au lieu du seigneur qui établissait et réglait le tribunal. Cette substitution permettait de n'insulter que ses pairs à qui, dit Montesquieu, on pouvait toujours faire raison de l'insulte. Le seigneur pouvait, du reste, à ses frais, emprunter des pairs de son seigneur suzerain, s'il n'avait point de pairs. Et ces pairs pouvaient eux-mêmes, ne faire que conseiller sans juger.

On voit ainsi comment le fief[2], qui fut d'abord l'obligation de rendre la justice, s'en sépara peu à peu. « Je crois, dit Montesquieu, que ceci fut une des grandes causes de la séparation de la justice d'avec le fief, d'où s'est formée la règle des jurisconsultes français : *autre chose est le fief, autre chose la justice*. Une infinité d'hommes de fief qui n'avaient point d'hommes sous eux, ne furent point en état de tenir leur cour et perdirent leur droit de justice ». Il y avait un devoir des vassaux, combattre et juger, et même ce devoir était tel, dit Montesquieu, que juger c'était combattre. Il appartenait au seigneur de choisir les plus vaillants et les plus sages de ses hommes pour composer sa cour. Comme on a des règles différentes lorsque le seigneur plaide contre son vassal et le vassal contre son seigneur, cette distinction s'étend à la question de savoir si l'on attaque un des hommes par des imputations personnelles ou si l'on n'attaque que le jugement. Or

1. Beaumanoir, LXI, p. 310 et 311 ; et LXVII, p. 337 (note de Montesquieu).

2. Voir *infra*, p. 176 *sq*.

Montesquieu dit que « cette distinction de Beaumanoir était une jurisprudence nouvelle chez les Français ». Le fief est la question de la solidarité entre un rapport de domination et un rapport de justice qui, d'un point de vue historique, et en particulier dans le cas de saint Louis, constituait la souveraineté. On peut ajouter que l'on ne pouvait point fausser[1] les jugements rendus dans la cour du roi ; car le roi n'ayant point d'égal, ni de supérieur, personne ne pouvait l'appeler ni faire appel de sa cour.

Montesquieu voit dans cette relation de solidarité une *loi fondamentale*, à la fois politique et civile, ce qui nous permet de comprendre l'importance qu'il donne au fief. Comme loi politique, elle était nécessaire dans la structure de la monarchie ; comme loi civile, elle réduisait les abus de la pratique judiciaire. Ainsi, sans les appels d'aujourd'hui, « on avait recours au roi, qui était toujours la source d'où tous les fleuves partaient, et la mer où ils revenaient » (*EL*, XXVIII, 27).

Il faut encore distinguer, dans le droit des rois de la seconde race, la subordination des personnes au comte qui n'enveloppait pas la subordination des juridictions ; la différence dans la nature des causes : les causes majeures, réservées au roi, intéressaient l'ordre politique[2].

Dans les premiers temps, il fallut moins corriger la négligence des comtes et autres officiers de justice, qu'arrêter leur activité. Mais, lorsqu'un nombre innombrable de petites seigneuries se formèrent, que différents degrés de vasselage furent établis, la négligence de certains vassaux à tenir leur cour donna naissance à des appels qui rapportaient au suzerain des amendes considérables.

Cependant, l'usage du combat judiciaire s'étendant, il ne fut pas toujours aisé de rendre la justice. Les appels de *défaute de droit* « ont ainsi été souvent des points remarquables de notre histoire, parce que la plupart des guerres de ces temps-là avaient pour motif la violation du droit politique, comme nos guerres d'aujourd'hui ont ordinairement pour cause, ou pour prétexte, celle du droit des gens ». En examinant les différents cas de figure où il y avait appel de défaute de droit, Montesquieu dit : « j'ai travaillé à donner une idée claire de ces choses, qui, dans les auteurs de ce temps-là, sont si confuses et si obscures, qu'en vérité les tirer du chaos où elles sont, c'est les découvrir » (*EL*, XXVIII, 28). Le juriste fait œuvre d'historien en explicitant la genèse des différenciations, en interrogeant les solidarités inconscientes dans l'esprit des juristes de cette époque. L'aboli-

1. Fausser est appeler de faux jugement (note de Montesquieu)

2. « Telles étaient les discussions entre les évêques, les abbés, les comtes et autres grands, que les rois jugeaient avec les grands vassaux ».

tion du combat judiciaire ne se fit pas dans tous les domaines à la fois, il se fit d'abord dans le domaine royal puis dans celui des barons.

« À l'égard des cours des seigneurs, saint Louis, en permettant de les fausser, voulut que l'affaire fût portée au tribunal du roi, ou du seigneur suzerain, non pas pour y être décidée par le combat, mais par témoins, suivant une forme de procéder dont il donna des règles ». Les pays de *l'obéissance-le-roi* et les pays *hors l'obéissance-le-roi* connurent deux procédures distinctes, saint Louis établissant une nouvelle procédure en ses domaines, mais ménageant ses barons en maintenant pour leur domaine le choix entre l'ancienne et la nouvelle procédure (*EL*, XXVIII, 29).

Les duels avaient introduit une forme de procédure publique. Et à leur suite, les témoins des deux parties durent donner leur témoignage devant tous. Comme autrefois ces pratiques furent liées à l'ignorance de l'écriture, et pour fixer les idées, lorsque l'usage de l'écriture fut établi, il put entraîner au contraire le secret. Et alors que tout était public, tout devint caché. « Les procédures devinrent donc secrètes, lorsqu'il n'y eut plus de gages de bataille » (*ibid.*, 34).

Dans ces circonstances, où les litiges se réglaient par les amendes ou par la vie, la logique était celle du dédommagement entre les parties. L'établissement d'une partie publique répugnait à l'usage du combat judiciaire. Mais on vit par la suite, dans le cas de la succession d'un meurtrier, succession dévolue au fisc, un avoué qui demandait les choses que la loi allouait au fisc. La construction de cette instance tierce et liée à l'autorité royale allait se faire peu à peu.

### *Jurisprudence et législation*

Montesquieu s'interroge sur les *Établissements de saint Louis,* comme il l'avait fait sur la compilation de Justinien, et fait apparaître le caractère posthume de la préface, car il ne pouvait venir à l'esprit de personne, ni surtout à l'esprit de saint Louis partant pour une Croisade, de proposer au royaume un nouveau code[1]. La préface est une pièce rapportée. L'objet de ce prince fut plutôt de proposer un *exemple* que chacun pouvait suivre, que chacun avait intérêt à suivre.

Montesquieu oppose fermement dans ce livre, et à plusieurs reprises, la jurisprudence et la législation. « Qu'est-ce que ce code obscur, confus et ambigu, où l'on mêle sans cesse la jurisprudence française avec la loi romaine; où l'on parle comme un législateur et où l'on voit un jurisconsulte; où l'on trouve un corps entier de jurisprudence sur tous les cas,

1. *EL*, XXVIII, 37 et 38.

sur tous les points du droit civil ? Il faut se transporter dans ces temps-là » (*EL*, XXVIII, 38). Et la coutume, de son côté, ne s'oppose pas à la loi écrite, puisqu'elle peut elle-même être transcrite, mais elle a, et surtout à cette époque de petites souverainetés, un sens local par rapport à la généralité de la loi[1] (*ibid.*, 37). Saint Louis en effet, sans combattre frontalement les pratiques de ses juristes, mais pour dégoûter les peuples des abus de la jurisprudence de son temps, « fit traduire les livres du droit romain, afin qu'ils fussent connus des hommes de loi de ces temps-là ». L'incitation est venue d'Italie et de la redécouverte du *Digeste* de Justinien en 1137. Défontaines en fit un grand usage, Beaumanoir fit peu d'usage de la loi romaine mais concilia l'ancienne jurisprudence française avec les règlements de saint Louis[2].

Ainsi, quoique les règlements de saint Louis « pour les tribunaux des seigneurs ne fussent pas faits pour être une loi générale du royaume, mais comme un exemple que chacun pourrait suivre, et que chacun même aurait intérêt de suivre », il rendit sensible à une manière plus rationnelle et plus naturelle de procéder, plus « conforme à la morale, à la religion, à la tranquillité publique, à la sûreté de la personne et des biens ». « Inviter, quand il ne faut pas contraindre ; conduire quand il ne faut pas commander, c'est l'habileté suprême ». La leçon juridique et politique s'inspire de la connaissance des passions.

« Les lois de saint Louis changèrent moins la jurisprudence française, qu'elles ne donnèrent des moyens pour la changer » (*ibid.*, 39). Montesquieu évoque la meilleure manière de suppléer à l'ancienne pratique de juger. Ce terme de suppléer désigne un changement d'esprit chez les juristes qui fut introduit par la traduction du code de Justinien et par le changement de statut du droit. Aussi longtemps que l'on jugea par pairs ou par baillis, aucunes lettres, aucune capacité, aucune étude n'était nécessaire.

> Mais lorsque le code obscur des *Établissements*, et d'autres ouvrages de jurisprudence parurent ; lorsque le droit romain fut traduit ; lorsqu'il commença à être enseigné dans les écoles ; lorsqu'un certain art de la procédure, et qu'un certain art de la jurisprudence commencèrent à se former ; lorsque l'on vit naître des praticiens et des jurisconsultes ; les pairs commencèrent à se retirer des tribunaux du seigneur ; les seigneurs furent peu portés à les assembler : d'autant mieux que les jugements, au lieu d'être une action éclatante, agréable à la noblesse, intéressante pour les gens de guerre, n'étaient plus qu'une pratique qu'ils ne savaient, ni ne voulaient

1. « La France était régie par des coutumes non écrites ; et les usages particuliers de chaque seigneurie formaient le droit civil » (*ibid.*, 45).

2. Montesquieu dit clairement son admiration pour Beaumanoir (*ibid.*, 45).

> savoir la pratique de juger par pairs se perdit, celle de juger par baillis d'étendit, et cela d'autant plus que l'on suivit le modèle des gens d'église] Le droit canonique et le nouveau droit civil concoururent également à abolir les pairs (*EL*, XXVIII, 42).

Mais parce que de nouvelles divisions engendrent de nouvelles fonctions, on vit s'introduire en plusieurs lieux un ou deux lieutenants du juge, qui ne devait plus juger seul, une procédure par des témoignages écrits, et l'institution du parlement comme d'un corps fixe. Ces dispositions du droit moderne naissent des coutumes de France : tout d'abord, dans le commencement de la troisième race, les rois donnèrent des chartes particulières et en donnèrent même de générales, selon les circonstances, ce qui produisit des lois écrites ; en second lieu, le roi et les seigneurs eurent des raisons particulières d'affranchir les serfs, ce qui produisit la nécessité d'une législation de l'affranchissement, à la fois pour les anciens maîtres et pour les nouveaux affranchis, car il fallait des lois civiles pour régler la disposition des nouveaux biens. Enfin

> sous le règne de saint Louis et des suivants, des praticiens habiles, tels que Défontaines, Beaumanoir et autres, rédigèrent par écrit les coutumes de leur baillage. Leur objet était plutôt de donner une pratique judiciaire, que les usages de leur temps sur la disposition des biens. Mais tout s'y trouve ; et quoique ces auteurs particuliers n'eussent d'autorité que par la vérité et la publicité des choses qu'ils disaient, on ne peut douter qu'elles n'aient beaucoup servi à la renaissance de notre droit français. [Tel était dans ces temps-là, conclut Montesquieu, notre droit coutumier écrit.] Quoique le droit coutumier, [ajoute-t-il,] soit regardé parmi nous comme contenant une espèce d'opposition avec le droit romain, de sorte que ces deux droits divisent les territoires, il est pourtant vrai que plusieurs dispositions du droit romain sont entrées dans nos coutumes, surtout lorsque l'on en fit de nouvelles rédactions, dans des temps qui ne sont pas fort éloignés des nôtres [...] (*ibid.*, 45).

CHAPITRE III

# LA MÉTHODE EXPÉRIMENTALE APPLIQUÉE À LA LÉGISLATION

*une espèce de méthode pour étudier la jurisprudence* [1]

Il semble que l'on puisse distinguer entre deux problématisations principales de l'expérience.

L'une suppose que l'observateur doive être à l'intérieur du dispositif pour faire fonctionner la machine et pour en connaître le mécanisme secret. C'est le cas de ceux qui ont construit, dans les sanctuaires antiques, ces longs couloirs où s'acheminaient secrètement ceux qui faisaient parler les statues des dieux ; c'est le cas aussi de « ces fontaines qui sont aux jardins de nos rois » [2] et dans lesquelles un fontainier caché ouvre ou ferme certains regards pour livrer passage à l'eau qui meut les Dianes et les Neptunes. Ce qui tient à l'art de produire les apparences. Mais avec Machiavel et Naudé, l'ingénieur est un politique et la machine est celle de la religion. Gabriel Naudé parle du regard du politique qui scrute l'intérieur des mécanismes. Machiavel voit dans le conseiller du Prince un analogon de l'ingénieur dont les cités se disputent les secrets. Cette logique de la dissimulation peut être ou n'être pas délibérée. Mais dans aucun cas, on ne saurait « tromper la nature » [3] par des mouvements violents, mécaniques dans un cas, volontaires dans l'autre. Naudé déclare :

1. *EL*, XXIX et *Fragments non publiés* de L'esprit des lois, Paris, Oster, p. 804).

2. *L'homme de René Descartes*, AT, t. XI, p. 131.

3. Naudé reprend la formule de Galilée dans les *Méchaniques*, trad. de Mersenne dans les *Questions inouyes* et autres traités, éd. A. Pessel, Paris, Fayard, 1985.

> Oseray-je bien me mêler de ces sacrifices plus cachés que ceux de la déesse eleusine sans y avoir été initié?... sans avoir eu l'adresse et la communication de ceux qui les conduisent... ce serait violenter la nature, qui ne passe jamais si promptement d'une extrêmité à l'autre... Il n'en est pas ici comme de ceux qui envisagent avec beaucoup moins de difficultés le soleil, qu'ils sont plus éloignés de sa face; mais plutôt que cette prudence politique est semblable au Prothée, duquel il nous est impossible d'avoir aucune connaissance certaine qu'après être descendus *in secreta finis* et avoir contemplé d'un œil fixe et assuré tous ses divers mouvements, figures et métamorphoses au moyen desquels il se transforme en sanglier, en tigre, en dragon écailleux et en serpent... [1].

Une autre problématisation de l'expérience est celle qui, avec Bossuet[2], embrasse d'un regard souverain, *uno intuitu*, l'ensemble des temps et des lieux (à tel point que l'usage des cartes fut longtemps réservé à la puissance publique). Cette ubiquité du regard connote l'omnipotence divine et un verbe qui occupe toutes les places[3]. Cette place qui est celle de la toute-puissance, de la souveraineté, est aussi celle de l'omniscience, ou tout au moins dans l'ordre humain, celle qui commande des énumérations si entières et des revues si générales que l'on soit cartésiennement assuré de ne rien omettre. Ce regard royal et divin autorise la loi, puisqu'il représente une universalité. A ce point de vue universel correspond le droit naturel que Montesquieu remet en cause[4]. La stratégie de Montesquieu serait donc d'être l'observateur dans l'observation.

Une conséquence de cette implication de l'observateur dans l'observation a été relevée dans la manière d'écrire l'histoire. Mais endosser des personnages n'est pas rejouer le passé. Il s'agit de penser la logique des rôles, des effets de compatibilité ou d'incompatibilité entre des décisions, l'esprit des institutions. Il s'agit de penser la matière morale des relations, les caractères des hommes, les conditions, les mœurs, les situations. Dans la seconde partie de la *Défense*, Montesquieu indique que « le bon sens consiste à connaître les nuances des choses ». le bon sens est ici l'analyse des cas particuliers[5].

1. Naudé cite Virgile, *Les Georgiques*, dans les *Considérations politiques sur les coups d'État*, p. 74.

2. Bossuet, *Discours sur l'histoire universelle*, préface.

3. Saint Augustin, *De Trinitate*.

4. Dans l'*Essai touchant les lois naturelles*, si, comme le pense André Masson, ce texte est bien de Montesquieu.

5. L'expression même de « bon sens » pourrait avoir un sens polémique au XVIIIe siècle, que l'on pense par exemple au marquis d'Argens et à d'Holbach. La philosophie du bon sens s'oppose à la métaphysique de l'Ecole. Sur une détermination non-cartésienne du bon sens, voir André Pessel, « le sujet dans son histoire », *Corpus, revue de philosophie*, n°35, 1999.

En outre, on repère ici la différence d'une *science des mœurs*, telle que la définit Formey[1] et d'une *métaphysique des mœurs*, que Kant lui opposera. La *science des mœurs* repose sur un universalisme à partir duquel Formey critique Rousseau[2]. Mais la science des mœurs est un droit naturel, la déclaration d'une normativité universelle, alors que le projet de Montesquieu est de démonter le mécanisme des normes et de faire ainsi « une histoire naturelle des lois », pour reprendre l'heureuse expression de Brèthe de la Gressaye[3] mais rappeler aussi que l'idée de faire une *histoire naturelle de l'âme*, une *histoire naturelle de l'homme*, et de toutes les réalités morales a été largement pratiquée par La Mettrie[4].

Montesquieu critique l'idée d'une liberté métaphysique et ne répugne pas à une détermination uniquement politique de la liberté comme effet des lois. Or, les moralistes et les théologiens considèrent qu'il y a toujours un risque dans la *description du normatif*, car c'est mettre en question leur autorité, voire démontrer leur arbitraire. Montesquieu a prévu l'objection : « j'ai vu que les hommes n'étaient pas uniquement conduits par leurs fantaisies » : il s'agit bien de la naturalisation de l'intentionnel, du mécanisme des passions comme condition d'application du mécanisme des règles.

Il semble que le danger soit perçu comme le fait de prendre l'ordre établi pour la norme, alors que le danger est plutôt, à nos yeux, de s'interdire par le discours normatif de l'obligation, la pratique critique et la contestation ou la réforme. Est-ce la description qui a fait horreur chez Grotius et Hobbes, n'est-ce pas plutôt, comme le dit Rousseau, ce qu'il y a de juste et de vrai dans leur approche ? Leibniz prenait des protocoles juridiques pour penser la physique expérimentale[5] ; des protocoles de pratique pour penser le droit naturel et le « naturel » en général ; Bayle comparait les degrés de certitude des mathématiques et de l'histoire. C'est dire que Montesquieu n'invente pas ce croisement des déterminations entre l'humain et le naturel, le moral et le physique, l'histoire naturelle et l'histoire civile. Mais au lieu d'un échange de déterminations, on a voulu y lire, dans un vocabulaire dualiste, la réduction de la liberté à des déterminismes[6].

1. S. Formey, *Examen philosophique de la liaison réelle qu'il y a entre les sciences et les mœurs*. Ce mémoire est une critique de Rousseau.

2. Il récrit délibérément *Emile* (*l'Anti-Emile*, Berlin, 1762) et *La Nouvelle Héloïse* (*L'esprit de Julie*) en les corrigeant dans le sens de l'orthodoxie morale.

3. Dans son édition de *L'Esprit des lois*, Paris, Les Belles Lettres, 1950.

4. Voir « La Mettrie et l'histoire naturelle de l'âme », in *Matérialistes français du* XVIII^e^ *siècle : La Mettrie, Helvétius, D'Holbach*, cité p. 20, note 4.

5. *Nouveaux Essais*, IV^e^ partie, chap. 16.

6. Ce qui est un anachronisme par rapport au *Système du monde* de Laplace et un contresens sur la définition : il s'agit pour Montesquieu de nécessité des lois locales et non,

Si Montesquieu peut considérer une *histoire naturelle du droit*[1], c'est au sens où le droit est une production du vivant humain : ce qui ne signifie pas que l'homme soit déterminé par la race et le sang. Ce n'est pas la logique du *Blut und Boden*. Il y a, chez Montesquieu, par différence avec le scientisme raciste, une réflexion sur l'histoire des savoirs, sur l'histoire de l'histoire naturelle, une réflexion sur la dérivation des différents types de droit, des différentes familles de droit et par conséquent il ne peut y avoir ici d'essentialisation du peuple, le peuple ne peut être l'objet d'une physiologie, aucune réduction de l'historicité à un essentiel physiologique ni à une origine n'est possible. Il n'y a cependant pas d'alternative entre la visée scientiste et la métaphysique. Montesquieu se distingue des deux comme il se distingue du jusnaturalisme.

## VIE ET PÉRIODICITÉ

Si les États ont une vie et un *conatus*, et par conséquent s'ils connaissent un épanouissement et un dépérissement, la question est de savoir selon quel schéma temporel se produit cette vie[2]. Peut-on réduire les choses à l'alternative entre les deux modèles géométriques de la droite et du cercle ? En réalité, la droite figure la linéarité du temps, le parcours vers un tribunal, celui du jugement dernier. En même temps, toute l'iconographie, la chapelle des Espagnols à Florence et les fresques de Signorelli à Orvieto, par exemple, la présentent comme une scène, un tableau, avec une échelle des êtres, une échelle des crimes, une échelle des peines; c'est plutôt la classification que la linéarité qui est représentée; tribunal de Dieu ou tribunal de l'histoire, la progression linéaire et la scène sont liées dans la représentation des sanctions, du prix à payer pour ses actes.

L'idée de cycle, au contraire, repose sur un renversement du pour au contre, sur le fait qu'un rapport de domination et d'oppression fait grandir les forces d'opposition et de résistance; il y a donc une dialectique des contraires dans tout régime fort. A la fin de la *République*, la roue de Platon montre le développement des contradictions internes et le passage du refoulé au dominant. Par exemple, dans la timocratie, le développement

comme pour Laplace, de la prévision, en fonction des lois de la nature, de l'état de l'univers à un instant $T_1$, l'état à l 'instant $T_0$ étant supposé connu.

1. L'histoire naturelle des normes : Montesquieu emploie la même expression dans *De la politique*, (chap. XIII et XIV du *Traité des devoirs*) Oster, p. 172.

2. Naudé caractérise ce fait comme l'axiome de Boèce (*Considérations politiques sur les coups d'Etat*). Jean Bodin, *Les six livres de la République*, traite au livre IV de « la naissance, accroissement, estat florissant, décadence et ruine des républiques ». Il traite séparément, au livre II, 5, du tyrannicide.

de la vie privée entre en contradiction avec les institutions et le désir des honneurs se mue en jalousie des magistrats. C'est ce que montre encore *L'Ane d'or* de Machiavel ; l'augmentation de la puissance conduit à la ruine des empires par la montée des oppositions. De son côté, Montesquieu ne parle que de la corruption des principes, et non pas de la corruption des hommes.

Dans ce dépérissement des États, il faut distinguer physiologie et dégénérescence, et plus encore décadence. Toute prise en compte de la vie n'est pas vitalisme ; toute physiologie ne met pas à niveau la croissance des végétaux et la corruption des États ; et si l'on fait cette comparaison, comme G. Naudé dans le *Syntagma de studio liberali*, la naturalisation du politique ne signifie pas une équation du physique et du politique au sens où, en fait, on hypostasierait une forme de science pour précisément l'appliquer au politique, mais plutôt un retour à Aristote.

Montesquieu ne considère ni la corruption des hommes (il ne s'agit ni de finitude ni de péché), ni le déclin des États, mais la corruption *des principes*. La corruption de l'égalité, dans la démocratie, est la confusion des fonctions, le peuple devient jaloux des magistrats ; la corruption de la monarchie se fait de manière analogue, lorsque l'on ôte les prérogatives des corps et les privilèges des villes ; la corruption de l'aristocratie est de devenir héréditaire, la république ne subsistant plus qu'entre les nobles. Imputer la corruption au dysfonctionnement des institutions, c'est manifester une vie des institutions, tout en évacuant la faute et le péché (*EL*, VIII).

On ne peut nier qu'Aristote ait inspiré Montesquieu. Aristote distingue, pour chaque gouvernement, la forme optimale et la forme dégradée. Il y a donc une pathologie du politique, car le politique est du vivant : l'homme, animal politique par nature, témoigne de l'existence d'un modèle organique général (*Politiques*, IV, 4) : Il y a plusieurs types de constitution, mais il y a aussi plusieurs parties dans chaque cité. Aristote applique l'analogie entre les parties de l'animal et les parties de la cité, si bien que cela multiplie les constitutions par le jeu de la différence des organes sensoriels, de l'appareil digestif, des appareils locomoteurs, « si bien que lorsque l'on aura pris toutes les combinaisons possibles, cela donnera des espèces de l'animal, autant que de conjugaison des parties nécessaires. C'est la même chose pour les constitutions dont on a parlé. Car les cités elles aussi ne sont pas composées d'une seule partie mais de plusieurs, comme on l'a souvent dit » [1].

1. Aristote, *Les politiques*, trad. et notes P. Pellegrin, GF-Flammarion, 1990, p. 288-289.

## BUFFON ET MONTESQUIEU
## L'HISTOIRE NATURELLE ET LA GÉOMÉTRIE

Montesquieu a écrit quelques opuscules sur l'histoire naturelle[1] s'interrogeant par exemple avec Newton sur les effets de la réfraction dans le microscope, qui colore les préparations. Il fait prévaloir les exigences de l'observation et de la structure des instruments pour montrer le rôle de la méthode dans la construction de l'objet. Lorsqu'il considère la conquête du Mexique, il attribue la victoire des Espagnols à l'histoire de la mécanique.

Sa méthode est contemporaine de celle de Buffon[2]: tous deux travaillent sur des lois du local. Tous deux pratiquent l'échange des déterminations entre histoire civile et histoire naturelle et cette prise de position épistémologique n'est pas sans risque[3], elle est en rupture avec le providentialisme. Il faudrait en chercher les sources chez Bacon et chez Spinoza : la nature doit s'interpréter comme livre, comme recueil, comme institution, et les livres, ou les savoirs doivent s'interpréter comme des natures, comme des réels dont les mécanismes ne se confondent pas avec l'intention de l'auteur.

Dans *La génération des animaux*, Buffon distingue deux modèles de causalité : l'impulsion et l'attraction; Il montre que pour expliquer les phénomènes du vivant, les lois cartésiennes de *l'impulsion* ne suffisent pas : il faut penser une *attraction*[4]; il prend en compte la valeur épistémologique du modèle puisqu'il différencie les domaines d'application et la question du transport du modèle non cartésien, aux opérations du vivant

1. Voir D. de Casabianca, *Le sens de l'esprit. Les sciences et les arts : formations du regard dans* L'esprit des lois, thèse soutenue à l'Université d'Aix en Provence, 2002.

2. Leurs condamnations sont contemporaines et c'est significatif; (Oster, p 823) et *Mes Pensées*, 534 où il déclare : « Je crus que je recevrais M. de Buffon à l'Académie : ... Ses louanges, c'est ce qu'elle a fait. En vous choisissant, Monsieur, elle vous a tout dit ».

3. Buffon, *Histoire naturelle, générale et particulière, Des époques de la terre*, édition critique de Jacques Roger, Mémoires du Museum National d'Histoire Naturelle, 1988 : « Comme, dans l'histoire civile, on consulte les titres, on recherche les médailles, on déchiffre les inscriptions antiques, pour déterminer les époques des révolutions humaines, et constater les dates des événements moraux; de même, dans l'histoire naturelle, il faut fouiller les archives du monde, tirer des entrailles de la terre les vieux monuments, recueillir leurs débris, et rassembler en un corps de preuves tous les indices des changements physiques qui peuvent nous faire remonter aux différents âges de la Nature » (p. 1). La reconstitution de l'histoire à partir de débris est un thème persistant aussi chez G. Bianchini, *La istoria universale provata con monumenti et figurata con simboli de gli antequi*, Roma, 1697 (voir l'éloge que fait de lui Fontenelle).

4. Voir Thierry Hoquet, *Buffon, philosophie et histoire naturelle*, Champion, 2005.Dans les articles « Sensibilité » (Fouquet) et « Economie animale » (Ménuret de Chambaud) de l'*Encyclopédie*, on remarque la même attention à la différenciation des causalités en fonction des champs.

comme la respiration, l'assimilation, la génération. Il pensera à partir de l'attraction également son concept, ou sa fiction, des *molécules organiques* dans la génération. Mais l'intéressant est ici le rapprochement de l'attraction et de l'affinité, démarche leibnizienne de recherche du rationnel dans l'irrationnel des anciens chimistes. Il y a donc chez Buffon cette idée d'une différenciation des causalités en fonction des régions. Ainsi le recours à l'attraction, dont on trouve aussi la métaphore dans *L'Esprit des lois*, n'est-il pas *ipso facto* une référence au newtonisme. Il semble que les régionalisations de Leibniz soient plus pertinentes ici que l'universalisme newtonien[1].

Montesquieu parle de la *génération* des lois et dit que l'esprit général en est la raison : il emploie cette expression qui renvoie à une réalité organique, à une *physique du vivant*, dans cette acception particulière au siècle de Buffon, où il y a une *physique-de* quelque chose, c'est-à-dire une attention à la logique d'un fonctionnement particulier, à une pluralité de mécanismes, une attention au point de vue local. Montesquieu transforme les principes secrets de la raison d'État en variables et en lois. La politique est naturalisée. En multipliant les cas, en opposant les exemples des anciens et des modernes, du proche et du lointain, de l'archaïque et de l'actuel, Montesquieu construit comme une méthode expérimentale en histoire, comme un protocole de variations. Les livres racontent des expériences[2]. Cette énumération sans point fixe appartient à la méthode de la philosophie sceptique.

Montesquieu pose chaque gouvernement comme un type, un genre, avec différents caractères susceptibles chacun de diverses déterminations. Il établit ainsi des ramifications où les formes historiques viennent se placer. Il va jusqu'à dire, on l'a vu, qu'il y a comme une espèce de génération des lois. Sans doute s'inspire-t-il en partie de l'équivalence ou de l'analogie qu'établit Aristote entre les fonctions civiles et les fonctions

1. Il faudrait d'ailleurs discuter l'application intempestive de l'épistémologie de Newton à toutes les pensées novatrices de l'époque et rectifier en ce domaine les thèses de Hazard et de Cassirer. A la même époque justement, Fréret discutait les thèses de Newton sur la chronologie et sur l'histoire. Voir mon article « Histoire de la raison : Périodicité ou périodisation » in *Systématique et iconographie du temps*, textes réunis et présentés par Martine Groult, Publications de l'université de Saint Etienne, 2002.

2. C'est le sens du terme d'histoire (*Dictionnaire de Furetière*). Les protocoles de recueils d'expériences que préconise Bacon (*Du progrès et de la promotion des savoirs*, trad. intr. et notes de M. Le Dœuff, Paris, Gallimard, 1991), sont à rapprocher des inventaires de Bernard Lamy (VIe *entretien sur les sciences*), des répertoires et du théâtre de la vie humaine de Leibniz (*de la méthode de la certitude et de l'art d'inventer*, Gerhardt VII). La jurisprudence aussi est répertoire de cas et une certaine science classique y a cherché ses protocoles : Leibniz en fait clairement la théorie, solidarisant même la pratique des catalogues avec une conception probabilitaire de la causalité (*Nouveaux Essais*, IV).

organiques. Mais il raisonne aussi comme Buffon qui fait l'hypothèse d'un *module* de la nature vivante (déterminé par les appareils de respiration, de digestion, de reproduction, de locomotion), en même temps que l'hypothèse d'un *prototype* (modèle commun à tous les vivants à condition de penser une dérivation des formes, d'une espèce à l'autre). Montesquieu établit pour chaque gouvernement, comme dans l'histoire naturelle pour chaque genre, un type dont l'histoire et la géographie font varier les caractères constituants. Il y a ainsi génération sans vitalisme, modèles sans idéal. Montesquieu ne considère pas l'écart par rapport à la norme mais les caractères qui définissent chaque forme comme générique. Par exemple, pour établir le genre démocratie, il travaille sur les systèmes d'élection, les principes de la division des classes du peuple, puisque c'est de lui qu'émane la souveraineté, les critères pour être électeur, pour être éligible. Pour établir le genre monarchie, il travaille sur les types de sénat et sur les privilèges des corps puisque ce sont ces corps inégaux par statut qui constituent un tel État. Ce sont ces typologies qui jouent ici le rôle de méthode expérimentale en séparant des facteurs[1].

Il est au moins aussi important de distinguer les registres de lois que les types de gouvernements. La réflexion sur les domaines de juridiction implique aussi une réflexion sur l'homogénéité des peines et des délits, sur la séparation des lois religieuses et des sanctions civiles[2]. Cette approche suppose que l'on ait distingué les instances dont relèvent les actes[3] : la loi n'a pas à connaître des sacrilèges cachés, la loi ne juge que l'action publique, l'intention et la pensée sont indifférentes au magistrat. Mais il fallait d'abord catégoriser les délits et c'est ce que fait Montesquieu.

En réaffirmant sans cesse la différence entre politique et théologien, il s'autorise à appréhender la religion comme loi et non comme foi[4]. En distinguant l'objet de la loi et l'objet de la foi, il aura montré aussi que l'objet de la foi n'est pas la cause de la foi. Il sépare ainsi les effets de la croyance et la vérité de la croyance. Libre de traiter alors des religions comme d'objets naturels, il étudie la composition de leurs facteurs, la composition des lois civiles et religieuses[5]. C'est, on le verra plus loin, la typo-

1. *EL*, II et III.

2. Beccaria traitera de la proportionnalité des délits et des peines. Voir *Beccaria et la culture juridique des Lumières*, Études historiques éditées et présentées par Michel Porret, Droz, 1997.

3. *EL*, XII et XXVI.

4. C'est la reprise de la thèse de Bayle : les hommes n'agissent pas selon leurs principes (art. « Mahomet » et *Pensées sur la comète*). Il faut donc reconstruire la logique de leurs croyances, qui n'est pas effective là où ils le croient.

5. *EL*, XXIV et XXV.

logie des religions, l'analyse anthropologique des religions qui découvre une véritable algèbre des variations qui compose les caractères des gouvernements, des économies, des croyances.

## EXEMPLARITÉ ET PRODUCTION DES NORMES

Une philosophie expérimentale de l'histoire se définit-elle comme simple catalogue d'exemples ? Que signifient la comparaison, la confrontation des exemples empruntés à des contextes différents, alors même que Montesquieu dit que l'on ne peut exporter les lois, que l'on ne peut isoler une loi de son contexte, à la fois de ses circonstances historiques, contingentes, et du corps juridique, du système auquel elle appartient[1] ? Que signifient la « mise en balance », les effets de symétrie des exemples anciens et modernes, païens et chrétiens, barbares et romains, orientaux et européens, etc ? Ne faut-il pas donner à cette expression toute la charge conceptuelle et polémique qui est la sienne dans l'argumentation sceptique, à savoir le renversement du pour au contre ? Car le scepticisme ne se réduit pas à la suspension du jugement. Dans cette mise en balance, dans cette sorte d'égalisation, il y a d'abord le refus d'une hiérarchisation, d'une inscription des différents peuples, des différentes sociétés dans la rectilinéarité d'une histoire universelle. Si l'on compare et confronte, c'est pour chercher des invariants, et les invariants ne sont pas de contenu mais fonctionnels. Qu'il y ait « des lois des lois » (pour reprendre l'heureuse formule d'Althusser[2]), c'est-à-dire des variations de lois réglées, nous invite à penser le rôle des institutions, à différencier les rôles, selon les situations et des cas. Travailler sur des singularités n'est pas pratiquer une énumération empirique.

La mise en balance implique la différence entre les idéaux et les types et une théorie de l'exemplarité. Il ne faut pas à cet égard confondre l'équivalence des systèmes et l'indifférence des normes. Le parallélisme est moins une thèse qu'un dispositif de réduction d'une dualité entre histoire chrétienne et histoire non chrétienne. Chaque histoire se déroule selon un temps qui lui est propre. il y a des histoires multiples et Montesquieu semble se souvenir de *l'Histoire des fables* de Fontenelle[3]. Là où Grotius

1. *EL*, XXVI et XXIX.

2. Voir notre article « Althusser et Montesquieu, l'histoire comme philosophie expérimentale », dans *Althusser philosophe*, P. Raymond (dir.), *Actuel Marx*, Paris, P.U.F., 1997.

3. L'amitié de Montesquieu et de Fontenelle est connue, notre auteur le cite à maintes reprises pour manifester une sorte de connivence intellectuelle et surtout en matière de

pratique une intégration dans une même démonstration de textes de différents statuts : historiens et philosophes antiques, poètes, juristes, théologiens; où il s'agit de prendre pour exemples juridiques des textes non juridiques et des textes juridiques pour exemples historiques; l'humanité est supposée une à travers les anciens et les modernes. A l'inverse, Plutarque puis Montaigne puis La Mothe Le Vayer pratiquent des « parallèles » qui ont une fonction critique. En dissociant la valeur des lois de leur rapport à un système d'évaluation anhistorique, de leur rapport à une vérité, Montesquieu cherche ce qui a été pour les hommes la règle de l'invention et de l'évaluation des règles qu'ils ont établies.

## DE L'ESPRIT GÉNÉRAL À *L'ESPRIT DES LOIS*

L'esprit général est-il un moteur, ou un mû, un principe ou un effet? Montesquieu n'en fait-il pas le résultat d'une histoire, dans ses différentes composantes? et à ce titre, ne lui a t-on pas fait une fausse querelle en cherchant dans la théorie des climats comme un déterminisme? Il est difficile de faire de l'esprit d'un peuple un concept opératoire parce qu'il n'est pas à la place d'un principe, l'unité qu'il manifeste est un effet composé. Il faut un miroir pour refléter cette notion car il n'est pas sûr que l'on puisse dire que les peuples aient une conscience de cet esprit général. Où placer le miroir si sa fonction est de distinguer les sociétés? C'est une déduction des savants, des historiens, considérant une histoire longue, à la fois histoire des lois et des mœurs et y cherchant une unité. C'est une critique de l'universalisme chrétien, une manière historique de définir l'homme dans la dépendance d'une société historiquement et géographiquement déterminée. Cette notion est plus descriptive qu'explicative. Cette unité n'est cause de rien, même si elle désigne des constantes.

Cet esprit consiste t-il dans des systèmes de représentations conscientes, ou bien faut-il accepter l'idée de représentations « sourdes », concept très fécond au XVIII$^e$ siècle pour penser tout ce qui n'est pas l'effet d'une délibération ni d'une intentionnalité conscientes et réfléchies. Ce serait être dans l'ordre du pensable sans être lié à la conscience d'un opérateur, pour réfléchir l'unité des mœurs. Il faudrait chercher cet esprit général du côté des facteurs symboliques[1] : ce serait un sentiment plus qu'une idée, la représentation de ce qui convient ou disconvient, et le goût

religion. Par exemple dans le *Spicilège*, il cite un extrait d'une lettre de Fontenelle au marquis de la Fare, lettre célèbre sur la résurrection des corps. Voir *Mes Pensées*, 203-220.

1. Facteurs symboliques plutôt que formes symboliques, à la manière de Cassirer.

en serait la représentation. *L'Essai sur le goût* travaille moins sur l'esthétique que sur le sens commun, il travaille moins sur les beaux-arts que sur l'inexprimable d'un plaisir à l'échelle collective, il travaille moins sur la connaissance des règles que sur l'exquis d'une surprise. Or ces catégories sont celles de la tradition des Précieux.

On pourrait plutôt dire que l'esprit général est un concept critique par rapport à la notion de convention ou de contrat social. Et en cela, Montesquieu s'opposerait à Locke. L'esprit d'un peuple est une unité sans volonté subjective, sans délibération. Elle traduit un accord en quelque sorte *sourd*, inconscient, non représenté, une sorte de convenance [1]. Il s'agit de savoir comment et pourquoi un peuple accepte telles lois, pourquoi il y obéit. Parce qu'elles s'accordent à ses mœurs, ou parce que le législateur prévoit les moyens de les y accorder ? Et en effet, les lois sont un effet des mœurs, mais elles contribuent aussi à produire les mœurs. Montrer que les lois anglaises ont produit les mœurs de la nation et son goût de la liberté, c'est expliquer comment il peut y avoir un « amour des lois », notion paradoxale s'il en fut; et qui exprime ici l'attachement qu'un peuple peut éprouver en faisant l'expérience d'institutions qui lui procurent la liberté.

Après avoir stigmatisé « le contraste continuel de dévotions et de cruautés, de crimes et de miracles, [...] chez ces scélérats qui ne prêchaient l'Evangile qu'après l'avoir déshonoré », Montesquieu tout en dénonçant dans « l'amour de la Patrie » l'alibi des plus grands crimes, écrit :

> L'esprit du citoyen n'est pas de voir sa patrie dévorer toutes les patries... c'est de voir l'ordre dans l'État, de sentir de la joie dans la tranquillité publique, dans l'exacte administration de la justice, dans la sûreté des magistrats, dans la prospérité de ceux qui gouvernent, dans le respect rendu aux lois, dans la stabilité de la monarchie ou de la république. L'esprit du citoyen est d'aimer les lois, lors même qu'elles ont des cas qui nous sont nuisibles et de considérer plutôt le bien général qu'elles nous font toujours que le mal particulier qu'elles nous font quelquefois [2].

Le livre XIX développe l'idée que ces causes qui déterminent l'esprit général sont dans un rapport de force entre elles ; de même, dans un homme, il y a un caractère, une passion dominante. Dans ce passage de l'homme singulier à l'humanité, il y a l'idée que pour les meilleures lois, il faut que les esprits soient préparés, et ensuite, il faut qu'ils s'y attachent. L'attrait des lois, ou l'amour des lois, est d'autant plus fort que les hommes s'y reconnaissent, qu'ils y voient leur détermination essentielle : c'est

1. Voir Florent Guénard, *Rousseau et le travail de la convenance*, Champion, 2004.
2. *Mes Pensées*, 618, Oster, p. 944.

pourquoi l'amour des lois se présente essentiellement dans les républiques antiques puisque les hommes n'y voient leur humanité que sous la forme de la citoyenneté et du droit positif. Ce n'est pas la corruption morale des hommes qui leur fait abandonner l'amour des lois, c'est qu'ils ne reconnaissent pas leur essence humaine dans la loi. Les commentateurs modernes, en traduisant cela sous la notion de sociabilité naturelle, ont effacé ce que les adversaires de la révolution française y avaient bien lu : la définition de l'humain par le droit positif.

Mais il faut encore souligner, sous la plume de Montesquieu, alors qu'il ne fait pas référence à un système politique particulier, l'idée qu'il y a, dans tout État de droit, *une magistrature de chacun*, espèce singulière de magistrature qui porte sur l'ensemble des devoirs humains dans la société et sur le particulier de chaque existence :

> L'esprit du citoyen est d'exercer avec zèle, avec plaisir, avec satisfaction, cette espèce de magistrature qui, dans le corps politique, est confiée à chacun : car il n'y a personne qui ne participe au gouvernement, soit dans son emploi, soit dans sa famille, soit dans l'administration de ses biens [1].

Il nous paraît d'autant plus important de souligner ce point que les critiques ne rattachent, en général, l'amour de la patrie qu'à la démocratie antique. En revanche, le respect que les révolutionnaires ont eu pour la pensée de Montesquieu témoigne qu'ils avaient perçu le sens de cette « espèce de magistrature ».

Cette leçon qui est celle du stoïcisme et de Cicéron a été retravaillée par la philosophie chrétienne comme la détermination de l'humain par le droit, comme la différence de l'essence humaine et des espèces animales dans le principe d'imputation. Derathé remarque très justement une rature de Montesquieu[2]. « Dans un passage du manuscrit (I, f°9), passage biffé par l'auteur et que l'on trouvera dans les variantes du chapitre suivant, Montesquieu dit au sujet des animaux : *c'est surtout chez eux qu'il faut aller chercher le droit naturel.* Ce qui surprend dans cette formule, écrit Derathé, c'est l'adverbe *surtout* alors que l'on s'attendrait plutôt à y trouver simplement le mot *aussi*. Montesquieu a manifestement en vue le passage célèbre d'Ulpien (*Digeste*, lib. I, Tit. 1, *De justicia et jure*, Leg. I, § 3) [...] ». Or Montesquieu semble ne supposer de droit naturel que chez les animaux. La question de savoir s'il y a un « droit » commun à tous les vivants fait problème du point de vue de la dogmatique du péché originel.

1. *Mes Pensées*, 618, Oster, p. 944 (désormais noté *MP*).
2. Derathé, *op. cit.*, t. I, p. 417, note 11.

Ce qui ne veut pas dire que les théologiens ne se soient pas divisés sur cette question, la tradition franciscaine en est le signe. En tout cas, dans le fameux article « Rorarius » de son *Dictionnaire*, Bayle repère en ce point précis de l'imputation l'enjeu des querelles sur la pensée et l'âme des bêtes, imputation dont les spéculations sur la matérialité ou l'immatérialité de l'âme ne sont que l'habillage.

Cicéron écrit : « nous sommes nés pour la justice »[1]. Le droit constitue notre nature. Cette détermination est universelle mais ne signifie sans doute pas la loi naturelle au sens d'une normativité métahistorique, telle qu'elle se détermine après les considérations de saint Thomas sur la loi éternelle de l'entendement divin. Cicéron ajoute que la nature nous a faits justes, les hommes ne formant entre eux qu'une seule société. Il développe l'idée d'une équation entre raison, loi et droit. Il nous faut le percevoir hors de l'opposition entre législation de l'homme et législation de la nature, qui correspond à nos habitudes de pensée, mais qui est ici battue en brèche puisque la règle de la vie humaine est de suivre la nature : « *ex natura ortum est jus* », dit Quintus. Il serait « insensé de croire que tout ce qui est dans les institutions ou les lois des peuples est juste »[2]. La volonté des peuples, les décrets des chefs, les sentences des juges ne produisent pas le droit par le seul fait d'être déclarés. Le fondement du droit est dans le penchant que nous avons à aimer, ou à préférer les hommes « *quod natura propensi sumus ad diligendos homines quod fundamentum juris est* ». Quant aux sanctions, l'immoralité est une inconséquence, car l'amour du droit est libéral et non mercenaire.

Mais Montesquieu distingue le droit et la morale. Il lit d'abord dans la contrainte de la loi la définition d'un statut avant une relation subjective d'obligation.

On pourrait lire dans cet esprit la *Dissertation sur les devoirs* que Montesquieu a lue à la séance publique de l'Académie de Bordeaux en 1725 et dont on trouve des notes dans *Mes Pensées* (597 à 629) puisque seul le compte-rendu fut publié[3]. Il est plus difficile à un philosophe chrétien de traiter des devoirs qu'à un philosophe païen, bien qu'il y ait peu de chemin à

1. « Marcus. Sunt haec quidem magna, quae nunc breviter attinguntur ; sed omnium qui in hominum doctorum disputatione versantur, nihil est profecto praestabilius quam plane intelligi nos ad justitiam esse natos, neque opinione, sed natura constitutum esse jus ». *Des lois*, livre I, X (voir trad. Ch. Appuhn, Garnier, 1954).

2. *Ibid.*, I, § XV.

3. *Bibliothèque française ou histoire littéraire de la France*, t. VI, mars 1726, p. 238-243, Amsterdam. (Je résume) La marquise de Lambert se l'appropria mais Montesquieu lui en fit hommage avec grandeur.

faire pour aller de la philosophie au christianisme. Le premier chapitre porte sur les devoirs en général, Dieu en est l'objet universel. On y retrouve les déterminations du premier chapitre de *L'Esprit des lois* et de *l'Essai sur les lois naturelles*[1]. Suit la réfutation attendue des principes de morale de Hobbes. La préférence donnée à la secte de Zénon tient à sa conception de la justice et de l'homme :

> La plupart des vertus ne sont que des rapports particuliers, mais la justice est un rapport général; elle concerne l'homme en lui-même; elle le concerne par rapport à tous les hommes». L'auteur, dit le rapporteur, tire de ce principe cette maxime générale, que « tous les devoirs particuliers cessent lorsque l'on ne peut pas les remplir sans choquer les devoirs de l'homme. Doit-on penser, par exemple, au bien de la Patrie lorsqu'il est question de celui du genre humain? Non; le devoir du citoyen est un crime lorsqu'il fait oublier le devoir de l'homme. L'impossibilité de ranger l'univers sous une même société a rendu les hommes étrangers à des hommes, mais cet arrangement n'a point prescrit contre les premiers devoirs, et l'homme, partout raisonnable, n'est ni Romain ni Barbare [2].

Cette référence à un universel distinct de la révélation chrétienne permet de rappeler quelques faits historiques comme la conquête des Indes.

Pour souligner encore, s'il en était besoin, cette nécessaire conjonction de la contingence historique et du besoin de recours à un universel, Montesquieu revient sur l'équité.

> Comme rien ne choque plus la Justice, dit le rapporteur, que ce que l'on appelle ordinairement la Politique, cette science de ruse et d'artifice, l'auteur, dans le chapitre XIII, la décrit d'une façon plus utile que s'il en prouvait l'injustice; il en montre l'inutilité par la raison. La plupart des effets, selon lui, arrivent par des voies si singulières, et dépendent de causes si imperceptibles ou si éloignées, que l'on ne peut les prévoir. La politique, par conséquent, n'a pas lieu à l'égard de cette espèce d'événements. Elle est inutile encore sur les événements prévus, parce que toute révolution prévue n'arrive presque jamais (*ibid.*).

L'auteur donne en exemple quelques-uns des plus grands événements de l'histoire, comme la ruine des Huguenots après leur ascension sous Henri IV. Ce qui fait que la politique a si peu de succès, c'est que ses sectateurs ne connaissent jamais les hommes.

1. Voir *supra*, p. 42 et *infra*, p. 142.
2. *Analyse du Traité des devoirs*, Oster, p. 182.

Au législateur de suivre l'esprit de la nation, son génie naturel. Après Bodin, qui fonde sur le naturel des peuples une géographie politique[1], après Montaigne qui fonde une anthropologie sur la diversité des natures et des institutions[2], après Charron qui systématise ce pluriel[3], Montesquieu n'est pas le premier à penser la diversité dans la nature humaine. Sa démarche propre est dans la hiérarchie des caractères constituant pour chaque société, cette humanité, et surtout, la méthode pour l'appréhender et comprendre la liaison entre les lois et les mœurs. Pour suivre cette démarche, il faut lier les considérations sur le *mélange* des facteurs constituant l'esprit d'un peuple, la détermination politique de la *vertu* et la loi non écrite de la *civilité*. C'est dans le rapport entre ces trois déterminations que serait l'esprit de Montesquieu.

Il écrit: « les divers caractères des nations sont mêlés de vertus et de vices, de bonnes et de mauvaises qualités. Les heureux mélanges sont ceux dont il résulte de grands biens, et souvent on ne les soupçonnerait pas; il y en a dont il résulte de grands maux, et que l'on ne soupçonnerait pas non plus »; (*EL*, XIX, 11). Il ajoute: « J'ai seulement voulu faire comprendre que tous les vices politiques ne sont pas des vices moraux et que tous les vices moraux ne sont pas des vices politiques »; ce sont les termes de Mandeville, qu'il vient de citer un peu auparavant, à propos de la société des femmes qui, en gâtant les mœurs, forme le goût; si bien que paradoxalement, l'envie de plaire et la frivolité, en développant les parures, établissent les modes et augmentent le commerce (*EL*, XIX, 8). Le vrai lien de la société serait-il le goût? Car

> la grande règle est de chercher à plaire autant que l'on peut le faire sans intéresser sa probité : car il est de l'utilité publique que les hommes aient du crédit et de l'ascendant sur l'esprit les uns des autres : chose à laquelle on ne parviendra jamais par une humeur austère et farouche. Et telle est la disposition des choses et des esprits dans une nation polie qu'un homme, quelque vertueux qu'il fût, s'il n'avait dans l'esprit que de la rudesse, serait

1. J. Bodin, *Les six livres de la république*, Livre V, « Du reiglement qu'il faut tenir pour accommoder la forme de République à la diversité des hommes : et le moyen de connaître le naturel des peuples ».

2. Montaigne, *Essais*, I, 23, 27, 31 (par exemple) : il applique sans cesse le dixième mode d'Enésidème.

3. P. Charron, *De la sagesse*, « Troisième considération de l'homme morale, par ses mœurs, humeurs, conditions bien vivre et notable » ; « Cinquiesme er dernière considération de l'homme, par les variétés et différences grandes qui sont en lui, et leurs comparaisons », éd. B. de Negroni, Paris, Fayard, 1986.

> presqu'incapable de tout bien et ne pourrait qu'en très peu d'occasions mettre sa vertu en pratique [1].

La douceur et la facilité de mœurs constituent ainsi un code non écrit; il est frappant de voir que c'est cette politesse qui se substitue à la loi naturelle pour former le lien humain. « *De la politesse*. Cette disposition intérieure a produit chez tous les peuples un cérémonial extérieur que l'on appelle la *politesse* et la *civilité*; qui est une espèce de codes de lois non écrites que les hommes ont promis d'observer entre eux; et ils sont convenus qu'ils prendraient pour une marque d'estime l'usage que l'on en ferait à leur égard, et qu'ils s'offenseraient si l'on ne les observait pas » [2]. Ces observations sont liées à la distinction entre les devoirs de justice et les devoirs de bienséance. Car nous ne voulons pas seulement que nos concitoyens soient justes, ennemis de la fraude et de l'artifice, au moins, ajoute-t-il, à notre égard; « Mais nous voulons encore qu'ils soient empressés, serviables, tendres, affectionnés, sensibles, et nous regarderions comme un malhonnête homme un ami qui se contenterait d'observer à notre égard les règles d'une justice exacte ».

Ainsi s'éclaire la référence de Montesquieu à la *Fable des abeilles* [3] qui est devenue une sorte de bible des économistes dans leur combat contre le moralisme condamnant l'esprit d'entreprise. Mais sous la plume de Montesquieu, la référence cynique est tempérée par la référence épicurienne à l'art de vivre.

Etudiant les lois dans le rapport qu'elles ont avec les principes qui forment l'*esprit général*, les mœurs et les manières d'une nation, Montesquieu écrit :

> Nous avons dit que les lois étaient des institutions particulières et précises du législateur; et les mœurs et les manières des institutions de la nation en général. De là il suit que, lorsque l'on veut changer les mœurs et les manières, il ne faut pas les changer par des lois : cela paraîtrait trop tyrannique : il vaut mieux les changer par d'autres mœurs et d'autres manières [4].

1. *MP*, 619, p. 945. La bienséance a aussi des devoirs. Cette politesse ne s'oppose pas à l'arbitraire des lois positives, elle ne revendique aucune préséance. Elle ne joue pas le rôle de modèle comme la loi naturelle non écrite. On peut se demander si Montesquieu ne suit pas l'esprit d'Erasme et de Pierre Nicole dans leurs traités de civilité.

2. *MP*, 620.

3. B. Mandeville, *La fable des abeilles*, introduction, trad., notes et index P. et L. Carrive, Paris, Vrin, 1974. On n'a peut-être pas assez souligné que Mandeville reprend l'opposition de Machiavel entre vertus privées et vertus politiques lorsqu'il croise vices publics et vertus privées, vertus publiques et vices privés. C'est surtout le modèle moral chrétien qui est visé.

4. *EL*, XIX, 14.

La réflexion sur la formation d'un peuple, sur l'esprit général d'une nation [1], est une réflexion sur le mixte :

> Plusieurs choses gouvernent les hommes : le climat, la religion, les lois, les maximes du gouvernement, les exemples des choses passées, les mœurs, les manières; d'où il se forme un esprit général qui en résulte [2]. A mesure que, dans chaque nation, une de ces causes agit avec plus de force, les autres lui cèdent d'autant. La nature et le climat dominent presque seuls sur les sauvages; les manières gouvernent les Chinois; les lois tyrannisent le Japon; les mœurs donnaient autrefois le ton dans Lacédémone; les maximes du gouvernement et les mœurs anciennes le donnaient dans Rome [3].

L'esprit général n'est rien de subjectif, il apparaît comme l'effet de la composition de différents facteurs, leur variation graduelle, leur compensation, l'existence d'une dominante… L'énumération de Montesquieu ne s'ordonne pas selon la dualité du physique et du moral, qui est ici désignée de manière plus conventionnelle que dogmatique, mais elle suppose en quelque sorte, leur mélange; les variables ne se définissent pas indépendamment les unes des autres. Il semble que Montesquieu y mette plutôt une intention polémique, comme il le fait dans sa célèbre théorie des climats : car il n'y a pas de détermination en dernière instance. Montesquieu dit : « Ces choses ont toutes un rapport mutuel les unes aux autres. Si vous en changez une, les autres ne suivent que lentement; ce qui met partout une espèce de dissonance » [4]. C'est ce qui manifeste le temps des choses ou le temps de la nature, par opposition au temps humain [5]. Cette composition montre que le juridique n'est pas une sphère autonome et a besoin du non-juridique pour fonctionner.

1. Sur la différence peuple/nation : voir les articles de la *Cyclopedia* de Chambers et *l'Encyclopédie*.

2. Le terme "résulter" marque bien un effet et le mélange de différents facteurs. Cette mise à niveau des divers facteurs physiques, moraux sociaux est le point critique sur lequel il nous semble décisif d'opposer les hypothèses de Montesquieu à celles de Hegel et de Savigny (le Voksgeist est défini dans l'Encyclopédie de Hegel, *Philosophie de l'esprit*, § 548 *sq.*, trad. B. Bourgeois ; et dans les *Principes de la philosophie du droit*, § 274). Voir *supra*, p. 35 *sq.*

3. *EL*, XIX, 4.

4. Montesquieu, *Mes pensées*, 645.

5. Dans ses *Dialogues sur le commerce des blés* (1770) (Paris, Fayard, 1984), Ferdinand Galiani sera sensible aussi à ces effets de discordance et de retard (voir F. Markovits, *l'ordre des échanges*). Diderot évoque aussi dans *l'Entretien* avec D'Alembert et les autres dialogues, comme dans *l'interprétation de la Nature*, les problèmes d'échelle du temps.

Or le terme d'esprit renvoie aussi à une analogie entre la quintessence chimique[1] et l'abrégé d'un ouvrage. L'opération des alambics sert de modèle au spirituel, comme à l'interprétation : l'esprit d'un énoncé s'oppose à sa lettre. Et c'est même ce modèle de « subtilité » que critiquent les cartésiens dualistes. Mais le spirituel, en ce double sens, marque aussi la singularité de la société chrétienne. L'esprit fort, et l'homme d'esprit, quand ils ne sont pas décriés comme beaux-esprits, jouent du double sens du spirituel[2]. Lorsque les abrégés sont des recueils, et les bibliothèques des livres[3], le terme d'esprit, dans le titre d'un ouvrage, a aussi le sens d'abrégé. On a publié, par exemple, le *Traité des trois imposteurs* ou *L'esprit de Spinoza,* (1719-1721), *L'Esprit des lois romaines* (traduction de Gravina par Requier, 1755) cité par Montesquieu, *L'essai sur les mœurs et l'esprit des nations* (Voltaire, 1756), *L'esprit de Julie* (Formey, 1763), *L'esprit des livres défendus* (1777), *L'esprit des usages et des coutumes des différents peuples* (Demeunier, 1776) etc. Althusser, pour « esprit des lois », proposera « loi des lois » en montrant qu'avec Montesquieu s'opère un déplacement de la norme à la structure[4].

L'esprit général d'une nation est un concept qui nous fait passer de la diversité des choses qui gouvernent les États à l'unité d'un ordre qui n'est ni un principe de vie, ni l'intention d'un législateur, mais l'effet de facteurs. Maximes générales du gouvernement aussi bien que mœurs ou manières, religion et lois particulières, l'esprit général nous renvoie à la génération des lois, à leur division en principales et accessoires :

> Il y a des lois principales et des lois accessoires, et il se forme, dans chaque pays, une espèce de génération de lois. Les peuples, comme chaque individu, ont une suite d'idées, et leur manière de penser totale, comme celle de chaque particulier, a un commencement, un milieu et une fin[5].

Montesquieu n'est pas le premier à parler du caractère des peuples, de leur tempérament. Mais il le fait dans un dispositif où la nature humaine le cède au naturel des peuples. Les normes sont ici singulières et dessinent des

1. Il n'est pas sûr qu'il faille y voir, comme pour Rousseau, une référence au mixte chimique. Voir B. Bensaude et B. Bernardi, *Rousseau et la chimie*, *Corpus, revue de philosophie*, n°36, 1999.

2. Peut-être la plaisanterie est-elle esquive de l'interdit, jeu avec le sur-moi : en ce sens, Freud aurait beaucoup puisé dans Voltaire et dans Kant.

3. Il existe au XVIII^e siècle nombre de « dictionnaires portatifs » de la Bible (par l'abbé Barral), ou de la fable (par Chompré) ; on peut citer aussi *La Bibliographie politique du sieur Naudé*, Paris, 1642.

4. L. Althusser, *Montesquieu, la politique et l'histoire*, Paris, P.U.F. 1959 ; p. 27-29 dans l'édition de 1964.

5. *Mes Pensées*, 398.

modèles d'humanité où selon la causalité leibnizienne (toutes choses sont causées et causantes, aidées et aidantes) l'esprit d'un peuple et l'esprit de ses lois sont effet de l'histoire. On ne saurait donc trouver ici de grand homme ou de souverain pour se prêter à quelque incarnation à la manière hégelienne.

Les adversaires de la théorie des climats y ont reconnu un nominalisme politique et c'est le sens de leur accusation de hobbisme[1]. L'esprit des lois est cette méthode des singularités[2], où les diverses manifestations de la vie sociale sont ramenées à des principes, logiques et organiques à la fois ; c'est pourquoi ils sont locaux et se corrompent, ce qui suppose une définition matérielle des principes. Cela signifie aussi qu'il ne s'agit pas de la corruption des hommes mais de l'usure du système. C'est là qu'intervient la distinction de la *nature* et du *principe* du gouvernement, autrement dit de sa *structure* et de son *ressort*, distinction de la définition et de la dynamique d'un système. Montesquieu fait référence à plusieurs registres physiques pour penser la force qui meut les gouvernements, les forces qui meuvent les machines humaines et leurs fibres[3] : ce sont les ressorts, les cordes, les canaux. Le bras levé du despote est un ressort bandé, la résistance augmente lorsque la contrainte augmente (*EL*, III, 9) ; on a tantôt un modèle d'équilibre avec l'irrigation, image de la souveraineté, et tantôt un modèle d'attraction astronomique. Et ainsi, Montesquieu ne cesse de mêler le physique et le moral, et de faire la théorie politique du mixte. *Le naturel, c'est le mélange et non le pur.* On verra que la référence au physique est, chez Montesquieu, à la fois une référence au mixte et une référence à la mesure.

Les références de Montesquieu à la physique doivent donc être spécifiées[4] pour permettre de repérer le gain d'intelligibilité qu'apporte un vocabulaire qui évoque les *machines humaines*, les *esprits animaux*, les

1. On rencontre dans la théorie de la grammaire et dans la théorie politique la même opposition au nominalisme. Les partisans de la grammaire générale et du droit naturel font un front commun. Voir F. Markovits, *L'ordre des échanges*.

2. Parmi les lecteurs de Montesquieu, on vient de citer l'abbé Galiani, qui pratique cette méthode de l'analyse locale, de la logique des singularités sociales et économiques. Cette lecture permet de sortir des apories où on enferme parfois Montesquieu en voulant maintenir dans son propos le double discours des lois naturelles et des lois positives (voir la lecture de Shackleton par exemple).

3. La première édition latine des *Primae linae Physiologiae* de Haller est de 1747 (Göttingen, A. Vandenhoeck). Il semble toutefois que les travaux de Haller sur l'irritabilité et les fibres aient été assez connus en France pour que La Mettrie pût lui dédicacer, en 1748, avec une ironie qui lui coûta cher, *L'Homme-machine*.

4. Il ne saurait s'agir d'un retour au mécanisme cartésien, fût-ce en passant par Malebranche, que Montesquieu, malgré le souvenir de ses études à Juilly, ridiculise un peu (*Mes Pensées*, 2106).

*fibres*, les *ressorts*, la force de gravitation, l'équilibre hydraulique[1] et les canaux moyens par où coule la puissance dans la monarchie.

Montesquieu dit encore, à propos des négociations : « la politique est une lime sourde qui use et parvient lentement à sa fin ». Et plus loin, « la mécanique a bien ses frottements qui souvent changent ou arrêtent les effets de la théorie : la politique a aussi les siens »[2]. Cette attention aux frottements est l'argument de la dynamique leibnizienne contre la physique de Descartes[3]. Les références de Montesquieu ne sont donc pas de pures métaphores.

Contrairement au mécanisme de Machiavel, pour qui les *virtuosi* sont ceux qui savent saisir l'opportunité, connaître le moment, profiter des circonstances, le mécanisme de Montesquieu considère la durée. La *virtù* de Machiavel a un sens héroïque, elle est le fait du génie, et il y a un génie politique comme il y a un génie technique, des fonteniers aux architectes de coupoles. Ce génie a des secrets et comme dit Bacon, le peuple ignore les dispositifs de fabrication. L'art définit cette singularité subjective.

Montesquieu va traduire cette vertu en termes de physique[4]. Elle ne caractérise pas un sujet mais un dispositif. C'est ce que signifient des termes comme la *nature* et le *principe* des gouvernements, leur *structure* et leur *vertu* ou *ressort*. L'usage de ce terme de ressort ne connote pas un dualisme mais un mélange constant du physique et du moral : la vertu politique est une force.

Toute l'attention de « l'écrivain politique » (c'est le nom que Montesquieu se donne) se porte donc sur les médiations : non plus sur l'art de gouverner, avec ses secrets, mais sur le point où appliquer les forces, sur le calcul de ces forces, physiques et morales, sur le fait que l'on ne commande à la nature qu'en lui obéissant, donc sur la prise en compte d'une *histoire naturelle des mœurs et des institutions*. La réalité humaine est naturelle sans être ni « réduite » à la physique ni expliquée par elle.

1. *EL*, III, 7 et II, 4.

2. *EL*, XIV, 13 et XVII, 8.

3. Voir Pierre Costabel, *Leibniz et la dynamique*, Les textes de 1692, Paris, Hermann, 1960 et Martial Gueroult, *Leibniz, Dynamique et métaphysique*, Paris, 1934 et 1967. De ce que Descartes considérait comme quantité négligeable, les frottements, Leibniz fait un élément de calcul.

4. Pas plus chez Machiavel que chez Montesquieu, la vertu n'est la qualité de l'homme privé, voire la vertu chrétienne. Chez Machiavel, elle est le génie, l'individualité héroïque qui s'oppose à la fortune ; reprise sans doute polémique, à la Renaissance, de thèmes antiques (païens) contre la philosophie scolastique : G. Bruno, *Des fureurs héroïques*, trad. P.-H. Michel, Paris, Les Belles Lettres, 1954 ; B. Castiglione, *Le livre du courtisan*, trad. A. Pons, Paris, GF-Flammarion, 1991 et plus tard, B. Gracian, *Le héros*, trad. J. De Courbeville, Paris, Champ Libre, 1973.

Sous les différents climats, il y a diverses constitutions de la machine humaine. Dans *l'Essai sur les causes qui peuvent affecter les esprits et les caractères*, Montesquieu reprend des images, célèbres de Bacon à Diderot et La Mettrie : par exemple, la comparaison de l'âme et d'un instrument de musique à cordes, la comparaison de l'âme et de l'araignée au centre de sa toile. L'araignée fait corps avec sa toile, l'union de l'âme et du corps est pensée comme le rapport topique d'un réseau à son centre. La machine est ici constituée de fibres plus ou moins tendues et de différents appareils. Mais les relations de causalité sont réciproques : une décoction de chanvre excite les fibres, puis les émousse; et il y a, en retour, des passions qui donnent du ressort aux fibres[1].

> Nous avons tous des machines[2] qui nous soumettent éternellement aux lois de l'habitude. Notre machine accoutume notre âme à penser d'une certaine façon. Elle l'accoutume à penser d'une autre. C'est ici que la Physique pourrait trouver place dans la Morale en nous faisant voir combien les dispositions pour les vices et les vertus humaines dépendent du mécanisme.

Tandis que le dualisme oppose la législation de la nature et celle de la liberté, on a ici au contraire une analogie de fonctionnement entre le physique et le moral. La physique est même une partie de la morale. Ce qui fonde, non leur union, mais leur unité. En revanche, il y a une pluralité de mécanismes politiques.

## LE LÉGISLATEUR

Cette référence au mixte implique pour l'esprit du législateur[3] d'être l'esprit de *modération*, c'est-à-dire la connaissance des actions et réactions, des effets de retour de cette mécanique sociale. L'exemple qu'en donne Montesquieu est que « les formalités de la justice sont nécessaires à la liberté. Mais le nombre en pourrait être si grand qu'il choquerait le but des lois mêmes qui les auraient établies… ». La multiplication des formalités produirait un effet contraire à la liberté, les conditions s'opposeraient au but. Il s'agit de maintenir une mesure, de donner aux formalités certaines limites : cette réflexion rejoint celle de Diderot sur les dimensions opti-

1. Oster, p. 489.
2. Il y a comme une inspiration pascalienne de la machine chez Montesquieu et elle joue aussi à propos de l'analyse du monde (*Mes pensées*, 597).
3. *EL*, XXIX.

males d'une machine dans l'article « Art » de l'*Encyclopédie*[1] : on ne peut construire une machine de n'importe quelles dimensions quand bien même on respecterait les proportions fixées par l'épure. Cette règle s'applique aux dimensions des États[2].

Mais comment le législateur opère-t-il? sur quel matériau opère-t-il? Le législateur n'est ni un dresseur, ni un potier. Les hommes ont du bon sens ou du jugement[3] : ils ne sont pas une multitude ignorante, l'hydre aux cent têtes, incontrôlable, que décrivent, avec Platon, les cyniques et les sceptiques: Machiavel, Naudé et en général les partisans de la raison d'État. Ils sont tout à fait aptes à choisir des magistrats même s'ils ne savent pas régler les affaires en détail. On n'a pas suffisamment commenté ce point: « le peuple est admirable pour choisir ceux à qui il doit confier quelque partie de son autorité. Il n'a à se déterminer que par des choses qu'il ne peut ignorer et des faits qui tombent sous les sens ». Montesquieu prend des exemples où l'expérience d'une compétence s'offre directement au public et au peuple : un général souvent victorieux, un juge intègre, un édile magnificent. « Mais [le peuple] saura-t-il conduire une affaire, connaître les lieux, les occasions, les moments, en profiter ? non, il ne le saura pas. »[4]. Ce qui rejoindrait le chapitre du *Traité politique* où Spinoza dit que c'est l'éloignement des affaires, le dispositif de pouvoir des oligarques et des monarques qui rend le peuple ignorant et non l'ignorance qui le rend inapte aux affaires[5]: l'ignorance n'est pas une nature. Mais c'est l'école de la société, la pratique de la démocratie qui peuvent les lui apprendre. Donc, le peuple juge, il juge bien, en général. Ce sont du reste des remarques qui appartiennent à l'analyse du peuple démocratique. Raison de plus pour dire que Montesquieu étudie des êtres en situation, il n'idéalise ni n'essentialise.

L'auteur des lois, le législateur, peut être Dieu ou le souverain. A la différence de Rousseau, Montesquieu n'y voit pas une fonction exceptionnelle mais un emploi qui peut être exercé par un corps de juristes dont le

1. Cette réflexion sur l'optimal se retrouve en un autre sens dans l'*EL*, III, 5: « Dans les monarchies, la politique fait faire de grandes choses avec le moins de vertu qu'elle peut; comme, dans les plus belles machines, l'art emploie aussi peu de mouvements, de forces et de roues qu'il est possible ».

2. On pourrait y lire encore un des effets de la *Science nouvelle* de Galilée. Voir F. Balibar, « Galilée: une science nouvelle » in *Figures italiennes de la rationalité*, C. Menasseyre et A. Tosel (dir.), Paris, Kimé, 1997.

3. « Les hommes, fripons en détail et en gros de fort honnêtes gens » *EL*, XXV, 2.

4. *EL*, II, 2, p. 533.

5. *Traité politique*, VII, 27.

fonctionnement est prévu par la loi[1]. D'autre part, le sujet de l'amour des lois peut être un type d'homme, par exemple l'homme démocratique, ou encore un type de corps dans l'État comme les corps intermédiaires qui sont le dépôt des lois dans une monarchie : dans les deux cas, cela suppose que l'homme soit à l'image des lois. On peut ainsi se demander par quelles mœurs, nous sommes attachés aux lois, quels processus de médiatisation existent entre le sujet et la loi.

Le livre XXIX est comme un *discours de la méthode des lois* caché (et non préliminaire) dans *L'Esprit des lois*. Une histoire naturelle des lois qui désubjectivise et dont le vocabulaire est : vertu, principe, ressort et nature, structure. Sur l'exemple de la religion, on peut montrer qu'il n'y a pas manipulation et que les prêtres des oracles sont les premiers dupés. Montesquieu s'en explique : les hommes sont plus aisément dupes qu'imposteurs[2]. C'est une déclaration faite à l'occasion d'ailleurs d'une conversation avec Fontenelle. C'est aussi ce qui marque la différence à Machiavel : car ce dernier raisonne en termes de manipulation, peut-être moins par volontarisme que parce qu'il adopte le point de vue de l'ingénieur du politique, qui imagine des dispositifs pour négocier les difficultés du gouvernement.

Montesquieu cherche dans le législateur l'homme compétent, le juriste, l'expert. Le terme de génie signifie ici l'ampleur des vues par rapport à toute une histoire. Que signifie l'esprit de modération du législateur ? « Il semble que je n'ai fait cet ouvrage que pour le prouver ». Il ne s'agit pas de psychologie, ni des qualités de l'homme, mais des pesées et contre-pesées des lois, du calcul de leurs actions et réactions les unes par rapport aux autres. Il reprend la méthode des symétries : identité des lois, différence de leurs effets (*EL*, XXIX, 6); similitude des lois, différence des motifs (*ibid.* 9); contrariété des lois, identité d'esprit, (*ibid* 10). La méthode de comparaison (*ibid.* 11) ne doit pas se laisser prendre aux apparences d'identité (*ibid.* 12), elle ne doit pas séparer les lois de leur objet (*ibid.* 13), elle ne doit pas les séparer de leurs circonstances : on ne peut exporter, déplacer les lois hors de leur système (*ibid.* 14). Leur solidarité implique des effets d'auto-correction (*ibid.* 15). D'où le problème du *transport* des

1. *EL*, XXIX, *De la manière de composer les lois. De la législation et de l'esprit de modération.*

2. *Mes Pensées*, 2201, p. 108. Voir dans la *Dissertation sur la politique des Romains dans la religion*, (Oster, p. 40) : « Si le culte avait été plus raisonnable, les gens d'esprit en auraient été la dupe aussi bien que le peuple et par là, on aurait perdu tout l'avantage que l'on en pouvait attendre : il fallait donc des cérémonies qui pussent entretenir la superstition des uns et entrer dans la politique des autres : c'est ce qui se trouvait dans les divinations ».

lois : c'est-à-dire le problème des modèles de législation pour le législateur. Une loi n'est en soi ni bonne ni mauvaise hors de son contexte, elle a un sens local, elle s'adresse à un peuple, à une situation. En l'absence d'un impératif universel, l'impératif est de penser les différences.

Montesquieu définit l'art de composer et d'interpréter les lois par une méthode de division selon les contraires. Ainsi, malgré une apparence d'éloignement, les lois peuvent être conformes aux vues du législateur et inversement, un législateur peut établir des lois qui produisent un effet contraire à ses vues. Des lois qui paraissent être les mêmes n'ont pas le même effet ou n'ont pas le même motif. Inversement, des lois qui paraissent contraires dérivent quelquefois du même esprit.

Dans ces disjonctions, les exemples introduisent des éléments supplémentaires de variation, en jouant sur les analogies des anciens et des modernes, sur la géographie, sur les différents registres des lois, pénales, civiles, ce qui introduit un essai sur la manière de comparer les lois qui est, on ne le dit pas assez, comme un discours de la méthode[1]. Montesquieu y fait intervenir l'exemple de la différence des lois sur les témoins, en Angleterre et en France : « Pour savoir lesquelles de ces lois sont les plus conformes à la raison, il ne faut pas comparer chacune de ces lois à chacune. Il faut les prendre toutes ensemble et les comparer toutes ensemble ». Interpréter chacun de ces systèmes, c'est penser la réalité de la différence des lois sous les ressemblances de formulation. Ainsi il ne faut pas séparer les lois de leur objet, de leurs circonstances, cette attention au contexte permet même de penser des phénomènes de régulation interne : il est quelquefois bon qu'une loi se corrige elle-même.

Les lois n'ont pas pour fonction de corriger les hommes. Elles doivent prendre en compte le réel. Elles ne doivent point choquer la nature des choses, elles doivent avoir une certaine candeur, ne pas présupposer la méchanceté des hommes, donc ne pas les tromper, fût-ce pour leur bien[2]. La composition et la rédaction des lois : concision, simplicité, univocité, précision, qui s'opposent au jargon technique[3], témoignent qu'elles sont écrites pour les entendements médiocres sans subtilité.

Le grand principe est la division des lois en fonction de *l'ordre des choses* sur lequel elles statuent. La difficulté est que l'ordre des choses n'est

1. En particulier *EL*, XXIX, 11. C'est le livre que Condorcet critique chez Montesquieu (voir notre premier chapitre, p. 25 *sq*.).

2. Oster, p. 754 et 755.

3. Montaigne et les juristes humanistes et comparatistes de la Renaissance se sont assez moqués du latin des bartolistes (Voir M. Villey, *La formation de la pensée juridique moderne*, Montchrétien, 1975).

rien moins que naturel (*ibid.* 2). On pose la question de savoir s'il y a des lois civiles contraires à la loi naturelle? et ici on suppose une loi naturelle, une loi morale, la pudeur par exemple (*ibid.* 3). Mais on pose aussi la question de la possibilité de modifier les principes du droit naturel (*ibid.* 5) en s'appuyant sur la loi civile. Les successions ne sont pas d'ordre naturel mais d'ordre civil: le livre XXVII montrera que chez les Romains, les successions sont de droit public et non de droit privé. Les déplacements de ces déterminations manifestent l'esprit des peuples et des institutions. Ce livre explicite les limites qu'établit le livre X sur les différents types de délits.

Le livre se poursuit par des considérations qui semblent contraires aux principes posés au début: plusieurs chapitres s'ouvrent sur la formule: dans quels cas faut-il suivre une loi d'un registre plutôt que la loi d'un autre registre qui semble être dans la nature des choses? La détermination d'un naturel semble nécessaire tout en étant arbitraire et provisoire. On peut se demander si ce n'est pas un cas d'équivalence des hypothèses. En effet, une législation jouant le rôle de *provision* ou de *supplément*[1], par rapport à une autre, implique que la fonctionnalité l'emporte sur la vérité.

La fin de ce livre est sous le signe d'Aristote : la grandeur du génie sera de « discerner les cas » où il faut de l'uniformité, où il faut des différences. Une mauvaise manière de donner des lois serait de les faire à la demande : un rescrit des empereurs romains, une décrétale du pape, et « toutes ces sortes d'hypothèses » sont pourtant, sans le mériter, appelés lois comme les senatus-consultes, les plébiscites, les constitutions générales et « toutes les lois fondées sur la nature des choses, la fragilité des femmes, la faiblesse des mineurs et l'utilité publique ».

Loin de l'idéal, Montesquieu considère les tempéraments des législateurs, les utopistes et les apologistes, car « les lois rencontrent toujours les passions et les préjugés du législateur. Quelquefois elles passent au travers, et s'y teignent ; quelquefois elles y restent et s'y incorporent ».

## L'ÉDUCATION

La méthode expérimentale s'applique aussi à la préparation des esprits.

Montesquieu distingue les maisons où l'on forme l'enfance et l'école de la société. A quoi il faut encore ajouter la différence de l'éducation reçue dans les collèges et transmise par les précepteurs, reçue dans les couvents et transmise par les gouvernantes. La réflexion de Montesquieu porte sur ce

1. Voir sur ces deux concepts le chapitre II, p. 93.

concept si important de préparation des esprits, par lequel ils sont intégrés au traitement qui est fait de tous les biens et produits de la société participant au commerce des denrées. Il faut donc examiner le « système » d'éducation de chaque régime politique, il faut examiner aussi *les causes qui peuvent affecter les esprits et les caractères.*

Pour interpréter ceci, il faudrait revenir sur les institutions de l'ancien régime où l'école apparaît, à l'exemple des collèges des jésuites ou des petites écoles des jansénistes, comme le projet volontariste de faire de l'éducation le moule de la société. Montesquieu analyse les différents types d'éducation en fonction des lieux que déterminent les formes de la vie politique et civile. La véritable école, dit-il, n'est pas dans ces maisons publiques où l'on instruit l'enfance[1] mais par exemple, dans le monde et la cour pour la monarchie, où l'on apprend à tenir son rang. Dans la démocratie, elle est dans la famille, et c'est l'amour du père qui donne l'amour des lois. Montesquieu fait de l'école au sens propre un effet ou une fonction de la société, et c'est le sens figuré de l'école qui prend chez lui la valeur d'une fonction : l'école du monde.

Cette notion d'école du monde nous fait interpréter l'esprit des peuples par leurs mœurs et nous fait penser la formation des hommes par l'histoire des pratiques et les effets du temps. Suivons donc, chez Montesquieu, la critique des normes et la formation de l'esprit général d'un peuple. Nous dégagerons en second lieu la méthode comparatiste de Montesquieu à partir de l'analyse des cas singuliers des systèmes de lois et de la variation de leurs facteurs, méthode expérimentale qui met en cause la notion de loi naturelle et son universalité.

Montesquieu, qui parle de la nécessité d'un « dépôt des lois » dans la monarchie, ira jusqu'à parler d'un « dépôt des mœurs » dans le corps des censeurs à Rome, et du rôle de la religion dans le despotisme, car c'est elle qui tient lieu dans ce cas de dépôt des lois[2]. Tout en déniant le pouvoir des prescriptions, Montesquieu n'en marque pas moins la relativité des systèmes d'éducation par rapport aux livres d'une culture, et les types d'humanité que produisent la logique de l'Ecole[3], ou bien la liberté de tout

1. *EL*, IV.

2. *EL*, V, 7.

3. Turgot remarquait l'anachronisme de l'enseignement scolastique dans la formation des cadres de l'Etat, et en particulier des magistrats : il s'agissait du prêt à intérêt et du développement économique, mais à travers cet objet, il critiquait l'articulation de l'organisation sociale à des représentations archaïques ; il aurait fallu une autre théologie pour justifier la nouvelle économie et c'est Voltaire, habile à jouer sur les traductions d'un registre à l'autre, qui mettait en scène la rivalité de Rome et de Genève.

dire et de tout écrire, ou encore les subtilités (vaines, on s'en doute[1]) du Talmud, ou enfin les Livres saints. Les types d'humanité sont réels. Cette variation est commune, depuis la querelle des anciens et des modernes[2] : on a de l'abbé Claude Fleury des ouvrages sur les mœurs des Israëlites, des paiens, des premiers chrétiens ; on a de Lafitau *Les mœurs des sauvages Américains comparées aux mœurs des premiers temps* (1722). Dans l'*Essai sur les causes qui peuvent affecter les esprits et les caractères*, Montesquieu fait de ceux qui nous élèvent « des fabricateurs d'idées » ; il met ainsi sur le même plan les diverses philosophies, il démonte, pourrait-on dire, la machinerie de l'éducation. Car n'est-il pas surprenant de se donner le front de comparer la formation talmudique et la formation scolastique, la liberté d'imprimer (pense-t-il à l'Angleterre, à la Hollande ?) et la mise à l'index chrétienne ? c'est une réflexion politique qui déplace la question de la manipulation du peuple : car il s'agit moins de faire croire que de faire penser, de construire des contraintes de pensée. Il ne peut guère ne pas avoir pensé lui-même aux argumentaires qui se diffusaient de son temps et où l'on exposait la manière de réfuter les arguments des déistes et autres sceptiques[3].

Sous l'apparence d'une axiologie chrétienne, Montesquieu fait défiler des cas de figure. Les critères de la typologie sont les livres, sauf dans le cas des mahométans où on parle des lois, qui seraient donc confondues avec les livres. Les livres ne témoignent pas tous de la grande liberté de tout dire et de tout écrire. Mais ils forment tous les esprits selon un certain moule. Les esprits singuliers mêmes dépendent de cette liberté d'expression de la nation. La logique scolastique, comme le Talmud, opère sur les esprits. Et quant à l'étroitesse des docteurs juifs, on peut se demander si ce n'est pas un droit de péage de l'auteur pour prouver sa foi, puisque dans *L'Esprit des*

1. C'est sans doute un lieu commun chrétien que ce mépris des juifs, mais quand on lit le livre XXV de l'*EL* et la prière à l'inquisiteur, on peut penser que ces formules ne sont, sous la plume de Montesquieu, qu'un droit de péage pour se donner une parole libre.

2. Fontenelle, *Digression sur les anciens et les modernes*, *Œuvres*, éd. A. Niderst, t. II, Paris, Fayard, 1991. Cette stratégie de la comparaison systématique fait tomber, sans proclamations indiscrètes, le hiérarchie chrétienne de l'histoire universelle pour faire apparaître des styles ou des types d'humanité. La Mothe Le Vayer et Bayle l'ont pratiquée dans leur méthode de convocation parallèle des exemples anciens et modernes, Voltaire aussi dans *l'Essai sur les mœurs et l'esprit des nations*. Ce dispositif rhétorique n'établit pas d'échelle commune d'évaluation, mais des équivalents fonctionnels.

3. On pourrait citer, par exemple, après la violence de Garasse contre les prétendus beaux esprits de ce temps (1623), les ouvrages de Crousaz contre Bayle et le pyrrhonisme (1733, éd. B. de Negroni et Th. Hoquet, Paris, Fayard, 2003, 2 vol.), ceux de Bergier contre Rousseau et d'Holbach (3e éd. 1766).

*lois*, il y a un beau passage sur un autodafé qui interdit de scinder l'humanité et de hiérarchiser les croyances, donc les peuples[1].

En distinguant l'éducation par les maîtres et l'éducation par les gens du monde, il établit deux systèmes d'évaluation : l'un intrinsèque et l'autre d'opinion. Non pour dénigrer l'un par rapport à l'autre mais pour montrer des différences d'organisation, des logiques particulières. La différence des politiques anciens et modernes, tient au fait que nous avons trois maîtres :

> Aujourd'hui, nous recevons trois éducations différentes : celle de nos pères, celle de nos maîtres, celle du monde. Ce que l'on nous dit dans la dernière renverse toutes les idées des premières. Cela vient, en quelque partie, du contraste qu'il y a parmi nous, entre les enseignements de la religion et ceux du monde ; chose que les anciens ne connaissaient pas [2].

De l'art de signifier autre chose que ce qu'aurait aussi bien pu dire un ecclésiastique. Mais il l'aurait dit sur le mode de la déploration. Un lecteur comme Rousseau en tirera la leçon de la nécessité d'une religion civile complètement distincte des religions révélées et sans doute distincte aussi de la religion naturelle[3]. Les lois de l'éducation diffèrent donc selon les régimes politiques.

C'est à propos de la monarchie, que Montesquieu développe l'idée d'un véritable code moral, le monde est l'école de l'honneur qui dirige les principes et les vertus mêmes : noblesse des vertus, franchise des mœurs, politesse des manières[4]. On y juge les actions belles plutôt que bonnes, grandes plutôt que justes, extraordinaires plutôt que raisonnables. La franchise y est moins sincérité ou amour de la vérité que hardiesse et liberté. La galanterie, la ruse et l'adulation même y sont des vertus, pourvu que l'on ait égard à la grandeur de l'esprit ou des affaires. « Dans les monarchies, la politesse est naturalisée à la cour… l'air de la cour consiste à quitter sa grandeur propre pour une grandeur empruntée ». Elle donne « une certaine

1. *EL*, XXV, 13. À la faveur de ces parallèles, nous ne pensons pas que Montesquieu puisse être compté parmi les antisémites. A la page suivante, Montesquieu examine quelles pouvaient être les croyances et les sciences d'un peuple sortant de l'esclavage d'Assyrie, mais prend soin de distinguer cette littérature des livres Saints divinement inspirés. Il se sert de diverses religions pour parler de celle dont on n'a pas le droit de parler. C'est un exemple de discours déclaratif si l'on veut entendre par là ce qui s'oppose à un discours qui aurait une valeur opératoire.

2. *EL*, IV, 4.

3. Ce point serait à discuter. Voir mon hypothèse : « La science du bon vicaire », in *Rousseau et les sciences*, sous la direction de B. Bensaude-Vincent et B. Bernardi, Paris, L'Harmattan, 2003.

4. *EL*, IV. Je paraphrase.

modestie superbe » inversement proportionnelle à la distance où l'on est de la source de la grandeur. La délicatesse de goût que l'on y trouve est faite à la fois de la variété du superflu que donne une grande fortune et de la lassitude des plaisirs mêmes. Ce sont les éléments qui font l'honnête homme, qui est tout ce que l'on peut désirer dans ce gouvernement. Ainsi, la religion, la politique et la morale sont-elles soumises à l'honneur. « L'honneur a donc ses règles suprêmes et l'éducation est obligée de s'y conformer ». S'il est permis de faire cas de notre fortune, il est souverainement défendu de faire cas de notre vie; comme ce l'est de nous montrer inférieurs à notre rang; et enfin les défenses de l'honneur et ses prescriptions, non seulement sont plus fortes que celles des lois mais seraient atténuées par les lois si celles-ci s'avisaient de les demander. La description de cette logique singulière n'est pas sans risque : Montesquieu se justifie en précisant dans une note que l'on dit ici ce qui est, non ce qui doit être, et que l'honneur est un préjugé, que la religion travaille, tantôt à détruire, tantôt à régler.

Montesquieu évoque ces devoirs de bienséance et de politesse dont le goût et l'art de plaire sont le principe et qui se composent avec le sentiment de l'honneur et le désir de se distinguer. « Il n'y a rien dans la monarchie que les lois, la religion et l'honneur prescrivent tant que l'obéissance aux volontés du prince : mais cet honneur nous dicte que le prince ne doit jamais nous prescrire une action qui nous déshonore, parce qu'elle nous rendrait incapables de le servir » (IV, 2).

L'honneur est ainsi au dessus de la volonté du prince, au dessus des lois mêmes, et il est ainsi l'arbitre d'une liberté qui ne se mesure qu'à la fortune, et au premier chef aux hasards de la guerre, car servir son prince à la guerre est la profession distinguée dans la monarchie. Il en résulte les trois règles expliquées ci-dessus. Les choses que l'honneur défend sont plus rigoureusement défendues lorsque les lois ne concourent point à les proscrire; et celles qu'il exige sont plus fortement exigées, lorsque les lois ne les demandent pas.

Dans les seules démocraties, le gouvernement est confié à chaque citoyen. On a vu l'extension que fait Montesquieu de cette espèce de magistrature à tous les états. Les critiques ont essentiellement relevé ce qui était du sens commun chrétien, le sacrifice de l'intérêt particulier à l'intérêt général. Mais ce que Montesquieu met en avant est bien autre chose, c'est le goût pour la chose publique.

La vertu politique des démocraties ne s'oppose pas moins à la vertu chrétienne que l'honneur. L'amour du père s'y fait amour des lois parce que l'égalité permet cette réflexion des institutions dans la famille. A condition que ce qui se fait dans la maison paternelle ne soit pas effacé par les impressions du dehors, les enfants aimeront les lois par imitation de leur père. Ce désir des lois n'est possible que dans ce gouvernement de la souveraineté du peuple, car les chaînes du désir sont plus fortes que toute contrainte extérieure. Ce désir des lois est en même temps ce qui tient lieu de l'amour de Dieu. On méditera sur cette substitution de l'amour des lois à l'amour du souverain, sur le passage d'une logique du pouvoir personnel (qui était aussi articulé à la monarchie de droit divin en France) à la logique des lois comme système de rapports. Les analyses de Montesquieu et de Rousseau sont convergentes sur ce point[1].

Ces analyses font comprendre le peu de lignes consacré à l'éducation dans le gouvernement despotique. Car il suit aussi l'argument platonicien selon lequel la tyrannie est la limite du politique, la loi y étant la volonté d'un seul, personne n'y étant tyran sans être en même temps esclave. Et quelle éducation pour faire des esclaves ? S'il n'y a pas d'éducation dans le despotisme, c'est qu'il n'y a pas de peuple, « chaque maison est un empire séparé, l'éducation, qui consiste principalement à vivre avec les autres, y est donc très bornée ».

En traitant dans ce livre de quelques institutions chez les Grecs, Montesquieu évoque l'esprit d'invention de législateurs comme Lycurgue qui associèrent des choses inalliables, mêlant le larcin avec l'esprit de justice, le plus dur esclavage avec l'extrême liberté. Quel génie fallut-il à de tels législateurs pour choquer tous les usages reçus et dissocier ce que les lois ordinaires unissent comme les sentiments naturels sans la famille, l'ambition sans le commerce. Mais un autre exemple nous est donné par les jésuites du Paraguay, cette Société qui, la première dans ces contrées, unit la religion et l'humanité, en vertu de « ce sentiment exquis qu'a cette Société pour tout ce qu'elle appelle honneur ». Le génie n'est pas moindre dans ces deux cas, même si une société ecclésiastique prend les mesures qu'aurait prises une société civile.

Reste dans ce livre l'éducation par la musique, qui est plutôt une occupation des hommes libres et désœuvrés. « C'est un milieu entre les exercices du corps qui les rendent durs et les sciences de spéculation qui les rendent sauvages ». La musique excite toutes les passions et le théâtre que proscrivent nos auteurs de morale nous fait bien sentir quel est son pouvoir. Car il s'agit de choisir un plaisir sensible qui ne corrompe pas les mœurs comme celui que les thébains permirent à leurs jeunes gens. Montesquieu se rapprocherait-il de la catharsis aristotélicienne, du plaisir par représentation ?

1. *Contrat Social*, IV, 8.

CHAPITRE IV

# LA LOI. LES LOIS

## LA DÉFENSE DE *L'ESPRIT DES LOIS*

Nous ne suivrons pas ici la méthode de Shackleton car nous voudrions prendre en compte la perspicacité de l'adversaire théologien. Une lettre du Père Blesse au Père Berthier, dans les *Mémoires de Trévoux* en avril 1749, désapprouve la formule où Montesquieu dit que Dieu doit être honoré mais non vengé, l'explication qu'il donne du nombre de suicides en Angleterre, son attitude envers la polygamie et le célibat, son éloge de Julien l'Apostat, son insistance sur les inconvénients d'un changement de religion dans l'État. Les jésuites ayant échoué dans leur polémique contre Montesquieu, les jansénistes prirent le relais. Depuis 1729, l'abbé de La Roche est l'éditeur des *Nouvelles ecclésiastiques*. D'après un article d'octobre 1749, Montesquieu réfute Bayle mais le décrit comme un grand homme, ce qui annule sa réfutation. La louange des stoïciens ne peut pas venir de la plume d'un chrétien. Tout l'ouvrage tend à démontrer que la religion est fatalement basée sur les coutumes, les manières, les usages et le climat d'un pays. Ces messieurs de la religion naturelle n'auraient pas de religion du tout. Shackleton cite encore les *Réflexions sur quelques parties d'un livre intitulé de L'Esprit des lois*, qui ne serait qu'une plaisanterie comme *L'espion turc*, *Les lettres juives* ou les *Lettres persanes* : ouvrage de Claude Dupin, financier que Madame de Pompadour convoqua pour l'informer qu'elle avait pris Montesquieu sous sa protection. On connaît le célèbre portrait où elle tient entre ses mains le livre de Montesquieu.

Nous voudrions marquer la manière dont Montesquieu déplace les questions qui lui sont posées. Il divise sa défense en trois parties : « Dans la première, on a répondu aux reproches généraux qui ont été faits à l'auteur de *L'Esprit des lois*. Dans la seconde, on répond aux reproches particuliers.

La troisième contient des réflexions sur la manière dont on l'a critiqué. Le public va connaître l'état des choses; il pourra juger »[1]. Les objections portent sur l'assentiment apparemment donné à certaines références : les Stoïciens, Bayle, Pope; sur les références implicites mais non moins dangereuses à Hobbes et Spinoza; sur l'omission de certaines références comme Domat, comme la théologie du péché.

En soulignant, une fois de plus, que dans cet « ouvrage de pure politique et de pure jurisprudence », il ne s'agissait pas de convertir à la religion chrétienne, mais simplement de la faire aimer, Montesquieu marque la division des domaines. Il cite et commente ses propos : comment celui qui critique l'athéisme, qui nie qu'une fatalité aveugle produise des êtres intelligents, comment celui qui a combattu le paradoxe de Bayle sur une société d'athées peut-il être spinoziste ? Mais il ne défend que la littéralité de ses propos et nous voyons, surtout dans les variations anthropologiques sur la religion, qu'ils peuvent avoir un autre sens. On ne peut donc pas prendre cette défense au pied de la lettre. La correspondance qu'il a entretenue à cette époque montre son souci de rectifier ses expressions et d'être formellement inattaquable par la fameuse Commission de l'index. Mais il y a une stratégie des critiques qui sentent le pouvoir théologico-politique menacé par une histoire naturelle des lois.

Montesquieu relève la contradiction entre les accusations de spinozisme et de déisme. Ses adversaires identifient l'athéisme et la religion naturelle : la méfiance envers la « naturalisation » de la religion est extrême. Montesquieu se borne à relever l'opposition entre religion naturelle et athéisme sans entrer dans l'histoire du problème[2].

Montesquieu cite tout au long la première objection qui porte sur la définition des lois comme rapports qui dérivent de la nature des choses. Désolidariser la loi de la volonté d'un législateur et, en dernière instance, d'un législateur divin, est la thèse à laquelle une théologie ne peut que résister. Une telle définition de la loi comme rapport implique, pour le critique, que les choses ne peuvent être autres qu'elles ne sont, ce qui serait

1. Oster, p. 808.

2. On pourrait se référer aux *Dialogues sur la religion naturelle* de Hume pour montrer qu'elle peut être attaquée de deux côtés : soit par les chrétiens qui peuvent lui reprocher de ne pas penser la personnalité de Dieu, soit par les sceptiques qui peuvent lui reprocher d'avoir simplement traduit la problématique de la transcendance dans un langage universaliste. Cependant il y a eu une polémique au siècle précédent car tout scepticisme, et même le scepticisme chrétien qui ne veut qu'humilier la raison pour la soumettre à la foi, a été suspecté de libertinage. N'oublions pas que le *Traité de la faiblesse de l'esprit humain* de l'évêque d'Avranches a eu une publication posthume.

la thèse de Pope[1], et d'un « tout est bien ». Le critique cite : « tous les êtres ont leurs lois »[2] sans voir l'importance d'un possessif qui détermine les lois localement, en fonction des domaines. Dans une telle perspective, il y a diversité des lois, ce qui ne signifie pas uniformité : La nécessité peut être au pluriel. Le critique n'a pas tort dans la référence qu'il fait à Spinoza : à l'opposition de la liberté et de la nature, celui-ci substitue le pluriel des lois dans l'unité de la nature. Mais unité ontologique ne veut pas dire uniformité des lois des modes[3].

Mais Montesquieu contre-attaque et tourne le critique en dérision : celui-ci a « ouï dire » que Spinoza admettait un principe aveugle. Insensible aux contradictions, le malheureux s'est contenté de références approximatives, de seconde main, dont le sens lui échappe. Il confond l'exposé d'une thèse et l'adhésion à cette thèse. Il ignore l'état de la question, il va jusqu'à dénier le droit d'un auteur à citer d'autres œuvres. Oui, l'auteur a cité Plutarque et l'opinion de Plutarque, d'un païen. Oui, l'auteur a cité Bayle comme un grand esprit. Non, l'auteur n'a pas suivi la démarche de Domat. Non, l'auteur n'a pas commencé par le péché originel, non, l'auteur n'a point parlé de la grâce. Oui, l'auteur a loué les Stoïciens : il a loué leur morale, loin de prendre leur parti pour la religion naturelle, il a attaqué leur fatalité et leur métaphysique. En parlant de l'homicide de soi en Angleterre, l'auteur ne s'est pas identifié aux Anglais, ni aux sectateurs de la religion naturelle, il n'a pas justifié le suicide comme maladie.

Ainsi le critique est-il dénié en son essence même de critique, en sa place même de lecteur. Montesquieu est impitoyable. « Je dirai toujours que le critique n'entend jamais le sens des choses et ne s'attache qu'aux paroles ».

Etrange et insolente défense. Mais c'est que l'enjeu de la critique est d'inspirer de l'horreur avant d'avoir prouvé que l'on doit avoir de l'horreur. Car le critique prétend savoir mieux que l'auteur ce qu'il pense. Or c'est la violence de cette substitution qui fait horreur. Car c'est la méthode du tribunal ecclésiastique qui suppose que le suspect « résiste » à la vérité[4]. « Il ne faut pas beaucoup de pénétration pour apercevoir que le

1. Pope, *Essai sur l'homme*. Sur les différentes traductions et leur interprétation, voir A. Zanconato, *La dispute du fatalisme en France : 1730-1760*, Schema editore/Presses de l'Université de Paris Sorbonne, 2004.

2. Voir *infra*, p. 138 *sq*.

3. *TTP*, IV et *Ethique*, IV, P. 37 sc.

4. Voir l'argumentation de Bossuet contre les protestants (mon article « Croire et savoir », *Autrement*, n° spécial sur la tolérance, Paris, 1991). On lira dans *EL*, XII la théorie de la distinction entre les paroles et les pensées, entre les paroles et les œuvres, et la distinction de ce dont le magistrat a à connaître ou non.

livre de *L'Esprit des lois* est fondé sur le système de la religion naturelle… On a montré dans les lettres contre le poème de Pope intitulé : *Essai sur l'homme* que le système de la religion naturelle rentre dans celui de Spinoza : c'en est assez pour inspirer à un chrétien l'horreur du nouveau livre que nous annonçons ».

Montesquieu fait parler le critique :

> Vous nous donnez d'ailleurs de très belles choses sur la religion chrétienne, mais c'est pour vous cacher que vous les dites. Car je connais votre cœur et je lis dans vos pensées. Il est vrai que je n'entends point votre livre ; il n'importe pas que j'aie démêlé bien ou mal l'objet dans lequel il a été écrit ; mais je connais au fond toutes vos pensées. Je ne sais pas un mot de ce que vous dites ; mais j'entends très bien ce que vous ne dites pas.

Il faut citer tout au long cette polémique pour comprendre la violence des accusations et leur enjeu, sans méconnaître les raisons des théologiens qui voulaient au fond préserver une philosophie du sujet.

La seconde accusation porte sur la non-reconnaissance de la religion révélée. Montesquieu rappelle tous les passages où il a réfuté la fatalité des athées. Mais sans omettre les devoirs de la soumission à la religion chrétienne, il la justifie rationnellement. Les fonctions de la religion (qui ne se confondent pas avec le rôle qu'a pu jouer l'Église) sont déterminées dans la régulation de la politique. La religion chrétienne veut unir les intérêts religieux et les intérêts politiques pour le bien des hommes. Mais surtout, la crainte de la religion est le seul frein qui retienne les princes : on voit bien la différence de l'Islam et du christianisme dans le caractère du lien qui unit les princes à leur peuple. La religion chrétienne se justifie moins par la révélation (qui n'est jamais niée) que par sa fonction morale :

> une religion qui enveloppe toutes les passions… qui nous tient attachés par un nombre innombrable de fils… qui met entre le juge et le criminel un grand médiateur et entre le juste et le médiateur un grand juge… Ce que fait admirablement bien la religion chrétienne, c'est de nous faire espérer un état que nous croyons, non que nous sentions ni que nous connaissions. C'est la voie qui nous mène aux idées spirituelles… nous devons au christianisme, et dans le gouvernement un certain droit politique, et dans la guerre un certain droit des gens, que la nature humaine ne saurait assez reconnaître.

L'écriture de Montesquieu est souvent si belle qu'elle a le lyrisme de la croyance. Mais manifestement le critique ne peut accorder le comparatisme de Montesquieu concernant le fonctionnement des « fausses » religions et le modèle de la « vraie » religion. Nos contemporains savent-ils le faire davantage ? Il est vrai qu'il est contraire au comparatisme de faire des exceptions dans la variation. Mais il n'est pas contradictoire de dire que le sujet du discours se localise lui-même dans la variation. Le christianisme de Montesquieu n'est pas une feinte, pas plus que son rang de parlementaire et son métier de juriste ne sont des feintes. Il faut accepter de prendre en compte une localisation qui ne se leurre pas sur l'universel.

Or lorsque l'on a lu ces critiques et la défense de Montesquieu, on a voulu que Montesquieu fût sincère et qu'il parlât en chrétien irréprochable. On a fait de la sincérité un critère. Ces présupposés ont occulté l'analyse des textes. Mgr de Fitz-James lui avait pourtant écrit un jour[1] qu'il y a des cas où dire « je suis chrétien » peut faire soupçonner de ne l'être pas[2]. Il faut bien admettre un paradoxe, le sens littéral est équivoque. Il y a une duplicité du sujet de l'énonciation.

Montesquieu n'a pas classé ses réponses et pourtant plusieurs chefs se dégagent. Sa liberté se manifeste vis à vis des auteurs qu'il cite : le système de Hobbes est qualifié de système terrible, que Montesquieu réfute comme contradictoire parce que la guerre qu'il suppose naturelle est un rapport juridique[3]. Mais c'est moins Hobbes qui est en question qu'une manière de raisonner sur l'assignation d'un naturel. En revanche, il est remarquable que Spinoza ne soit pas frontalement réfuté, comme Hobbes, mais toujours évoqué dans le voisinage de Pope ou de Hobbes, à propos de la religion naturelle[4]. Les déterminations de la religion naturelle sont multiples : le christianisme peut apparaître comme religion naturelle sous la plume de Grotius, il peut avoir été prêché comme *credo minimum*, mais la religion naturelle peut être aussi l'expression des passions humaines dominantes comme la crainte et l'enthousiasme, la religion naturelle peut encore être l'histoire des différents cultes où les hommes se sont donné des images d'eux mêmes à travers leurs dieux[5]. Toutes ces déterminations jouent dans *L'Esprit des lois*. Montesquieu les traduit dans ses variations. Mais la *Défense* n'est pas le lieu où en faire la théorie.

Sans énumérer tous les chefs d'accusation, on peut en citer quelques uns. La *polygamie* est encore un beau sujet de scandale et ce que les théo-

1. *Correspondance*, éd. A. Masson, t. III, p. 1324 et 1327. Lettres du 29 septembre et du 8 octobre 1750.

2. Voir *infra*, p. 205.

3. Rousseau se souviendra de ce passage : la guerre est un rapport entre les choses et non entre les hommes. Ce qui signifie qu'elle n'est pas inhérente à l'état d'homme mais aux rapports juridiques de propriété.

4. *Mes Pensées*, 615 p. 942 sur Spinoza. Il ne faut pas oublier que Boulainvilliers fut le premier traducteur de *l'Ethique* de Spinoza.

5. Voir F. Markovits, « Histoire naturelle du préjugé », dans *Critique et légitimité du préjugé*, édité par R. Amossy et M. Delon, Bruxelles, Éditions de l'Université de Bruxelles, 1999.

logiens ne supportent pas chez Montesquieu, c'est un art des définitions : le mariage est une affaire de calcul quand on combine ses effets, relatifs à certaines organisations politiques, à certains climats : ce qui n'est pas *justifier* les usages mais, dit Montesquieu, *en rendre raison*. Il n'est pas une affaire de calcul quand on le considère selon sa nature, un sacrement institué par le Christ. Au lecteur de conclure sur l'historicité des institutions chrétiennes. Elles n'en sont pas moins notre loi.

Le *climat* est-il réductible à des effets physiques ou plus exactement peut-on isoler, séparer le physique et le moral ? Les théologiens pour leur part, n'hésitent pas à condamner cette *réduction* de l'homme au physique. Hippocrate pourtant, puis d'autres comme Juan Huarte, comme Bodin, comme Bordeu, comme Galiani, comme la médecine des Empiriques, composent dans la notion de climat un ensemble de facteurs : la diversité géographique mais aussi sociale, l'esprit ou le génie des peuples, les tempéraments, les opinions, l'effet des institutions sur les mœurs. Le terme implique une anthropologie historique qui récuse le dualisme.

La question de la *tolérance* pose un problème d'équilibre entre les forces politiques. Les politiques préfèrent la religion d'État aux occasions que saisissent les moines de faire des factions et d'émouvoir le peuple. De leur côté, les critiques sont particulièrement sourcilleux sur la conversion. En effet, l'introduction d'une nouvelle religion à prétention universelle est, pour Montesquieu, un facteur de désordre. Or, le christianisme est dans ce cas. Montesquieu répond que la religion a su ouvrir des voies historiques pour s'établir par des décrets divins que nous ne connaissons point. Il raisonne sur les faits dont l'Église ne peut discuter les facteurs de violence et de conquête sans désavouer son propre discours qui est celui de la force de la vérité[1]. Mais le critique craint que l'auteur ne conseille les changements de religion.

La question de *l'usure* est encore une question sensible puisque le prêt à intérêt a divisé les politiques chrétiennes : les uns s'appuyant sur une tradition thomiste et une société agricole, les autres prenant la mesure du risque marchand et de son coût, autant dans la naissance des compagnies d'assurance que dans les recherches mathématiques spéculatives[2]. Montesquieu pense aux usures maritimes. Les sources pertinentes pour

1. Soit dit en passant, c'est l'argument baylien de *La France toute catholique*. Comment les catholiques pourraient ils nier la force avec laquelle la religion s'est étendue ?

2. Turgot, *Mémoire sur les prêts d'argent*, 1770 : « Notre législation s'est conformée aux préjugés rigoureux introduits dans des siècles d'ignorance par des théologiens qui n'ont pas mieux entendu le sens de l'Ecriture que les principes du droit naturel ». Et il ajoute un peu plus loin : « L'auteur de l'esprit des lois a très bien remarqué que "quand les lois défendent une chose nécessaire, elles ne réussissent qu'à rendre malhonnêtes gens ceux qui la font" ».

étudier le fonctionnement du crédit et son évolution ne sont pas dans la religion chrétienne mais dans l'érudition. Quelles sont les méthodes pour calculer l'intérêt? les termes ont pu demeurer en usage et leur sens changer; Montesquieu cite les références que fait Tacite à la loi des Douze Tables, les changements de législation sur l'usure à Rome et la loi des tribuns Duellius et Menenius quatre vingt quinze ans après la loi des Douze tables. Mais « le prêt sans intérêt ne peut être qu'un conseil de religion et non une loi civile ». La question est donc celle du prix de location de l'argent. Montesquieu cite les textes et semble éprouver une certaine jubilation à débrouiller la question, en distinguant les temps et les occasions. Le critique maladroit a donné à l'auteur l'occasion de montrer à nouveau, si besoin était, que l'usure est un chapitre de la législation politique, et un point sensible chez les Romains[1]. Chez les modernes, on pourrait évoquer un autre phénomène de crédit qui occasionna un bouleversement politique, la Compagnie de Law (*EL*, II, 4).

Montesquieu reprend sa justification dans les *Réponses* et les explications données à la faculté de Théologie[2]. Il répète une fois de plus, qu'il ne parle pas en théologien mais en politique. Il n'a pas dit que l'Evangile et l'Ecriture n'ont pas condamné l'usure. « Quand on a choisi un scolastique aussi respectable que saint Thomas, il n'est plus nécessaire de parler des autres ». En outre, les raisonnements de saint Thomas sont conformes à ceux d'Aristote. Ce sont donc les raisonnements qu'il faut suivre et non ce que l'on appelle doctrine tirée de cas particuliers. Ainsi il sera permis de tirer un intérêt modéré d'une situation de danger comme est le péril de la mer. Un tel contrat ne sera pas contraire à la charité chrétienne. En revanche, un contrat est usuraire s'il s'agit de jouer sur la différence entre le moment où l'on achète et le moment où s'effectue le paiement, et s'il s'agit de blé par exemple, il n'est pas sûr qu'il sera plus cher à ce moment-là : c'est donc sur la charité qu'il faut raisonner puisque c'est à des misérables que le blé est vendu dans ces conditions. Toutefois, après ces explications et les références, Montesquieu déclare qu'il retire le passage.

1. De manière analogue, on verra plus loin que les successions sont chez les Romains, un objet de la législation politique et non de la législation civile. Dans ses *Dialogues sur le commerce des blés*, en disciple de Montesquieu qu'il admire, Galiani posera la question de savoir dans quel contexte le blé peut être dit objet de commerce ou objet de politique.

2. Ces notes furent publiées pour la première fois par Barckhausen en 1904 (Oster, p. 823). Le 1er août 1750, la Sorbonne avait nommé des commissaires pour examiner *l'Histoire naturelle* de Buffon et *De L'Esprit des lois*. Nous avons travaillé sur ces deux modèles et les analogies de l'histoire naturelle appliquée aux vivants et aux sociétés. Voir *supra*, p. 106.

En réalité, les points sur lesquels il y a discussion sont les révélateurs d'un changement de paradigme. Il y a depuis deux siècles des fractures dans l'encyclopédie scolastique et dans les normes de pensée et de méthode qu'elle a imposées. Nous ne voulons pas dire que ces fractures manifestent un désir d'autonomisation, hors théologie, de différentes disciplines : la politique avec Machiavel, la physique avec Galilée etc. Car Montesquieu ne fait pas une histoire du droit indépendante de la théologie. L'histoire des lois de Montesquieu est solidaire d'un réseau de disciplines et d'interdépendances. Montesquieu construit donc des systèmes de déplacements, de décentrements. La place de la vérité est inassignable, mais l'observateur apprend à se déplacer.

## DÉFINITIONS ET INCERTITUDES DU PREMIER LIVRE DE *L'ESPRIT DES LOIS*

Le premier chapitre de *L'Esprit des lois*, « les lois dans le rapport qu'elles ont avec les divers êtres », a suscité la perplexité des critiques : n'y avait-il pas quelque contradiction à affirmer l'universalité des lois de la nature à l'entrée d'un livre dont tout le propos était d'expliquer les diverses logiques du droit positif et historique, dans des contextes déterminés ?

La première chose que l'on peut remarquer est la répétition du possessif : les lois sont déterminées selon les êtres. « Les lois, dans la signification la plus étendue, sont les rapports nécessaires qui dérivent de la nature des choses : et dans ce sens, tous les êtres ont *leurs* lois ; la Divinité a *ses* lois ; le monde matériel a *ses* lois ; les intelligences supérieures à l'homme ont *leurs* lois ; les bêtes ont *leurs* lois ; l'homme a *ses* lois » [1].

Le partage des domaines est ici conventionnel et le style déclaratif n'apporte aucune décision théorique. Montesquieu parle selon l'opinion établie. Là où il tranche, c'est évidemment dans la déclaration que les lois sont des rapports nécessaires. Mais cette nécessité est aussitôt déterminée par le pluriel des possessifs. La nécessité, on le redit, ne signifie pas uniformité. La régionalisation implique que la loi exprime une situation locale, une mise en facteurs particulière. Les lois des différents êtres, des différents domaines, des différents registres, ne sont pas les mêmes. Dans La Lettre à la marquise du Châtelet [2], La Mettrie montre que c'est le spiritualiste qui impute au matérialiste un discours selon lequel la pensée et les opérations mentales suivraient les mêmes lois que les boulets de canon et la balistique. Cette réduction est censée représenter le discours matéria-

1. Je souligne.
2. Dans la seconde édition (1747) de *L'histoire naturelle de l'âme.*

liste et la conséquence incontournable d'un nécessitarisme. Or les matérialistes récusent le partage entre les lois de la nature et les lois de la liberté par la prise en compte d'un pluriel de physiques. Et l'attention de Dumarsais au possessif dans l'article « Article » de *l'Encyclopédie* marque bien cette attention à la régionalisation des causalités.

Si les lois sont des rapports nécessaires, s'il y a une « nature des choses », expression en quelque manière lucrétienne, cela ne signifie pas qu'il y ait un « ordre naturel », car cette idée d'ordre naturel est liée à une ontologie dualiste, telle qu'elle peut se découvrir dans les *Méditations métaphysiques* de Descartes. La différence entre les deux expressions marque la différence dans le mode de donation du réel : donation par une transcendance, ou simple état de choses. En ce sens, Montesquieu voit dans les codes juridiques le registre des rôles possibles d'une société : ils énoncent des définitions, non des obligations. Tous les rôles ne sont pas possibles dans une société et la nécessité ne signifierait que le registre des possibles. La nécessité servirait-elle donc à définir le registre des possibles ?

Un autre problème de ce chapitre est l'usage du mot « donc » au troisième paragraphe car il ne connote aucune démonstration. Il y a une simple dérivation, rhétorique et non logique, du *donc* à la *raison primitive*, à *Dieu*. Ce donc est inopérant, il ne s'agissait que de reprendre l'opinion commune. On peut trouver que cet usage de la Providence est un peu désinvolte. Quoiqu'il en soit, le statut de cette « raison primitive » est décrit comme connaissance et création de lois, ce qui est orthodoxe. Mais l'insistance est mise sur la solidarité du concept de monde et du concept de lois : ces lois ou ces règles signifient que « chaque diversité est *uniformité*, chaque changement est *constance* ». Dans cette formulation, la volonté divine ne sert qu'à dire qu'il y a de l'ordre. Montesquieu répète ce que les métaphysiciens répondent aux atomistes et autres sceptiques lorsqu'ils prétendent que l'ordre est un cas particulier du désordre ou de l'absence d'ordre.

Dans ce jeu sur deux styles, démonstratif et déclaratif, le lecteur avisé repère ce qui manque, et en déduit l'indifférence de l'auteur à ce manque.

La suite du texte pose la question de l'antériorité et de la possibilité des rapports d'équité eu égard à la loi positive. On en a déduit que Montesquieu reconnaissait le droit naturel au sens des lois naturelles. Or la raison qu'il donne est un argument spinoziste sur la définition du cercle[1]. Ce qui

1. Spinoza, Lettres VIII/IX et *Traité de la Réforme de l'entendement*, § 41 (trad. Appuhn) « une sphère est engendrée par la rotation autour d'un demi-cercle… c'est le moyen le plus aisé de former le concept d'une sphère ». Ce mouvement est faux s'il est *isolé* dans l'esprit, il est vrai s'il est *joint* au concept de la sphère… (je souligne).

signifie que sémantiquement, toute loi positive suppose le recours à une équité, mais non pas que ces règles d'équité sont universellement déterminées ni antérieures aux lois positives. Car la gratitude, par exemple, appartient aux relations entre des êtres intelligents; mais comment se détermine t-elle?

En maintenant la distinction entre les êtres intelligents et les êtres de sentiment, Montesquieu s'attache moins à l'échelle de la création qu'aux types de lois qui régissent les conduites de la connaissance et les conduites du sentiment, car il insiste sur ces deux termes. C'est finalement dans un dispositif logique qu'il inscrit la détermination de la loi comme dispositif contre l'oubli. Car au lieu de considérer l'homme comme un pécheur qui viole les lois, il considère les conduites de l'intelligence dans une double défaillance: la transgression et l'oubli. Le dispositif contre l'oubli s'adresse à l'être intelligent, non au pécheur invétéré. Les lois seront de nouveau définies par une fonction: empêcher l'homme d'oublier son créateur, de s'oublier lui-même, d'oublier les autres; les lois de la religion, les lois morales, les lois politiques et civiles répondent à ce triple objet.

Ces méthodes d'écriture permettent à Montesquieu de se justifier par rapport aux accusations de hobbisme et de spinozisme et de donner l'apparence de défendre l'idée d'une loi naturelle antérieure aux institutions positives. Mais sa détermination est équivoque car, sans donner explicitement dans le droit naturel comme logique des passions et de la puissance, il ne s'aligne pas pour autant sur les positions de Locke, de Cumberland, de Pufendorf. Mais on peut désolidariser les deux concepts d'imputation et de libre-arbitre comme le montre le livre XII.

En distinguant, dans le chapitre suivant, *l'importance* des lois et *l'ordre* des lois, Montesquieu pose quatre lois naturelles tout en écartant celle qui « en imprimant dans nous-même l'idée d'un créateur nous porte vers lui ». Montesquieu prononce l'expression *état de nature* dont il ne fera aucun usage et campe un homme dont le seul sentiment est celui de sa faiblesse. « Il songerait à la conservation de son être avant de chercher l'origine de son être ». Hobbes n'est pas raisonnable de supposer dans cet état l'idée de l'empire et de la domination, idée si composée qu'elle ne peut que dépendre d'un état civil.

Dans *Mes Pensées*[1], on trouve une critique de l'état précédant l'établissement des sociétés. En analysant l'autorité paternelle, Montesquieu montre que la nature elle-même y met des bornes « parce qu'à mesure que les enfants sortent de la jeunesse, les pères entrent dans la

1. *Mes Pensées*, 616, Oster, p. 943.

vieillesse, et que la force des enfants augmente à mesure que le père s'affaiblit». En augmentant la raison des enfants et la faiblesse des pères, en diminuant les besoins des enfants et en augmentant les besoins des pères, la nature nous montre que nous ne pouvons prendre l'autorité paternelle pour un modèle politique. Car elle n'est rien de stable. La division des familles a donc produit des conventions entre collatéraux et des lois civiles. «Le hasard et le tour d'esprit de ceux qui ont convenu ont établi autant de différentes formes de gouvernements qu'il y a eu de peuples : toutes bonnes puisqu'elles étaient la volonté des parties contractantes». Mais comme tous les associés ne pouvaient changer de manière de penser en même temps, il a fallu que les changements portant sur les lois établies fussent l'effet des lois établies elles-mêmes : et «ce qui n'était que convention est devenu aussi fort que la loi naturelle; il a fallu aimer sa patrie comme on aimait sa famille; il a fallu chérir les lois comme on chérissait la volonté de ses pères».

Revenons au premier livre. La vulnérabilité va donc impliquer la paix comme la première loi de nature. A quoi se joint le sentiment des besoins. Dans un double mouvement où la crainte porterait les hommes à se fuir, mais où la crainte réciproque les rapprocherait, ils seraient sensibles à leur ressemblance et se reconnaîtraient avec plaisir comme animaux d'une même espèce. Montesquieu écrit tout cela au conditionnel, et lui non plus ne s'étend pas sur cette fiction comme la nommera plus tard Rousseau. Et là où nous attendions le désir sexuel et la reproduction, Montesquieu utilise le terme de prière qui, sans aller jusqu'à l'oraison, suppose pour le moins des relations de civilité ou de courtoisie entre des êtres : «De plus, ce charme que les deux sexes s'inspirent par leur différence, augmenterait ce plaisir; et la prière naturelle qu'ils se font toujours l'un à l'autre, serait une troisième loi». Et la quatrième loi, qui lie désir de connaissances et besoin de vivre en société, manifeste enfin que ces quatre lois naturelles expriment plutôt «la constitution de notre être» qu'un état antérieur à la société. On ne peut donc chercher ici, dans une perspective thomiste ou suarezienne, l'écho de lois naturelles qui seraient la forme de l'entendement divin [1] et le modèle des institutions positives. Montesquieu se place délibérément hors de toute perspective de normation. Tout au plus, au livre XXVI, parlera t-il, à propos du droit naturel, d'une fonction de recours qui peut se déplacer sur des lois positives.

1. M. Bastit, *Naissance de la loi moderne*, Paris, P.U.F., 1990.

## L'*ESSAI TOUCHANT LES LOIS NATURELLES ET LA DISTINCTION DU JUSTE ET DE L'INJUSTE*

Ces incertitudes, ces difficultés, la manière de rédiger en faisant appel à la différence entre les déclarations explicites, appuyées sur des lieux communs, et le mouvement propre de l'argumentation conduisent à réenvisager la rédaction de l'*Essai touchant les lois naturelles et la distinction du juste et de l'injuste* que Masson[1] attribue à Montesquieu, tandis que Shackleton le conteste. Or, on ne peut récuser cette attribution au nom d'un contenu doctrinal lui-même déterminé par cette exclusion. Il faut donc reprendre la construction de l'*Essai* pour déterminer s'il est raisonnable ou non de l'attribuer à Montesquieu. Arrêtons-nous donc sur ce texte. Montesquieu y détermine, en juriste, *l'état de la question* :

> Dès que l'on s'est aperçu, par la contemplation du monde, qu'il y a un Dieu sage, bon, tout-puissant, il vient dans l'esprit une autre pensée, si cet être souverain nous a réellement abandonnés à nous-mêmes, ou bien si, dépendant de lui à l'égard de notre existence, nous n'en dépendrons pas aussi par rapport à nos actions, en un mot si nous ne sommes pas obligés de pratiquer tous ces devoirs qui sont compris sous le nom de Religion naturelle.

Dans un premier moment, Montesquieu expose l'évidence de la loi naturelle. « Que les hommes donc soient sujets à des lois, déjà c'est ce que la nature des choses nous insinue ». Mais la loi suppose un supérieur qui commande et des inférieurs qui obéissent. Montesquieu détermine la relation mutuelle de puissance et de crainte, d'équité et d'obligation. Le discours est délibérément descriptif, il reprend la condition de la connaissance sans laquelle le devoir n'a pas de sens. Description, donc, de relations objectives qui ne se confond pas avec une justification. « Le supérieur, c'est Dieu, et les inférieurs sont les hommes ». La relation de Dieu aux hommes n'est pas posée dans une démonstration de l'existence de Dieu ni dans une théodicée. Il y a une sorte de logique où Dieu a la fonction d'un terme.

Dès que l'on jette les yeux sur la sage ordonnance de l'univers, on ne peut imaginer que les hommes soient les seuls à n'être retenus par aucune loi et que tout leur soit permis. A quoi bon leur réflexion, si ce n'est pour éclairer leur conduite? Ce serait bien de la dépense inutile « s'il ne s'agissait que d'orner une bête, et si l'homme n'a été formé que pour vivre d'une manière sensuelle et brutale ». Mais l'abus qu'il pourrait faire de ses qualités si tout était permis achève de manifester l'intention du créateur.

1. *Œuvres complètes*, éd. A. Masson, t. III, p. 175.

Puisqu'il faut que, dans toutes les satisfactions que la nature demande, l'art s'en mêle pour multiplier les besoins, « la prudence se convertira chez lui en défiance, et les réflexions, en des soucis qui le rongent ». Enfin les passions, quoique nécessaires à sa conservation, « causeraient dans le monde des désordres sans fin, si les lois n'y opposaient une puissante barrière ».

Montesquieu demande quelles sont ces lois et comment on peut les connaître. Mais le recours à leur évidence n'est qu'une pétition de principe.

> On ne saurait disputer à cette méthode l'avantage de la brièveté, mais il est ici question de persuader et de convaincre, sans supposer ces principes du juste évidents par eux-mêmes. Il serait bon de les appuyer sur un autre fondement, ne fût-ce qu'afin de les mettre mieux à couvert et contre tout soupçon de préjugé et d'illusion; car il n'en est pas tout à fait de cette maxime : il faut tenir ce que l'on a promis, comme de cette vérité géométrique : le tout est plus grand que sa partie.

En niant la seconde proposition, on tombe dans la contradiction, ce qui n'est pas le cas pour la première. La loi ne peut sans doute être que la volonté de Dieu, mais comment le sait-on ? Montesquieu semble alors traiter la critique de l'évidence comme un préjugé contre l'évidence absolue des maximes de morale.

Il est quelquefois juste d'aller contre la vérité ou de manquer à sa parole, de ne pas rendre à un furieux son épée et d'aller contre la morale pour la morale. On voudrait « connaître ce principe général d'où l'on peut tirer toutes les règles de la morale et qui servît à les restreindre à propos, quand les lieux, les temps et les occasions le demandent ». La théorie des circonstances et de l'occasion joue ici un rôle décisif. Si bien qu'il rejoint ici ceux que l'on appelle « les moralistes » et qui ne sont pas moralistes au sens moderne, mais plutôt des analystes du singulier, comme un Saint-Evremond par exemple. Après avoir affirmé que les maximes de morale et de logique sont évidentes et universelles, Montesquieu déclare qu'elles sont sujettes à plusieurs exceptions.

Montesquieu met une certaine malice à suspecter l'universalité de la loi morale dans son rapport à l'intériorité subjective, en jouant sur les deux acceptions de l'intériorisation. Et comme il a lu Montaigne, il n'est pas impossible qu'il pense au cannibale dont Montaigne montre justement que pour lui, l'assimilation de l'autre homme a un sens physique et anthropologique que notre imputation de barbarie laisse échapper [1]. Or Montesquieu

1. De l'intériorisation à la digestion, il y a une distance que des auteurs comme Agrippa d'Aubigné n'ont pas hésité à franchir dans des poèmes irrévérencieux sur l'Eucharistie. Et Spinoza a renchéri sur les théophages dans une lettre célèbre à Albert Burgh (Lettre 76).

dit : « Dites à un cannibale, instruit dès sa jeunesse à tuer les hommes pour se nourrir de leur chair, que c'est là une action injuste et qu'il n'a qu'à rentrer en lui-même pour y trouver une loi qui la défend, il vous répondra naïvement qu'il ne perçoit rien de semblable, et que ceux de son pays sont faits comme lui ». Montesquieu, avec une candeur toute chrétienne, va supposer que l'éducation a « altéré » la nature du sauvage. Et de tenir ce discours, qui met un naturel perdu à la place d'un naturel manquant : « C'est en vain que vous essaierez de le convaincre. L'exemple et l'éducation se sont emparés de son esprit, et ont effacé ses impressions naturelles auxquelles seul vous prétendez le ramener, et qu'il n'est plus en état de reconnaître ». Quelle plus belle ironie envers la loi naturelle ? On conduira le sauvage à la loi de la nature par des discours persuasifs sur la réciprocité et la douceur de la société. Cet "on" est sans doute le missionnaire. Que l'on relise les textes de Montesquieu sur la conquête des Indes et on saura quelle idée il se fait de la civilité des convertisseurs.

S'il n'est guère possible de concevoir qu'un législateur aussi sage, aussi bon et aussi désintéressé que l'est Dieu, se propose un autre but que le bonheur et la conservation des hommes, la question est de savoir comment appliquer ce principe, car ce n'est qu'un principe. Montesquieu se propose alors de revenir vers l'Américain, pour lui faire entrevoir les douceurs de la société civile et les services mutuels de cette forme d'humanité. Il ne désespère pas d'ébranler « cette âme barbare » pour la *conduire* (le terme est important) à la loi de nature, qui, loin d'être un immédiat, est donc présentée comme le fruit d'un travail de culture.

Ce faisant, Montesquieu juxtapose deux discours, l'un énonce la nécessité des lois, à la Spinoza, l'autre énonce la loi comme la volonté d'un supérieur, à la Pufendorf. Or, le traducteur même de Pufendorf, Barbeyrac, a souligné la contrariété de ces deux discours en montrant comment Pufendorf et Cumberland étaient des réfutations de Spinoza et de Hobbes[1]. Montesquieu joue donc sur deux registres.

1. *Les lois de la nature expliquées par le docteur Richard Cumberland*, depuis évêque de Peterborough où l'on recherche et l'on établit, par la nature des choses, la forme de ces loix, leurs principaux chefs, leur ordre, leur publication et leur obligation : on y réfute aussi les elements de la Morale et de la Politique de Thomas Hobbes, traduits du latin par monsieur de Barbeyrac, docteur en droit et professeur en la même faculté dans l'université de Groningue, avec des notes du traducteur, qui y a joint celles de la traduction anglaise, à Leide, chez Theodore Haak, 1757. Barbeyrac remarque que Cumberland a publié la même année que Pufendorf [1672] et se félicite qu'il se soit proposé comme lui, de réfuter l'hypothèse de Th. Hobbes et d'en établir une autre directement opposée, qui approchait fort des dogmes des anciens stoïciens... de sorte que son système se réduit à l'amour de Dieu et du prochain ou aux deux tables de la loi divine de Moise et de l'Evangile.

La démonstration de Montesquieu, pas très éloignée de celle d'un Pascal s'adressant aux libertins, repose sur l'intérêt : Dieu y apparaît comme « un être que je vais tâcher de me rendre favorable si j'entends bien mes véritables intérêts », cet être ne m'a jamais parlé de lui-même, « le seul interprète que j'en connaisse, c'est la raison : ce qu'il me découvre de la volonté de Dieu, c'est ce que j'appellerai loi naturelle ». Voilà une définition nominale de la loi naturelle. Ce passage semble en contradiction avec la loi définie comme « rapport nécessaire dérivant de la nature des choses » : il importe donc de se demander, car il faut plutôt faire l'hypothèse des insuffisances du lecteur que des contradictions de l'auteur, si les deux énoncés ont le même objet, sont dans le même registre, ou s'il y a un effet de relief, l'un abritant l'autre, le discours sur la loi naturelle jouant le rôle d'écran.

La question est donc : comment chercher les lois naturelles et Montesquieu propose trois méthodes.

La première lie très classiquement la vertu et le bonheur. Dieu veut le bonheur et la conservation des hommes. L'amour de soi étant inséparable de la nature humaine, la vertu est le moyen du bonheur. Suivent des énoncés sur Dieu qui sont conditionnels : Si Dieu est un être souverainement parfait, quoi de plus naturel que de le prier, de l'estimer etc. Et d'ailleurs, il est de notre intérêt de vivre en bonne intelligence avec les hommes. Tout cela est rationnel, et Dieu apparaît plutôt comme une fonction régulatrice que comme l'objet de l'adoration. D'où la reformulation de la recherche : 1) ce que nous voudrions que l'on nous fît, voilà le désir que nous inspire l'amour de nous-mêmes. 2) Comment faire pour que les maximes de la morale aient force de loi ? il faut remonter à la volonté d'un supérieur, à la crainte de Dieu. Suivent des propositions qui sont comme un « remplissage » : tout manifeste le but du créateur etc., car elles ne jouent aucun rôle argumentatif.

Le point important de cet exposé, c'est l'amour de soi ; et les énoncés dans lesquels il entre sont des énoncés sous condition : *si* Dieu est un être souverainement parfait, *si* tous nos biens viennent de la main de Dieu, *si* Dieu est tout-puissant, *s*'il est notre maître, … quoi de plus naturel que de le prier de nous délivrer des maux, etc. Toutes les prescriptions, toutes les règles, toutes les maximes sont hypothétiquement soumises à l'amour de soi et non au désintéressement de la loi morale. Montesquieu ne met pas en avant l'obéissance à un maître mais la logique de la conservation. La crainte de Dieu découle en fait de cette condition. Le statut des règles est le conditionnel, comment le conditionnel aura t-il force de loi ?

La seconde méthode utilise des lieux rhétoriques : la preuve que Dieu a fait l'homme pour la société, ce sont les inconvénients et la brutalité de la solitude et de ses déserts, opposés aux connaissances, à la discipline, à l'industrie de la société et aux secours mutuels que se portent les hommes. Le divin devient adjectif: « toute loi sans laquelle la société ne saurait subsister devient par là même une loi divine ». Hegel faisait du prédicat le sujet, et l'on parodiera Marx en disant que Montesquieu fait du sujet le prédicat, car Dieu devient le divin.

Hors de la société, l'homme jouit d'une liberté qui ne saurait lui être que fort à charge. Le commerce des autres fait régner dans la société la politesse des mœurs. Dieu ne peut vouloir la société sans vouloir les lois qui la soutiennent. Ce discours naturalise en quelque sorte la fonction divine. Ce n'est certes pas un discours athée et cependant le recours à Dieu s'y fait dans un total immanentisme.

On pourrait considérer sous le même angle certaines déterminations contemporaines de la religion naturelle. Si le Meletius de Grotius[1] est bien le *credo minimum* que partagent tous les chrétiens, par différence, voire par opposition aux Juifs et aux Musulmans, ainsi qu'aux païens, il y a des formes de religion naturelle qui sans se réduire (comme on dit) au paganisme, ne sont pas un *credo*. Il faudrait travailler ici sur le rapport d'un *credo* à une *doxa*. On pourrait examiner la religion naturelle, soit comme l'abstraction d'un haut degré de culture qui a pratiqué le comparatisme, soit comme l'expression des passions fondamentales de la nature humaine, la crainte et l'enthousiasme. Hume a parcouru cette distance, de la religion naturelle à l'histoire naturelle de la religion[2]. Et Montesquieu ne l'ignorait pas.

Enfin, la troisième manière est bien hardie; elle repose sur la sympathie, un thème cher à Adam Smith, et sur ce que l'on pourrait encore appeler, avec Spinoza, l'imitation des affections[3]. Montesquieu va bien plus loin que la religion naturelle en utilisant une formule paradoxale : « On pourrait appeler cela la religion de l'instinct ». La définition corrélative de l'homme et de Dieu est la définition de l'homme par la loi. Spinoza dit : « l"homme est un Dieu pour l'homme »[4], Montesquieu met la loi à cette place, pour dire que la loi est l'objet de l'homme. Mais cet objet est aussi une histoire. Le droit naturel est une anthropologie.

1. J. Lagrée, *La raison ardente. Religion naturelle et raison au XVII^e^ siècle. Hugo Grotius*, étude et trad. du *Meletius*, Paris, Vrin, 1991.

2. Voir les *Dialogues sur la religion naturelle*, trad. M. Malherbe, Paris, Vrin, 2005 ainsi que l'*Histoire naturelle de la religion*, trad. M. Malherbe, Paris, Vrin, 1989.

3. *Ethique* III, P. 27.

4. *Ethique* IV, P. 35, Scolie.

Faisons maintenant retour à *L'Esprit des lois*. Le livre XXVI fait intervenir le droit naturel comme un facteur de même rang que les lois positives, et Montesquieu se défend d'avoir effectué cette subversion d'une norme universelle en disant qu'il a prétendu, contre Hobbes et Spinoza, que les rapports de justice et d'équité étaient antérieurs aux lois humaines[1]. Dans ce livre, on part de la contrariété entre lois divines et lois humaines, entre lois civiles et droit naturel pour passer à l'étude des cas où l'on peut juger par les principes du droit civil en modifiant les principes du droit naturel. Le droit naturel serait-il modifiable ? C'est le moment de montrer que les lois de succession ne sont pas de droit naturel (comme il l'a montré plus haut pour les relations de parenté et la famille), c'est donc aussi l'occasion d'empêcher la religion de se substituer subrepticement au droit civil : condition même de la tolérance et examen des cas « où il faut suivre la loi civile qui permet et non la loi religieuse qui défend ». Dans cette construction, les lois religieuses ne doivent pas toujours servir de principe ou de modèle aux lois civiles. Ainsi, un droit politique particulier peut-il remplir provisoirement la fonction de droit naturel ou encore de droit des gens en l'attente d'un autre droit. Tout en distinguant les ordres de droit, Montesquieu montre comment les Espagnols violèrent ces principes de division avec les Indiens.

Ainsi la loi naturelle est-elle aussi relative que le naturel des peuples. Nous sommes donc toujours ramenés à la question du local.

La question du droit naturel est donc relancée à partir de là : les derniers livres de *L'Esprit des lois* explorent les fonctions du droit romain comme droit civil universel. Il faut qu'un droit particulier joue le rôle de l'universel. L'universel ne serait donc qu'un rôle.

## LE PARADOXE DE L'AMOUR DES LOIS

De la peur des lois au respect de la loi, voire à l'amour des lois, il n'y a pas de place pour l'indifférence à la loi[2]. Le désir de loi semble inhérent au sujet humain comme en témoignent mythologies et théologies. Ainsi la loi entre-t-elle en scène comme ce qui est donné, voire même comme un donné, ce qui est un paradoxe, si du moins la loi est prescription, si elle est ce sans quoi le sujet ne peut se constituer et ce contre quoi il ne cesse de se dresser. Comment pourrait-on aimer ce qui oblige, ce qui réprime, ce qui

1. *Défense de L'Esprit des lois*, Ire partie.

2. « Il n'y a point de nation qui n'aime ses lois parce que ses lois sont ses coutumes » *Mes Pensées*, 1915. Voir aussi *ibid.*, 616.

sanctionne à moins d'être dans les dispositifs et les protocoles sadiens d'une juridiction de la jouissance? Mais comme c'est une position limite qui subvertit l'amour de la loi en désir du bourreau, nous nous contenterons ici d'avoir marqué la place de Sade, et nous nous en tiendrons à l'ambiguïté du terme d'amour dans l'expression « l'amour des lois ».

L'amour des lois est une expression paradoxale, les lois règlent le désir, elles n'en sont pas l'objet. Dans l'expression « l'amour des lois », nous trouvons la mise en cause de la triangulation constitutive, croit-on, de l'humain, entre le moi, le désir et la loi.

Pourtant, si les lois peuvent se trouver à la place de l'objet du désir, ce peut être en deux sens :

1) Au sens où un peuple préfère les lois qu'il se donne à celles qu'un homme d'une autorité supérieure pourrait lui donner (problème de la souveraineté *du* peuple); ou encore à celles qu'un autre peuple pourrait lui donner, par la conquête ou la colonisation (problème de la souveraineté *d'un* peuple); c'est la question des facteurs moraux, religieux qui constituent l'esprit d'un peuple.

2) Au sens où l'étude des lois est la prédilection du juriste. Voltaire dit de *L'Esprit des lois* et de son auteur : « c'est l'amour des lois ». L'étude des lois, l'histoire des lois est-elle seulement la passion du juriste comme expert ou ferait-elle partie de la formation consciente des hommes en tant qu'hommes? Comme dit Mably, l'objet de l'homme n'est pas le pain mais la loi. Au projet d'une formation de l'homme par l 'étude de la nature et des mathématiques, viendrait se substituer le projet d'une formation de l'homme par l'étude de l'histoire.

Les théoriciens de l'obligation, comme Cumberland et Pufendorf, définissent la loi comme la volonté du législateur et l'obligation, ou la force de la loi, est doublement déterminée par le respect de l'autorité et la crainte des sanctions. Définir la loi comme volonté d'un supérieur, c'est supposer donnée la causalité de la volonté comme causalité transitive. Mais n'est-ce pas ainsi sauver dans les catégories juridiques la catégorie théologique de la liberté de la créature? Il s'agit de savoir si l'on peut définir l'homme autrement que comme créature. Les partisans d'un droit naturel normatif s'opposent à ceux qui demandent ce qui donne force de loi à un énoncé et le découvrent, soit avec Hobbes, dans l'association des signes et la mémoire des sanctions, l'imagination et la peur, le calcul du moindre mal, soit avec Spinoza dans la force des affections et dans l'image de l'autre, l'image de moi dans l'autre qui résulte du processus d'*imitation* et de *composition* des affections par où se constitue l'humanité[1]. A cette première réduction de l'obligation s'en ajoute une seconde qui demande de quoi les lois sont l'effet, ou l'expression. Les lois sont alors définies fonctionnellement comme l'utile mais cela implique une critique de la volonté, qui vient au rang d'effet des lois. Ce n'est plus la volonté du législateur qui détermine les lois, ce n'est pas la liberté métaphysique de la créature qui définit la personne. C'est ce moment que je voudrais étudier ici pour chercher comment s'y articule quelque chose comme l'amour des lois.

Le mécanisme des institutions n'exclut pas la liberté : D'Alembert, La Mettrie et même dans une certaine mesure Rousseau, mettent en œuvre ce sujet « libre *par* les lois » en lui opposant la liberté métaphysique. Telle est la logique du fameux : « on le forcera à être libre ». L'amour des lois est l'attachement aux conditions juridiques qui nous font libres. Dans la détermination de la liberté, Montesquieu critique sans cesse le concept métaphysique d'une auto-détermination du sujet comme principe, d'une autonomie de la volonté. Il a ainsi séparé la question du libre arbitre de la question de l'imputation.

C'est ce qui le conduit à opposer la loi comme rapport aux thèses de ses contemporains dont Barbeyrac a énoncé les enjeux dans les préfaces de ses traductions de Cumberland et de Pufendorf. Vico nous montre que c'est la grande leçon du droit romain que ce travail de nomenclature de rôles civils ou politiques, des procédures, des dispositifs par lesquels les personnes et les choses sont nommées, selon lesquels les actes ont lieu.

Les théologiens ont repéré dans ces thèses la décision de traiter le droit comme une nature, et d'en différencier les mécanismes au lieu d'y reconnaître l'intention d'une bienveillance providentielle. Et par conséquent, ils ont dénoncé une « naturalisation » du droit.

Mais si aucune instance transcendante au droit positif n'est posée, on cherchera un modèle de régulation dans la correction des lois les unes par les autres : c'est ce que Montesquieu appelle « l'esprit de modération »[2]. C'est la supputation de la composition des lois, de leur action mutuelle les unes sur les autres[3]. Plus tard, les contre-révolutionnaires reprocheront à Rousseau d'avoir substitué la dévotion aux lois à l'amour de la divinité, d'avoir en quelque sorte, dans leur langage, sacralisé la société ; on est en droit de se demander si ce ne fut pas la grande leçon de Montesquieu que

1. Voir F. Markovits, « Réforme de l'entendement et histoire du savoir » dans *Art et science à l'âge classique*, B. Saint Girons (dir.), *Le temps philosophique*, Nanterre, 2000.

2. *EL*, XXIX.

3. Il s'agit de combiner les forces dans la machine juridique : *Mes Pensées*, 633, 1793 et 1794.

d'inspirer cette passion pour la pensée des lois, d'en faire l'objet de l'homme, objet où il se donne son identité, sans plus la déposer dans l'image des dieux.

## LA RAISON D'ÉTAT ET LA VERTU POLITIQUE

Pour situer le discours de Montesquieu dans la triangulation entre les problématiques de la raison d'État, du droit naturel et du positivisme juridique, on peut essayer ici de tracer, à grands traits et schématiquement, les éléments d'une politique de la raison d'État. Il semble que Montesquieu dépasse la question : comment former, éduquer les princes, et pour cela, déterminer quels sont les savoirs qui forment la compétence politique (c'est l'objet de Botero et de Naudé) ; il semble qu'il dépasse aussi l'idéal chrétien et anti-machiavélique du droit naturel ; et donc qu'il considère des savoirs investis dans les institutions plutôt que dans les personnes et dans les conseils. Charron et Juste Lipse avaient mis en œuvre une *prudence mixte*, Montesquieu met en œuvre le comparatisme du législateur, l'idée d'une modération des règles les unes par les autres, d'une combinaison des puissances. Il récuse du reste l'idée qu'un pouvoir puisse être absolu tout autant qu'il récuse l'idée d'une plasticité du peuple[1] puisque les textes sur la démocratie travaillent au contraire sur le statut du peuple, sur les systèmes de division et sur l'amour de la patrie qui n'est sans doute pas susceptible d'être confondu avec la soumission et le culte du chef.

L'esprit général gouverne, sans doute « sourdement »[2], à la place des princes, ce qui les dispense d'être habiles.

> Dans toutes les sociétés, qui ne sont qu'une union d'esprit, il se forme un caractère commun. Cette âme universelle prend une manière de penser qui est l'effet d'une chaîne de causes infinies qui se multiplient et se combinent de siècle en siècle. Dès que le ton est donné et reçu, c'est lui seul qui gouverne, et tout ce que les souverains, les magistrats, les peuples, peuvent faire ou imaginer, soit qu'ils paraissent choquer ce ton ou le suivre, s'y rapporte toujours, et il domine jusqu'à la totale destruction. L'esprit d'obéissance est généralement répandu ici. De là, les princes sont plus dispensés d'être habiles. Cet esprit gouverne pour eux ; et quelque chose

1. On pourrait se demander si ce n'est pas l'argile qui offre l'idée d'un modelage de toutes les formes. Le démiurge potier de Platon a sans doute inspiré la figure du législateur. Contre l'image du peuple comme hydre polycéphale, on a l'image d'un peuple façonnable comme l'argile.

2. Le terme connaît une certaine fortune depuis le XVII^e siècle. Leibniz en fait usage dans sa théorie des petites perceptions ou perceptions inconscientes et il fait le même raisonnement sur les volitions. *Mes Pensées*, 646.

> qu'ils fassent de mal, d'équivoque, de bien, ils iront toujours au même but[1].

La raison d'État voit l'origine des États dans la violence, et donne un sens particulier aux situations d'exception, et c'est le cas même de la décision. «Il faut consulter à loisir et exécuter soudainement ce qui est arresté au Conseil[2]»; mais en même temps, innover insensiblement, dit Botero. L'idée de l'État comme monopole de la violence légitime vient sans doute des considérations de Guichardin[3].

C'est à propos des lettres de change et du prêt à intérêt, donc des formes modernes du commerce, longtemps entravées par

> les spéculations des scolastiques et les coups d'éclat des monarques absolus, [que Montesquieu écrit]: il a fallu, depuis ce temps, que les princes se gouvernassent avec plus de sagesse qu'ils n'auraient eux-mêmes pensé: car, par l'événement, les grands coups d'autorité se sont trouvés si maladroits, que c'est une expérience reconnue, qu'il n'y a plus que la bonté du gouvernement qui donne de la prospérité. On a commencé à se guérir du machiavélisme et on s'en guérira tous les jours. Il faut plus de modération dans les conseils. Ce que l'on appelait autrefois des coups d'État, ne serait aujourd'hui, indépendamment de l'horreur, que des imprudences (*EL*, XXI, 20).

Les «coups d'État», qui ne sont pas, contrairement à l'acception moderne, essentiellement des révolutions, sont les vrais actes politiques, aussi bien dans l'éclat que dans le secret[4]: secret signifiant seulement le code d'un nombre restreint, l'absence de prise en compte d'une opinion publique (cela tient à la définition du peuple) puisque les sujets ne sont pas

1. Extrait du *Traité des devoirs*.

2. Botero, *op. cit.*, II, p 191.

3. Voir par exemple les articles de J.-L. Fournel, «Guichardin, juge de Machiavel» et de Lucie de Los Santos, «Les Considérations à propos des Discours de Machiavel sur la première décade de Tite-Live», *Corpus, revue de philosophie*, n° 31, 1997, «L'Antimachiavélisme», C. Frémont et H. Méchoulan (dir.).

4. Naudé travaille sur ce concept de secret: d'un côté, il dénigre les *arcana imperii* de Clapmarius qui donne pour des secrets des vérités évidentes et dès longtemps publiées; d'un autre côté, les métamorphoses étant la dissimulation, il lie le politique et la figure de Protée. Enfin, il soumet la stratégie du secret aux trois axiomes de la politique (voir p. 104, n. 2 et *Corpus, revue de philosophie* n°35, 1999, «Gabriel Naudé», p. 148 *sq.*). Voir Clapmarius, (Arnold Clapmaier, dit), *Arnoldi Clapmarii de Arcanis rerum publicarum libri sex*... (Edidit Joannes Clapmarius), Francfort, 1624. Une autre édition avec les additions de Martin Schoock, *Arcanis imperii, magnam partem correctus... per Martinum Schoockium ... qui ... adjecit plures libros arcanorum, ...* Francfort sur l'Oder, 1668.

des acteurs politiques[1]. L'éclat et le secret répondent à une même logique, celle de pouvoir détenir, maîtriser, diffuser ou retenir le savoir. Le savoir est localisé, assigné, il n'est pas en libre circulation, l'accès en est contrôlé ; le droit de savoir est moins une question de compétence qu'une question d'assignation. Dans la même perspective, tous les citoyens n'avaient pas le droit de posséder des cartes[2].

Une philosophie de la décision est aussi une philosophie discontinuiste, une philosophie des actions héroïques : ce sont les actes du prince ou des grands qui importent, ils sont la représentation du sujet politique, du seul sujet et acteur politique qu'est le prince. Autour de lui, les conseillers[3] et les grands : la question de l'échelle des décisions est aussi la question de la hiérarchie des fonctions. Avec la personnalisation du pouvoir, on voit la politique pensée en termes de relations intersubjectives ; à cet égard, le conseiller du prince est l'analogue de l'ingénieur, architecte de la cité. D'où la définition d'un savoir de prudence, d'un art du gouvernement, plus que d'une compétence : savoir ménager les conflits, les passions, les négociations. Aussi les conseillers doivent-ils être des historiens. Tacite est la grande figure de ce savoir singulier. Chez Bodin, le conseiller est juriste. On remarque, dans la même perspective, une attention à l'inégalité, inégalité des hommes, inégalité des corps[4].

Cette logique des grandes actions, la « magnanimité aux entreprises » dit Botero[5], implique d'apprendre ce qui ne s'apprend pas aux écoles, l'histoire comme théâtre des actions humaines, le naturel et les inclinations des sujets. « le prince ne connaît pas la géométrie, l'architecture, l'art militaire, les arts mécaniques en ingénieur, ou en artisan, mais en prince »[6]. En revanche, « il doit exceller en l'éloquence, qui gouverne les cœurs, conduit les républiques et mène les peuples ». Ainsi, dit-il encore, la prudence sert

1. Ce qui s'oppose à la détermination des dispositifs juridiques par Montesquieu ; on oppose personne et statut ; tempérament et fonction

2. Voir I. Kupçik, Cartes géographiques anciennes, Prague, 1980 et Grund, Paris, 1981. *Cartes et figures de la terre*, Centre Georges Pompidou, Paris, 1980.

3. Voir Naudé et sa *Bibliothèque politique*. R. Damien, *Le conseiller du Prince, de Machiavel à nos jours*, Paris, P.U.F., 2003. C. Lazzeri et D. Reynié, *Le pouvoir de la raison d'Etat*, Paris, P.U.F., 1992 et *La raison d'État, Politique et rationalité*, Paris, P.U.F., 1992.

4. Bodin pose la question de savoir si le roi peut être déposé et par quel sujet ou par quel corps (les grands, les magistrats, les corporations, l'Église, un prince étranger …) : *Les six livres de la république*, I, 8 : la puissance absolue n'est pas souveraineté. *Ibid.* II, 5 : s'il est licite d'attenter à la personne du tyran et après sa mort, annuler et casser ses ordonnances. *Ibid*, IV : vie des républiques et séditions.

5. Botero, *Raison et gouvernement d'Estat en dix livres*, *op. cit.*

6. Botero, Livre II, p. 151 *sq.*

au prince d'œil et sa valeur de main[1]. Spinoza et Montesquieu avaient utilisé cette métaphore de l'œil qui manifestait pour eux *l'unité* du corps et de l'esprit, l'unité entre le mécanisme des organes et les démonstrations, entre les démonstrations et les lois; il y a pour Botero, en un autre sens, une *analogie* entre le corps du prince et le corps de l'État[2]. L'auteur de *l'Epistre* qui ouvre *Raison et gouvernement d'Estat* dit que le rôle du prince n'est ni celui du juriste ni celui du savant, qu'il n'a pas besoin d'être bon mais doit avoir conscience de la juridiction universelle. Tout se passe comme si décider était en soi un emploi, l'emploi propre de la souveraineté, mais cela n'exclut pas que la volonté soit l'effet des conseils. A la seigneurie et aux conseils, Montesquieu opposera la distribution et la compensation des pouvoirs. Il nous fait passer de l'ordre de la décision et du pouvoir personnel, à la question de l'efficace des structures. C'est ce que verront en lui les législateurs de la Révolution française.

Montesquieu écrit :

> Il est inutile d'attaquer directement la politique en faisant voir combien elle répugne à la morale, à la raison, à la justice. Ces sortes de discours persuadent tout le monde et ne touchent personne. La politique subsistera toujours pendant qu'il y aura des passions indépendantes du joug des lois. Je crois qu'il vaut mieux prendre une voie un peu détournée et chercher à en dégoûter un peu les grands par la considération du peu d'utilité qu'ils en retirent. Je la discréditerai encore en faisant voir que ceux qui ont acquis le plus de réputation par elle, ont abusé de l'esprit du peuple d'une manière grossière[3].

Si les références à Richelieu et à son *Testament*, sont explicites[4], les références à Botero et à Guichardin semblent, à ma connaissance du moins, ou absentes ou rares[5]. Montesquieu donne une forme impersonnelle à la régulation, la traduit en dispositifs juridiques : la monarchie anglaise dont

1. On ne peut s'empêcher de rapprocher ces formules de celles de Montesquieu : « les lois sont les yeux du prince » (*EL*, VI, 5). Spinoza avait dit; les démonstrations sont les yeux de l'esprit (*Ethique*. V, 23 sc.) et « les lois sont l'âme de l'Etat (*Anima enim imperii jura sunt*) » (*Traité politique*, X, 9). Il y a là l'idée que les lois ou les démonstrations sont organiques, font partie du corps. Mais c'est hors dualisme.

2. Voir A. Boureau, *Le simple corps du roi*, Paris, Éditions de Paris, 1988.

3. Il s'agit, d'après D. Oster (p. 172-173), des chapitres XIII et XIV du *Traité des devoirs* dont on sait que Montesquieu, après sa lecture, ne déposa pas le manuscrit à l'Académie de Bordeaux. A. Masson (t. III, p. 162) renvoie à la lettre du 8 octobre 1750 à Mgr de Fitz-James pour expliquer l'usage qu'il en fit pour *L'Esprit des lois*.

4. *Mes Pensées*, 594 et les observations de Voltaire sur son authenticité, p. 925.

5. On trouve une référence à Guichardin dans les *Voyages* (le Milanais) : c'est à propos de la langue italienne (éd. A. Masson, t. II, p. 1027).

l'objet est la liberté politique en est l'exemple [1]. A l'inverse, on pourrait dire que certains éléments de la raison d'État sont traduits dans la logique du despotisme et tombent sous la même critique.

Montesquieu cite la politique d'Aristote qui prescrit de réfléchir sur les institutions avant de se fier au caractère des magistrats. Il s'agit du gouvernement constitutionnel qui est un mélange d'oligarchie et de démocratie.

> Il semble chose impossible qu'une cité ait une bonne législation si elle n'est pas gouvernée par les meilleurs mais gouvernée par les pires, et, de même, que soit gouvernée par les meilleurs celle qui n'a pas une bonne législation. Mais une bonne législation, ce n'est pas d'avoir de bonnes lois auxquelles on n'obéit pas. Il faut donc prendre d'abord la bonne législation comme le fait d'obéir aux lois établies, et ensuite comme le fait d'avoir de bonnes lois et de les observer (car on peut aussi obéir à des lois mal faites). Et cela peut <s'entendre> en deux sens : <obéir aux lois> les meilleures possibles pour des <gens donnés> ou les meilleures absolument [2].

Montesquieu écrit, en parlant de la monarchie, les lois *y tiennent la place* de toutes les vertus : c'est dire que la vertu n'est pas déterminée subjectivement mais politiquement :

> Dans les monarchies, la politique fait faire les grandes choses avec le moins de vertu qu'elle peut ; comme, dans les plus belles machines, l'art emploie aussi peu de mouvements, de forces et de roues qu'il est possible. L'État subsiste indépendamment de l'amour pour la patrie, du désir de la vraie gloire, du renoncement à soi-même, du sacrifice de ses plus chers intérêts, et de toutes ces vertus héroïques que nous trouvons dans les anciens et dont nous avons seulement entendu parler. Les lois y tiennent la place de toutes ces vertus dont on n'a aucun besoin ; l'État vous en dispense ; une action qui se fait sans bruit y est en quelque sorte sans conséquence (*EL*, III, 5).

Dans les *Réponses et explications données à la faculté de théologie* [3], Montesquieu détermine la vertu, c'est-à-dire l'amour de l'égalité, en l'opposant à l'honneur, c'est-à-dire au préjugé de chaque personne et de chaque condition : « Cette vertu politique qui est l'amour de la patrie ou de l'égalité dans la république, est le ressort qui fait agir le gouvernement républicain comme l'honneur est le ressort politique du gouvernement monarchique ». On a comme une mise à niveau de l'égalité et de l'inégalité : deux principes,

1. Cette détermination de la liberté est en même temps une réponse à Machiavel pour lequel les conflits sont source de la liberté dans la république.

2. Aristote, *Les politiques*, (IV, 8) trad. P. Pellegrin, Paris, GF-Flammarion, 1990, p. 304.

3. Oster, p. 826.

deux ressorts politiques différents entre lesquels Montesquieu n'institue aucune axiologie.

Montesquieu insiste sur la distinction entre la vertu politique et la vertu chrétienne. On se hâte d'y repérer la *virtù* de Machiavel et l'héroïsme des républicains de l'antiquité. Mais il faut d'abord se demander ce qui est refusé dans l'idée de vertu chrétienne. Guichardin oppose la façon de parler chrétienne et l'usage des États[1]. Car pourquoi demander à l'antiquité et à quelle antiquité, des modèles de vertu et d'héroïsme? La difficulté méthodologique est qu'aujourd'hui on a pensé des modèles de démocratie et de républicanisme par rapport à la société libérale et qu'il faut prendre garde de ne pas les importer dans des contextes où ils n'ont que faire[2]. On n'en a jamais fini avec les fantômes des précurseurs.

Il y a plusieurs directions pour chercher de quelle détermination de la vertu Montesquieu s'inspire. S'il récuse la vertu chrétienne en l'opposant à la vertu politique, c'est qu'il pense sans doute à l'enseignement de ses maîtres de Juilly. On pourrait rappeler les thèses de Malebranche dans les *Conversations chrétiennes* par exemple. Le quatrième entretien fait état de la division de l'homme, soumis à deux lois, la loi de Dieu et la loi du corps propre, et selon l'interlocuteur de Théodore dans le dialogue, ce n'est pas seulement un désordre mais une contradiction. Ce qui, en apparence et par manière de parler, est un combat de Dieu contre lui-même, se trouve justifié par le fait du péché et de la concupiscence; car les esprits ne s'engendrant pas, le péché ne peut se transmettre que par les corps, ce que Malebranche fait dépendre de la relation des mères aux enfants lorsqu'ils sont dans leur sein. Dans cette logique, les *Conversations* ne peuvent s'achever que par la persuasion à la fois rationnelle et spirituelle d'Eraste et la décision de son retrait du monde : contre le désir de faire fortune et de jouir des biens sensibles, contre le désir d'être savant, contre l'ambition de ceux qui veulent lui faire jouer un rôle dans la société parce qu'ils en espèrent un bénéfice de pouvoir. Mais l'argument de Malebranche ne vaut pas pour toute vertu chrétienne. Et on trouverait chez Pierre Nicole[3], sans parler même de la casuistique des Jésuites, une « science du monde »[4] et une justification

1. Francesco Guiccardini, *Ecrits politiques, Discours de Logrono, Dialogue sur la façon de régir Florence*, éd. J.-Cl. Ancarini et J.-L. Fournel, P.U.F., 1997.

2. Voir A. Negri, *Le pouvoir constituant, Essai sur les alternatives de la modernité*, Paris, P.U.F., 1997, p. 151 : il critique chez Pocock, à propos d'Harrington, « la vision linéaire de la dialectique des propositions historiques du machiavélisme ».

3. Pierre Nicole, *Essais de morale*, éd. de 1715.

4. Balthazar Gracian, *L'homme de cour*, trad. Amelot de La Houssaye, et *Le héros*, trad. J. de Courbeville, Paris, Le Champ libre, 1972 et 1973.

chrétienne des devoirs des hommes à la place où Dieu les a mis. Car il nous a donné des « devoirs d'état » et des grâces particulières pour les accomplir. En ce sens, la retraite, si elle est favorable à la méditation et à la pénitence, ne doit pas nous faire oublier nos obligations[1]. Le chrétien a des devoirs envers la société. Sans pouvoir, dans le cadre de cet ouvrage, contextualiser la nouvelle science du monde, la nouvelle science des mœurs sur lesquelles s'appuie Montesquieu, on se contentera de rappeler comment, à l'époque de la Contre-Réforme, on a cherché à concilier l'évaluation chrétienne des prétentions du moi et les doctrines modernes du mécanisme des passions[2].

Montesquieu ne cherche pas à dériver les structures et les fonctions de la société de la détermination de l'homme en général. Car même s'il lui arrive de parler des hommes comme de créatures[3], le terme de créature n'a pas de fonction conceptuelle. On pourrait dire qu'il est purement déclaratif et n'entraîne pas d'hypothèses sur la nature de l'homme : ce n'est jamais l'homme individuel qui est déterminé mais le membre d'une société. En revanche, nombreux sont les textes où, à propos de l'éducation par exemple, on voit apparaître divers « types » d'homme; nombreux les textes où il examine nos « machines »[4]; ou encore où il étudie les rapports du physique et du moral de manière à interdire toute interprétation dualiste. On peut citer par exemple *l'Essai sur les causes qui peuvent affecter les esprits et les caractères.*

En prenant appui sur le mélange du physique et du moral, sur la géographie et l'histoire des institutions, Montesquieu récuse un modèle : celui de la causalité transitive entre l'esprit et le corps. Il n'est pas le seul à l'époque. Dans un autre registre, celui de l'analyse du mouvement, D'Alembert, après Leibniz, fera la même critique de la causalité transitive et dira que dans le mouvement rien ne *se communique* à proprement parler. Cette critique d'une forme de causalité avait été introduite par les difficultés du dualisme cartésien. L'intéressant est ici que Montesquieu évite l'expression « causer » ou « influer sur » pour leur préférer « affecter ».

Sans doute s'agit-il aussi de l'opposition des vertus de l'homme privé et de l'homme public. Dans « les miroirs des princes chrétiens », qui furent un « genre » politique pendant quelques siècles, on récuse l'opposition de la morale et de la politique, on fait converger les vertus domestiques et les

1. Le texte de Montesquieu (*Traité des devoirs*) évoque le problème d'un stoïcisme chrétien. Sur celui-ci, voir J. Lagrée, *Juste Lipse, la restauration du stoïcisme*, Paris, Vrin, 1994.

2. Le Père Senault, *De l'usage des passions*, 1641, éd. C. Frémont, Paris, Fayard, 1987.

3. Par exemple, *EL*, I, 1 et III, 10.

4. *Mes Pensées*, 597.

vertus publiques. C'est même ce biais qui autorise l'Église à assurer le contrôle de la vie politique, puisqu'elle définit l'homme par son statut de créature et non par son statut politique. C'est en quoi consiste cette définition universelle qui s'oppose à la détermination singulière que pratique l'antiquité, cité par cité. Car c'est le citoyen qui fait l'homme. Lorsque Rousseau reprendra cette détermination locale et historique, les contre-révolutionnaires lui reprocheront de mettre la société à la place de la divinité[1]. Or c'est justement en ces termes qu'il définissait la « police » antique comme on disait.

Comment le souverain peut-il concilier efficacité et fidélité aux commandements divins[2]? Quelle est la détermination de la vertu du prince? se pense t-elle en termes de naissance et de don, de conseil, de formation? Les miroirs des princes ne sont pas unanimes. Dans un article sur le sujet, Henri Méchoulan écrit que Rivadeneira propose des modèles, et Mariana des techniques[3]. La question de la prudence se pose en termes de compétence et de savoir faire. La sagesse est moins dans l'application des principes que dans l'art de les choisir, de choisir ceux qui conviennent à une situation donnée. Dans tous les cas la problématique de la raison d'État est liée à l'hypothèse d'un pouvoir personnel, à l'hypothèse que le pouvoir ne peut être que l'émanation d'une personne. Mais de l'héroïsme des républicains à la raison d'État le statut de cette personne investie d'un pouvoir change. Exprimant la naissance, la puissance d'une famille, à la fois le fait de la domination et le droit qu'elle donne, la vertu se dira dans la logique de la force comme dans la logique du droit puisque cette philosophie de la puissance les recouvre toutes les deux, exprimant à la fois le gouvernement et la législation.

Revenons un instant à l'antiquité. Pierre Hadot écrit :

> Le mot grec *arété*, que nous traduisons par « vertu », avait, en son origine, une tout autre signification que notre mot « vertu ». Ce terme remontait à l'éthique aristocratique de la Grèce archaïque et il ne signifiait pas du tout une bonne habitude ou un principe qui nous conduit à bien agir mais plutôt la noblesse elle-même, l'excellence, la valeur, la distinction. On peut penser que cette idée d'excellence et de valeur est restée toujours présente dans l'esprit des philosophes. Pour les Stoïciens, *l'arété* est la valeur

1. Par exemple, Bonald, *Théorie du pouvoir politique et religieux*, imprimé en 1796 à Constance.

2. *Cf.* C. Lazzeri, *op. cit.*

3. *Corpus, revue de philosophie, n°* 31, p. 13 et 17.

absolue, fondée non plus sur la noblesse guerrière mais sur cette noblesse de l'âme que représente la pureté d'intention [1].

Montaigne oppose « les boutées et saillies de l'âme, les secousses » à la ferme et constante habitude [2]. Lorsque Naudé parle des coups d'État, Louis Marin nous avertit d'y lire, non l'équivalent des *golpe* mais les actions d'éclat, les inventions politiques dans l'ordre de la ruse, autant que dans celui du prestige visible. En tout cas, il s'agit, dans la force de cet événementiel, d'une rupture et d'une audace qui l'apparentent au registre de l'héroïque. A cette discontinuité s'oppose la continuité des habitudes et des mœurs : et c'est cette continuité qui est l'objet de Montesquieu, il posera la question de savoir quels facteurs peuvent constituer cette manière d'être. Dans *l'Essai*, dans les livres sur la religion, sur l'esprit général, sur le commerce, il montrera qu'il est essentiel à un gouvernement de pouvoir compter sur la stabilité, la continuité des mœurs et que ce n'est pas aux lois à réformer soudainement les mœurs: ainsi récuse-t-il toute causalité transitive. En revanche, les lois font bien partie des facteurs qui produisent les mœurs, mais les lois, c'est l'hypothèse fondamentale de Montesquieu, sont elles-mêmes expression des rapports réels entre les hommes.

Récuser la détermination personnelle du pouvoir, c'est ne pas croire que les vertus du prince font la politique; en même temps que la détermination personnelle de la domination qui suppose une autorité, la croyance dans l'efficace du verbe à l'impératif, ce qui est récusé est une manière de raisonner. La logique de l'autorité entraînait le jeu des « autorisations » : les officiers du royaume justifiés par l'instance supérieure, la hiérarchie entre les corps, des peuples jusqu'au roi, et le prince lui-même justifié par la Providence. Cette échelle politique reproduisait l'échelle ontologique de l'ordre naturel. Pourtant, le recours au consentement du peuple n'a cessé d'intervenir dans l'histoire de la monarchie française aussi longtemps qu'elle a convoqué les États généraux. C'est lorsqu'elle cesse de le faire qu'elle devient despotisme et que Richelieu joue le rôle d'un premier vizir [3].

Or, ce que Montesquieu repère dans le despotisme est précisément la hiérarchie ou l'échelle des dominations. La philosophie des « corps » que l'on lui a tant reprochée consiste au contraire à questionner le pouvoir comme domination, à diversifier les formes de pouvoir, à examiner

1. P. Hadot, *Introduction aux* Pensées *de Marc Aurèle*, Le livre de Poche, 1992 et 1997, p. 372.

2. *Essais*, II, 29.

3. Voir *Mes Pensées*, 594. On verra aussi ce qui concerne Louis XIII dans les fragments 595 et 596, Oster, p. 925 et 934 *sq.*

comment elles peuvent interagir, à chercher dans cette interaction les éléments d'un « contrôle » de la souveraineté qui permette de poser autrement la question à laquelle le régicide prétendait répondre. L'examen de la constitution d'Angleterre en fait la démonstration. Si la loi n'est pas une volonté, les relations de pouvoir ne sont pas une domination. Les pouvoirs qui s'exercent ne peuvent pas non plus être pensés comme des relations transitives, comme serait celle d'une autorité s'exerçant sur des sujets. Il faut donc faire la carte du réseau des relations politiques et civiles[1].

En travaillant sur la vertu politique, Montesquieu semble revenir à l'amour des lois et de la patrie, image sous laquelle les chrétiens modernes voient les cultures antiques. L'érection d'un tel modèle n'a t-elle pas une fonction ? n'est-ce pas le moyen trouvé pour penser les fonctions immanentes de la régulation dans le droit politique, en récusant la prétention du pouvoir ecclésiastique à jouer ce rôle de contrôle ? Dire qu'une société ne peut se passer de religion, qu'aucune société n'est athée, n'est pas pour autant se fonder sur un consensus des peuples à reconnaître quelque transcendance ou quelque sacré que ce soit, mais repérer l'invariance d'une fonction. Il faut dès lors traiter la religion comme une partie organique, une chose naturelle, ce qui, toutefois, n'est pas avoir recours à la religion naturelle. Déterminer la religion comme un ordre des choses est au contraire se demander comment elle est produite. Dans ce contexte, il n'est pas rare de voir des auteurs, même pieux, attribuer la religion à la Révélation, qui elle-même fait partie de l'ordre des choses[2]. Cette attitude conduit à des déclarations sur l'excellence du christianisme comme morale universelle. Les théologiens se récrient, ce qui nous étonne. Mais pourquoi nous étonner ? Nous confondons deux discours qu'ils distinguaient. Il nous faut examiner l'objet du scandale, l'idée que la religion est une chose naturelle, et en ce sens, la révélation aussi est naturelle étant dans l'histoire. Tout ce qui est surnaturel est en même temps de l'ordre d'un donné. C'est certes une équivoque et c'est aussi sur elle que s'appuie l'abbé de Prades dans l'article « Certitude » qui a suscité tant de problèmes aux éditeurs de *l'Encyclopédie*.

1. Cette représentation réticulaire du pouvoir serait sans doute à chercher dans le *Contr'un* de La Boétie.

2. Dans *L'ordre des échanges*, je citais Warburton à propos de l'origine du langage : on a jugé plus commode de l'attribuer à Dieu comme, en mer, on donne les épaves au seigneur (Warburton, *La divine légation de Moïse*, trad. et adaptation Léonard de Malpeines, *Essai sur les hiéroglyphes*, 1744).

On a vu qu'en citant *La fable des abeilles*[1] Montesquieu se défendait d'avoir voulu diminuer la distance infinie qu'il y a entre les vices et les vertus. Car c'est ce que ne doivent point ignorer ceux qui font des lois qui choquent l'esprit général. L'identité des nations est justement dans cet esprit général dont à plusieurs reprises, il énumère les facteurs. « Plusieurs choses gouvernent les hommes : le climat, la religion, les lois, les maximes du gouvernement, les exemples des choses passées, les mœurs, les manières; d'où il se forme un esprit général qui en résulte » : ce terme, *résulter*, est capital. Il évite toute substantialisation, toute essentialisation, toute réduction de l'esprit à un principe : c'est un résultat, un mélange. L'esprit général n'est pas le spirituel.

Cette énumération des facteurs prend en compte le quantitatif : « A mesure que, dans chaque nation, une de ces causes agit avec plus de force, les autres lui cèdent d'autant ». On a cité plus haut les exemples de la Chine, de Lacédémone, de Rome[2]. Les conséquences politiques sont énoncées dans les *Considérations*[3] : « C'est une erreur de croire qu'il y ait dans le monde une autorité humaine à tous les égards despotique; il n'y en a jamais eu et il n'y en aura jamais ». L'esprit général, on, l'a vu, résiste à toute injonction arbitraire d'un despote.

Montesquieu travaille sur les moyens naturels de changer les mœurs, attentif à l'échec de toute méthode discontinuiste comme le serait celle qui commencerait par changer les lois. Le naturel des peuples détermine l'homme comme citoyen, et non comme chrétien, comme créature. Ce qui va contre l'universalisme chrétien, contre l'idée d'un modèle humain à l'échelle d'une histoire universelle.

Dans cette logique des mœurs, il est « malheureusement » impossible, dit-il, que le christianisme s'établisse à la Chine. Au livre XIX, *de l'esprit général*, Montesquieu oppose deux grands modèles, la Chine et l'Angleterre, mais ne nomme pas cette dernière et met au conditionnel tout ce qui la concerne. On ne peut comparer la morale des Chinois et celle de l'Europe. Les législateurs de la Chine confondirent la religion, les lois, les mœurs et les manières[4]. Les préceptes qui regardaient ces quatre points furent ce que l'on appela les rites et l'esprit fut uniquement occupé de ces rites; les préceptes n'ayant rien de spirituel, il était plus aisé d'en convaincre les esprits (*ibid.* 17), « Tout cela fut la morale, tout cela fut la

1. *EL*, XIX, 8, p. 642 et XIX, 11. Voir *supra*, p. 115-117.
2. *EL*, XIX, 4.
3. *CR*, XXII p. 483.
4. *EL*, XIX, 17. Et lorsque Montesquieu dit « confondre », c'est moins un défaut qu'un caractère (qui s'oppose aux différenciations des Anglais par exemple).

vertu ». Les princes qui, au lieu de gouverner par les rites gouvernèrent par la force des supplices, voulurent faire faire aux supplices ce qui n'est pas dans leur pouvoir[1]. Montesquieu est attentif aux pratiques qui rappellent sans cesse à un sentiment qui va de tous les cœurs former l'esprit qui gouverne l'empire (*ibid.* 19). D'où l'explication de la Chine : les manières, les mœurs, les lois, la religion y étant « les parties d'un même code », ce système fondé sur la ritualisation de toute la vie rend le peuple chinois inaltérable aux conquêtes, la résistance est dans l'être même du peuple : et ce sont les vainqueurs qui devront se plier. La Chine ne perd point ses lois par la conquête.

L'Angleterre n'est pas nommée, pas plus que la France : ce début de chapitre travaille sur des modèles idéels plutôt qu'idéaux ; Montesquieu évoque des types, des systèmes pour marquer en quelque sorte comme des corrélations algébriques; d'où la citation de Solon, qui donna aux Athéniens « les lois les meilleures qu'ils puissent accepter » : par là on voit que la question politique n'est pas celle de la domination et des moyens de contrainte mais celle de la reconnaissance et des moyens de se faire sinon aimer, du moins préférer. L'amour des lois ou de la patrie se pose en ces termes : pourquoi un peuple préfère t-il ses lois ? parce qu'il y est habitué, en a fait l'expérience, sait comment en user, ou parce qu'il les a faites ? Ce qui montre que cette réflexion sur l'esprit général doit préparer une réflexion sur le rôle de l'opinion dans un gouvernement; ce n'est pas seulement le système des partis qui a amené le rôle de l'opinion publique, c'est le système des mœurs[2]. Sous le même titre, dans la continuation du même sujet, on pose la question de l'objet de la législation. L'objet de la Chine est la tranquillité : mais que le peuple soit industrieux et heureux, cela n'exclut pas la fourberie[3]. L'objet de l'Angleterre est la liberté, qui inclut le commerce.

Pour montrer l'amour de la liberté qu'une nation comme l'Angleterre puisse préférer à tout autre bien, à tout autre intérêt et qui lui ferait accepter les charges les plus lourdes parce qu'elle serait convaincue de leur nécessité, Montesquieu examine tous les cas de figure : que les inquiétudes n'aient pas d'objet certain, ou qu'elles aient pour objet la violation des lois fondamentales, au cas où la plupart des gens auraient plus d'affection pour une de ces puissances que pour l'autre. Il pourrait y avoir des partisans de la

1. *EL*, VI, 9, 12 et 21.

2. Les Romains servent encore d'exemple pour montrer comment les législateurs ont dû changer les lois du tutorat lorsque les mœurs ont changé. De même la loi de Théodose et de Valentinien lorsque les mœurs d'orient s'introduisirent en Europe (XIX, 24-26).

3. *EL*, XIX, 19 et 20.

puissance exécutrice car elle donne les emplois donc les espérances; toutes les passions y seraient libres, donc signe de santé comme dans un homme, et signe de l'indépendance des particuliers; et ceux qui s'opposeraient à la puissance exécutrice augmenteraient les terreurs du peuple, donc sa vigilance. C'est ainsi que les lois peuvent contribuer à former les mœurs, les manières et le caractère d'une nation[1].

Montesquieu développe les conséquences pour le crédit, la marine, les colonies, les négociations, la religion. Le crédit d'une telle nation serait sûr parce qu'elle emprunterait à elle-même; elle n'aurait pas besoin de la guerre, elle priserait les vertus civiles et serait une nation commerçante. Elle donnerait au peuple de ses colonies la forme de son gouvernement; si elle habitait une île et n'eût besoin d'aucune forteresse, elle aurait du moins une armée de mer qui la garantit des invasions et sa marine serait supérieure à celle de toutes les autres puissances; elle pourrait donc avoir une grande influence dans les affaires de ses voisins et l'occasion de devenir un centre des négociations de l'Europe : ses ministres étant responsables devant un conseil populaire, elle serait obligée d'y apporter de la probité. Dans un tel État où chaque citoyen aurait sa volonté propre, ou bien l'indifférence à la religion serait générale, ou bien les sectes se multiplieraient. Le clergé ne pouvant ni protéger la religion ni être protégé par elle, chercherait à persuader et on verrait sortir de sa plume beaucoup de bons ouvrages pour prouver la révélation et la providence du grand Être[2]. Les lecteurs de Montesquieu ont été plus sensibles à l'apologie qu'au développement de l'hypothèse, c'est pourtant la rigueur des inférences qui importe.

1. *EL*, XIX, 27.
2. Je paraphrase le passage.

CHAPITRE V

# DIVISION DES GOUVERNEMENTS

> Toute l'Europe a lu mon livre et tout le monde est convenu que l'on ne pouvait découvrir si j'étais plus porté pour le gouvernement républicain ou pour le gouvernement monarchique. Et effectivement, il y aurait eu de la petitesse d'esprit à choisir, parce qu'en effet ces deux gouvernements sont très bons, et que le meilleur des deux est celui dont on jouit [1].

La grande idée de Montesquieu est qu'il ne faut compter ni sur les personnes ni sur la morale, mais sur les institutions du droit. Il y a deux types de composition entre les lois : à l'intérieur de chaque régime politique (aristocratie, démocratie, monarchie), il y a une logique, les lois sont solidaires, on ne peut importer des lois isolées et elles ne peuvent être excellentes si elles sont sorties de leur contexte ; il y aura donc une division et une combinaison des puissances [2] instituant des dispositifs juridiques de régulation. En second lieu, ces pondérations manifestent comme un *mélange* entre les trois systèmes. Cette attention au mixte exclut la recherche du meilleur régime possible, car chaque combinaison aura ses proportions et la recherche d'une forme optimale ne peut être que relative, dans la comparaison des pluriels historiques.

Ces combinaisons donnent diverses espèces de gouvernement :

> Idée juste de quelques gouvernements. Quelle est donc la constitution d'Angleterre ? C'est une monarchie mêlée, comme Lacédémone, surtout avant la création des éphores, fut une aristocratie mêlée ; comme Rome, quelque temps après l'expulsion des Rois, fut une démocratie mêlée. L'Angleterre comme on l'a vu, incline plus vers la monarchie. Rome, où le

1. Oster, p. 826.
2. *Mes Pensées*, 1794.

> peuple discutait et décidait les affaires, inclina plus vers la démocratie. Lacédémone, où le peuple n'eut que la décision, inclina plus vers l'aristocratie[1].

## CONATUS ET OBJET

Il importe de noter tout d'abord que la différence des gouvernements n'est pas seulement la question de savoir entre les mains de qui se trouve la souveraineté : tous, un seul, un petit nombre. Cette détermination quantitative pèche en ce qu'elle ne donne pas toutes les variables de la souveraineté. Montesquieu procède autrement. Il interroge l'objet du système, car il faut un objet ou une unité si le système veut se conserver. Cette loi de persévérance dans son être, ce *conatus*, pour ainsi dire, est le salut de l'État. La première détermination d'un État est donc l'effort pour persévérer dans son être.

La seconde détermination définit ce que Montesquieu appelle « l'objet d'un gouvernement ». Sparte a pour objet la guerre, les Pays-Bas ont pour objet le commerce, l'Angleterre a pour objet la liberté politique. C'est cet objet qui donne une unité à une histoire, l'esprit d'un peuple n'est un que par cet objet. Par là, Montesquieu introduit l'idée d'une composition historique du naturel des peuples. Hippocrate avait forgé le grand modèle des « climats ». Bodin et d'autres politiques de la Renaissance, avant Charron, avaient travaillé sur les variations socio-politiques du naturel des peuples. Le sous titre de *L'Esprit des lois* est la reprise du comparatisme et de la leçon bodinienne[2]. On peut se demander en quoi les considérations sur le climat sont analogues aux considérations galiléennes sur la dimension des machines et la résistance des matériaux, et si la théorie des climats n'est pas à mettre au compte des « sciences nouvelles ».

L'Encyclopédie, sous la plume de D'Alembert, cite longuement :

> l'illustre auteur de l'*esprit des lois* examine dans le *XIV. livre* de son excellent ouvrage, pour montrer l'influence du *climat* sur les mœurs, le caractere, & les lois des peuples. Après les détails physiques sur les effets du froid & du chaud, il commence par expliquer la contradiction qui se trouve dans le caractere de certains peuples.

Il marque l'action des contraires, la chaleur donnant à la fois un corps faible et une imagination vive, mais les effets aussi de l'attachement de ces

1. *Mes Pensées*, 238 (sur la Constitution d'Angleterre).

2. Voir, cité par M.-D. Couzinet dans *Histoire et méthode à la Renaissance*, une lecture de la Methodus de Jean Bodin, Paris, Vrin, 1996 : J. Moreau-Reibel, *Jean Bodin et le droit public comparé dans ses rapports avec la philosophie de l'histoire*, 1933.

peuples à leurs usages, comme à la dévotion spéculative; l'article traite des maladies et en particulier du suicide en Angleterre, aux limites de la démence; enfin, les peuples se transportant sous d'autres climats se virent contraints de changer de législation sur les mœurs, comme les Germains passant en Espagne.

Les critiques reprochent à Montesquieu de tout faire dépendre du *climat*; « tandis qu'au contraire son ouvrage n'est destiné qu'à exposer la multitude presque infinie de causes qui influent sur les lois & sur le caractere des peuples, & dont on ne peut nier que le *climat* ne soit une des principales. C'est-là l'idée que l'on doit avoir de ce que l'on lit à ce sujet dans cet ouvrage, dans lequel il peut s'être glissé quelques propositions qui ont besoin d'être éclaircies, mais où l'on voit briller le philosophe profond, le citoyen vertueux. Notre nation lui a donné les applaudissemens qu'il méritoit, & les étrangers le regardent comme un ouvrage qui fait honneur à la France (*O*) ».

Montesquieu montre que le naturel compose différents facteurs dont aucun ne joue le rôle de détermination en dernière instance : c'est toujours le même refus de la finalité et de la causalité transitive qui se manifeste. La théorie des climats ne peut donc s'interpréter comme « la réduction du moral au physique », thèse que les censeurs de *L'Esprit des lois* voulaient faire endosser à son auteur à son corps défendant [1].

## TYPOLOGIE DES GOUVERNEMENTS

La distinction la plus commentée chez Montesquieu, est sans doute celle de la nature et du ressort, de la structure et du moteur des trois gouvernements. Les livres II et III qui en traitent adoptent le point de vue descriptif par rapport aux systèmes. En traitant de la corruption des principes, le livre VIII donne en revanche un sens dynamique, voire vital aux principes et traite d'une physiologie du politique [2]. Déjà Naudé considérait les sciences et les gouvernements comme on considère la croissance des végétaux. Naturalisme? Oui, si l'on considère le pluriel des naturalismes. Buffon, on l'a dit et redit, entrecroise l'histoire naturelle et l'histoire civile

1. Voir *Mes Pensées*, 302, 304, 310.

2. Si l'on confondait physiologie et biologie, on méconnaîtrait l'histoire du concept de vivant et on essentialiserait un des moments, ce qui arrive dans l'usage idéologique et même étatique d'une science. D'où un scientisme d'Etat.

comme moyen conceptuel de récuser le fixisme providentialiste[1]. Il s'agit donc de décrire un fonctionnement à partir d'une structure. Si modèles mécaniques il y a, leur déplacement du vivant au politique entraînera des différenciations.

Traitant des trois espèces de gouvernement, Montesquieu déclare qu'il suffit pour les définir de l'idée que s'en font les hommes les moins instruits et qu'il suppose trois définitions ou plutôt trois faits. Si l'on doit établir un rapport entre Newton et Montesquieu, c'est bien sur cette équivalence d'un fait et d'une règle. L'auteur de la fameuse formule : *hypotheses non fingo* cherche la loi dans le phénomène même et l'analyse de ses facteurs : détermination immanente qui s'oppose à d'autres déterminations providentialistes dans le discours de Newton et par cette relation d'équivalence entre le fait et la règle, fonde la science expérimentale.

Montesquieu détermine alors ce que sont les corps (le corps du peuple dans la démocratie est celui qui a la souveraineté) et les lois fondamentales (dans la démocratie, ce sont celles qui donnent le droit de suffrage). Les lois fondamentales qui déterminent le corps du peuple sont donc les principes de division en classes. Citant Tite-Live et Denys d'Halicarnasse, renvoyant aux *Considérations sur les causes de la grandeur des Romains et de leur décadence*, Montesquieu écrit, à propos de Servius Tullius

> il suivit, dans la composition de ses classes, l'esprit de l'aristocratie [...] et mit le droit de suffrage entre les mains des principaux citoyens. Il avait divisé le peuple de Rome en cent quatre vingt treize centuries, qui formaient six classes. Et, mettant les riches, mais en plus petit nombre, dans les premières centuries; les moins riches, mais en plus grand nombre, dans les suivantes, il jeta toute la foule des indigents dans la dernière; et chaque centurie n'ayant qu'une voix, c'étaient les moyens et les richesses qui donnaient le suffrage, plutôt que les personnes.

Dans l'analyse des divisions constituantes, Montesquieu distingue les méthodes de Servius Tullius et de Solon qui fut, lui, conduit par l'esprit de la démocratie et ne fit pas les différentes classes pour fixer ceux qui devaient élire mais ceux qui devaient être élus.

Une autre loi fondamentale est, après la division de ceux qui ont droit de suffrage, la manière de donner les suffrages. Les magistratures civiles qui exigeaient une grande dépense furent fixées par le choix, les autres par le

1. Sur Buffon, voir Jacques Roger, *Les sciences de la vie dans la pensée française au XVIII^e siècle*, Paris, Albin Michel, 1993; J. Gayon (dir.), *Buffon 88*, Paris et Lyon, Vrin, 1992; Thierry Hoquet, *Buffon, histoire naturelle et philosophie*, Paris, Champion, 2005.

sort : mais pour corriger le sort, il fallait se porter candidat pour être éligible.

Une troisième loi fondamentale fut celle qui fixe la manière de donner les billets de suffrage. Il faut distinguer alors entre une république où les suffrages du peuple doivent être publics, car le petit peuple doit être éclairé par les principaux et contenu par la gravité de certains personnages ; dans une aristocratie en revanche, ou au sein du sénat dans une démocratie, lorsqu'il s'agit de prévenir la brigue, les suffrages ne sauraient être trop secrets. Le raisonnement de Montesquieu rencontre celui de Machiavel : « Le malheur d'une république, c'est lorsqu'il n'y a plus de brigues ».

La quatrième loi fondamentale de la démocratie est que le peuple seul fasse des lois. Par cette formule, la souveraineté dont il était question au début du chapitre se détermine comme législation. Et ainsi dans l'antiquité, les arrêts du sénat, que les circonstances purent rendre nécessaires, n'eurent cependant force de loi perpétuelle que par la volonté du peuple.

Montesquieu n'applique pas à tous les systèmes la même arborescence de questions. Les lois fondamentales sont les lois des lois, elles définissent des types : l'exemple de Law en donne une détermination négative :

> M. Law, par une ignorance égale de la constitution républicaine et monarchique, fut un des plus grands promoteurs du despotisme que l'on eût encore vus en Europe. Outre les changements qu'il fit, si brusques, si inusités, si inouïs, il voulait ôter les corps intermédiaires et anéantir les corps politiques ; il dissolvait la monarchie par ses chimériques remboursements et semblait vouloir racheter la constitution même [1].

L'exemple d'un roi d'Aragon qui se fit grand maître des ordres, et par cela seul, altéra la constitution, montre que l'entreprise de Law n'est pas simplement une disposition de finance, ou économique, mais une révolution politique : en changeant le système de crédit de l'ancien régime, on altérait la constitution [2].

### DE LA CONSTITUTION D'ANGLETERRE

L'admiration de Montesquieu pour la monarchie constitutionnelle anglaise se déclare dans un paradoxe : « Si l'on veut lire l'admirable ouvrage de Tacite sur les mœurs des Germains, on verra que c'est d'eux que les Anglais ont tiré l'idée de leur gouvernement politique. Ce beau système

1. *EL*, II, 4.
2. Voir les travaux de Gustave Schelle et de Daniel Dessert cités plus loin à propos du commerce.

a été trouvé dans les bois »[1]. On a beaucoup dit que Montesquieu défendait un modèle, il nous semble plus intéressant d'y lire un protocole d'analyse du jeu institutionnel puisqu'aussi bien ce passage se fonde sur un parallèle peu étudié entre les Anglais et les Romains.

Le texte commence par définir séparément les trois pouvoirs mais il ne s'en tient pas au fait que chaque pouvoir soit donné à un corps ou à des personnes différentes : il va faire la théorie de la division de chaque pouvoir, de telle sorte que les parties d'une division puissent agir sur les parties de l'autre division, dans certaines limites, ne fût-ce seulement que par un droit d'empêcher, ce qui va produire une régulation. Ce sera la réponse à la question posée, comment « modérer », ou « tempérer » l'exercice du pouvoir. Ce ne sera pas la vertu du grand législateur, mais ses compétences. Il ne s'agit pas seulement d'éviter les extrêmes, à l'aristotélicienne, mais de produire les conditions et les dispositifs pour que le gouvernement soit accepté, reconnu, obéi. On fera donc fonctionner des dispositifs pour la reconnaissance et non des dispositifs de contrainte ou de duperie comme c'est le cas dans une philosophie politique de la raison d'État.

La différence entre pouvoir exécutif, pouvoir législatif et pouvoir judiciaire est une différence organique, propre à tout État en tant que tel. L'analyse que fait Montesquieu porte sur l'action et la réaction des différentes parties de ces trois pouvoirs. Ces pouvoirs sont des puissances, des instances de décision qui ne sont pas autonomes mais sont contrôlées par d'autres, par les autres. Aucune ne détient la place du souverain recours. Aucune ne peut donc être arbitraire. Le jeu de ces parties rend possible une liberté politique du citoyen : qu'il n'ait rien à craindre signifie qu'il peut connaître tous les rouages.

Ces points acquis, Montesquieu examine les cas où la liberté est perdue pour dégager, à partir des causes de sa perte, les conditions de sa conservation.

La première cause est quand la puissance exécutrice et la puissance législative sont réunies dans le même corps ou dans la même personne : les lois seraient l'intérêt particulier de ce corps. La tyrannie consisterait dans cette dépendance d'une puissance envers l'autre.

La seconde cause de la perte de la modération est la réunion des trois pouvoirs entre les mêmes mains : ce qui se produit chez les Turcs, à la différence des monarchies d'Europe. Mais le lecteur peut penser que l'exemple oriental a une valeur générique.

1. *EL*, XI, 6.

La troisième cause est un cas particulier de la seconde : si les trois pouvoirs sont réunis (à cet égard, les aristocraties italiennes ne sont qu'un cas particulier de despotisme), il faut une magistrature violente comme les inquisiteurs d'État et le tronc des délateurs à Venise.

Dans ces républiques, « le même corps de magistrature a, comme exécuteur des lois, toute la puissance qu'il s'est donnée comme législateur ». La formule utilisée marque l'unité, la non-division de la puissance : « toute la puissance y est une ». Et Montesquieu va jouer sur la division de chaque puissance : leurs différentes parties, les règles de composition des trois pouvoirs en fonction de la différence entre les corps de l'État vont produire ce que Montesquieu appelle modération, c'est-à-dire une relation de contrôle mutuel. Aucun des pouvoirs n'est autonome, aucun n'est souverain.

Charles Eisenmann soulignait[1] que l'on n'avait été attentif qu'à la séparation des corps représentant ces puissances et non à la distribution des parties de chaque puissance sur les différents corps. Ce que Michel Troper commentait en montrant que c'est en même temps une sorte de critique de la souveraineté.

En fait la législative fait apparaître une division de la souveraineté, partagée entre le prince et le peuple, théorie défendue par les nominalistes du Moyen Âge. Ce fut la raison de la méfiance des rois à leur égard : Louis XI interdit les nominalistes à la Sorbonne[2].

La puissance de juger devrait être telle que l'on eût sans cesse les lois sous les yeux, mais non pas les magistrats. Un sénat permanent donne à craindre les magistrats, or ce sont les lois, non les personnes qu'il faut craindre. La puissance de juger [devrait] être exercée par des personnes tirées du corps du peuple, réunies périodiquement, en des temps, des lieux, des formes de procédure de recrutement et d'exercice marquées par la loi. Cette détermination temporaire des tribunaux reprend d'anciennes pratiques où les juges s'assemblaient lors des foires par exemple. C'est ici

1. Ch. Eisenmann écrit : « Il est tout d'abord inexact que l'exercice incontrôlé, souverain, de l'intégralité de chacune des fonctions étatiques y soit attribué à une autorité ou à un groupe d'autorités absolument distinct [...] aucune des trois autorités n'est à la fois attributaire de l'intégralité d'une fonction, maîtresse de cette fonction et spécialisée dans cette seule fonction. [...] Les organes étatiques ne sont donc point du tout séparés fonctionnellement dans le système de Montesquieu » (« L'esprit des lois et la séparation des pouvoirs », *Cahiers de philosophie politique*, Bruxelles, Ousia, 1985. Étude initialement parue dans les *Mélanges Carré de Malberg*, Paris, 1933).

2. G. Naudé, *Addition à l'histoire de Louis XI*, 1630, éd. Y.C. Zarka, Paris, Fayard, 1999. On y trouve l'édit interdisant la lecture et le commentaire des Nominaux : *Edictum regium quo interdicitur Lectio seu Interpretatio Nominalium*, p. 109-118.

que l'histoire des institutions anciennes éclaire le raisonnement de Montesquieu. Le peuple, comme corps et à travers ses représentants joue donc deux rôles, législatif d'une part dans les Communes, et l'instance de recrutement doit alors être locale, judiciaire d'autre part, dans l'exercice de cette justice. On poussera l'équité jusqu'à permettre à l'accusé de récuser ses juges. Car il ne faut pas que l'accusé puisse craindre d'être tombé entre les mains de gens qui puissent lui faire violence.

C'est en vertu du même principe que les nobles ne pourront être convoqués devant le tribunal qui juge le peuple et que, pour respecter ce droit et ce principe d'être jugé par ses pairs, les nobles pourront être jugés par une partie d'entre eux, ceux qui exercent le pouvoir législatif. Ce pouvoir législatif sera donc divisé, exerçant deux fonctions. On verra qu'il est encore divisé, entre son rôle de décision dans la législation, et, par rapport à l'exécutif, son rôle de contrôle dans l'application des lois.

D'un côté, la puissance législative ne peut laisser à l'exécutive le droit d'emprisonner des citoyens qui peuvent donner caution de leur conduite, d'un autre côté lorsqu'elle juge qu'il y a conspiration contre l'État, elle peut permettre à l'exécutive d'arrêter les suspects pour un temps court et limité. Dans l'examen de ces situations, Montesquieu conclut que ce partage est le seul moyen conforme à la raison de suppléer à la tyrannique magistrature des Ephores et aux Inquisiteurs d'État de Venise, qui sont aussi despotiques.

De sorte que cette division interne de chaque pouvoir est aussi l'occasion de nous montrer que le despotisme est bien un régime politique, contrairement aux théories d'un Platon par exemple, qui voyait dans la réduction du pouvoir à des volontés privées, au désir d'un seul[1], la désintégration de l'État et du politique. Le despotisme n'est pas la désintégration de l'État même s'il en est pour Montesquieu une limite.

> Après tout ce que nous venons de dire, il semblerait que la nature humaine se soulèverait sans cesse contre le gouvernement despotique. Mais malgré l'amour des hommes pour la liberté, leur haine contre la violence, la plupart des peuples y sont soumis. Cela est aisé à comprendre. Pour former un gouvernement modéré, il faut combiner les puissances, les régler, les tempérer, les faire agir; donner, pour ainsi dire, un lest à l'une pour la mettre en état de résister à une autre; c'est un chef d'œuvre de législation, que le hasard fait rarement, et que rarement, on laisse faire à la prudence.

1. Platon, dans la roue des gouvernements (*République*, livres VIII à X), caractérise la tyrannie comme le gouvernement où les lois sont à tel point absentes que les hommes y osent faire ce que les autres hommes n'osent pas même rêver. Si le rêve, du moins, est bien la mise en scène de la transgression des lois.

> Un gouvernement despotique, au contraire, saute, pour ainsi dire, aux yeux; il est uniforme partout: comme il ne faut que des passions pour l'établir, tout le monde est bon pour cela [1].

Mais à pouvoir absolu, remède violent, et la réflexion de Montesquieu se porte sur la modération dans ces régimes aristocratiques, bien près pourtant de la tyrannie (III et V, 8) et il en vient à opposer la modération et la crainte :

> les lois doivent mortifier, dans tous les temps, l'orgueil de la domination. Il faut qu'il y ait, pour un temps ou pour toujours, un magistrat qui fasse trembler les nobles, comme les éphores à Lacédémone, et les inquisiteurs d'État à Venise, magistratures qui ne sont soumises à aucune formalité. Ce gouvernement a besoin de ressorts bien violents. Une bouche de pierre s'ouvre à tout délateur à Venise; vous diriez que c'est celle de la tyrannie [2].

Le titre du chapitre est: «comment les lois doivent se rapporter au principe du gouvernement dans l'aristocratie». Il faut étudier cette relation de l'aristocratie à la tyrannie et au despotisme.

> Une autorité exorbitante, donnée tout à coup à un citoyen dans une république, forme une monarchie ou plus qu'une monarchie. Dans celle-ci les lois ont pourvu à la constitution, ou s'y sont accommodées; le principe du gouvernement arrête le monarque; mais dans une république où un citoyen se fait donner un pouvoir exorbitant, l'abus de ce pouvoir est plus grand, parce que les lois, qui ne l'ont point prévu, n'ont rien fait pour l'arrêter. L'exception à cette règle est lorsque la constitution de l'État est telle qu'il a besoin d'une magistrature qui ait un pouvoir exorbitant. Telle était Rome avec ses dictateurs, telle est Venise, avec ses inquisiteurs d'État: ce sont des magistratures terribles, qui ramènent violemment l'État à la liberté [3].

Il est impossible que Montesquieu n'ait pas pensé à l'éloge que fait Machiavel des conflits pour ramener la liberté.

La pondération, la compensation des forces joue dans toutes les dimensions : le théâtre politique de la violence et de la liberté n'est pas ici le retour aux politiques cyniques et aux monarchomaques. La violence est naturelle, elle fait partie de l'économie du politique. C'est aussi l'indice de l'intérêt de Montesquieu pour des logiques plurielles : le travail qu'il fait sur Sylla [4] ou sur les barbares en témoigne. On retrouve cette sérénité

1. *EL*, V, 14, p. 552-553.
2. *EL*, V, 8, p. 549.
3. *EL*, II, 3, p. 534.
4. Voir *supra*, p. 79, note 1, *Dialogue de Sylla et d'Eucrate*.

descriptive dans le livre sur la conquête. De manière très spinoziste, ce n'est pas écart à la norme, mais différenciation des normativités.

Revenons à l'Angleterre.

La puissance législative est donc divisée.

> Le corps représentant ne doit pas être choisi pour prendre des décisions actives mais pour faire des lois ou pour voir si l'on a bien exécuté celles qu'il a faites [...] D'autre part, comme il y a toujours dans un État, des gens distingués par la naissance, les richesses et les honneurs, pour que leur propre liberté soit maintenue (ce sans quoi ils menaceraient la liberté du corps du peuple), la part qu'ils ont à la législation doit être proportionnée aux autres avantages qu'ils ont dans l'État : ce qui arrivera s'ils forment un corps qui ait droit d'arrêter les entreprises du peuple, comme le peuple a droit d'arrêter les leurs. Ainsi la puissance législative sera confiée, et au corps des nobles, et au corps qui sera choisi pour représenter le peuple, qui auront chacun leurs assemblées et leurs délibérations à part, et des vues et des intérêts séparés [1].

En ce point, Montesquieu distingue la faculté de statuer et la faculté d'empêcher pour établir les relations entre puissance exécutrice et puissance législative. Il appartient à la puissance exécutrice d'assembler le corps législatif dont Montesquieu énonce les règles : il ne doit pas toujours être assemblé, il doit être renouvelé périodiquement selon des règles, sans quoi le peuple pourrait désespérer et on ne pourrait éviter sa fureur; il n'est censé avoir de volonté que lorsqu'il est assemblé, il doit donc être convoqué par un autre; la puissance exécutrice doit avoir le droit d'arrêter ses entreprises : il n'est donc pas autonome et souverain.

Inversement la puissance législative ne peut arrêter l'exécution sans produire de grands maux. Il n'y a donc pas de symétrie entre ces instances.

La différence des gouvernements modernes et des gouvernements anciens tient à ce que la puissance législative ait le droit de juger, non la personne du prince qui est inviolable et sacrée parce qu'elle est l'État, mais ses conseillers et ses ministres qui peuvent être recherchés et punis. C'est l'un des cas où cette puissance joue le rôle de tribunal.

Il y a ainsi trois exceptions à l'union du législatif et du judiciaire fondées sur l'intérêt particulier de celui qui doit être jugé. Le premier cas concerne les nobles qui seront jugés par leurs pairs. Le second cas concerne le rôle législatif lui-même, rôle de modération de la loi même qui ne peut être tenu par un juge ordinaire, lorsqu'il s'agit de modérer la loi en faveur de la loi même, en prononçant moins rigoureusement qu'elle (appel ? grâce ?).

1. *EL*, XI, 6, p. 588.

Le troisième lorsqu'un citoyen viole les droits du peuple : comment constituer un tribunal où les droits de l'accusation et de la défense soient maintenus ? L'accusateur ne saurait être que la partie législative du peuple et c'est elle qui accusera devant la partie législative des nobles (car un autre tribunal serait entraîné par l'autorité de l'accusateur).

> Voici donc la constitution fondamentale du gouvernement dont nous parlons. Le corps législatif y étant composé de deux parties, l'une enchaînera l'autre par sa faculté mutuelle d'empêcher. Toutes les deux seront liées par la puissance exécutrice, qui le sera elle-même par la législative[1].

Puis Montesquieu déplace la question dans l'antiquité. Il met en avant deux problèmes : la question des corps, de ce qui les définit à chaque époque, et la question de la combinaison des puissances des différents corps, car il s'agit de calculer, c'est le terme qu'il emploie à la fin du livre, les degrés de liberté de chacun : « Fin de ce livre. Je voudrais rechercher, dans tous les gouvernements modérés que nous connaissons, quelle est la distribution des trois pouvoirs, et calculer par là les degrés de liberté dont chacun peut jouir. Mais il ne faut pas toujours tellement épuiser un sujet, que l'on ne laisse rien à faire au lecteur. Il ne s'agit pas de faire lire, mais de faire penser ».

La différence des monarchies anciennes et modernes tient à ce que les monarchies que nous connaissons ont pour objet la gloire. En un sens, cela s'oppose à la monarchie d'Angleterre qui a pour objet la liberté. Mais de cette gloire même il résulte cependant un esprit de liberté, Montesquieu dit de ces systèmes : ils approchent de la liberté. Son attention se porte sur l'absence de corps intermédiaires dans l'antiquité. La question sera de savoir quels mécanismes en tiennent lieu. Car comme toujours chez notre auteur, il s'agit moins de présence ou d'absence que de relations et de fonctions.

Montesquieu passe rapidement sur la Grèce. Evoquant les origines et les temps héroïques, où l'on était à la fois roi, prêtre et juge, en même temps qu'inventeur des arts et conquérant, il constate que l'on n'avait « pas encore découvert la vraie fonction du prince [qui] est d'établir des juges et non pas de juger lui-même ». Car, dit-il : « le chef d'œuvre de la législation est de savoir bien placer la puissance de juger » Si l'on la place dans les mains de celui qui a déjà la puissance exécutrice, le monarque est terrible et cependant, n'ayant pas la législation, il ne peut se défendre contre la législation.

1. *EL*, p. 589.

Les anciens ne raisonnaient pas en termes de corps ni en termes de distribution des trois pouvoirs : « Les anciens ne connaissaient point de gouvernement fondé sur un corps de noblesse et encore moins le gouvernement fondé sur un corps législatif formé par les représentants d'une nation. Les républiques de Grèce et d'Italie étaient des villes qui avaient chacune leur gouvernement et qui rassemblaient leurs citoyens dans leurs murailles »[1].

En soulignant « l'embarras d'Aristote », Montesquieu montre que le roi eut trop de pouvoir ou pas assez et que « les Grecs n'imaginèrent point la vraie distribution des trois pouvoirs dans le gouvernement d'un seul, ils ne l'imaginèrent que dans le gouvernement de plusieurs et ils appelèrent cette sorte de constitution police »[2].

Montesquieu passe alors à la succession des monarchies à Rome.

Au temps des cinq premiers rois de Rome, il fallait trois conditions pour l'élection du roi, l'approbation par le sénat, la confirmation par le peuple, la garantie par les augures. Servius Tullius affaiblit la puissance royale et l'autorité du sénat; il augmenta donc le pouvoir du peuple. Ce qui avait été sous les premiers rois un concert entre le roi, le sénat et le peuple fut rompu et Tarquin prit la couronne comme un droit héréditaire. Après l'expulsion des rois, le pouvoir des familles patriciennes qui étaient une partie importante du système monarchique, augmenta naturellement. Il devint nécessaire de diviser le seul pouvoir qui restait, celui du consulat, et ce fut sa division en magistratures.

Comment la puissance de juger fut-elle distribuée? Montesquieu montre les variables qui justifient la différence des instances de jugement : question de fait ou de droit (attribuées à des tribunaux différents), affaires criminelles ou délits (les premières relevant des rois ou des consuls); à la question : quels juges pour quelles affaires? s'ajoute la question des normes de la nomination, de la part respective du peuple et du sénat dans la nomination, de la durée de l'exercice, de la manière dont l'exercice, s'il est violent par exemple, peut être corrigé. Ces analyses qui sont celles de l'esprit des lois romaines, de la manière romaine de raisonner le droit, conduit à une considération constante : comment contrebalancer le pouvoir du peuple par le pouvoir du sénat.

> Il faut remarquer que les trois pouvoirs peuvent être bien distribués par rapport à la liberté de la constitution, quoiqu'ils ne le soient pas si bien dans le rapport avec la liberté du citoyen. A Rome, le peuple ayant la plus grande

1. *EL*, XI, 8 à 11.
2. *Ibid*.

> partie de la puissance législative, une partie de la puissance exécutrice et une partie de la puissance de juger, c'était un grand pouvoir qu'il fallait balancer par un autre. Le sénat avait bien une partie de la puissance exécutrice; il avait quelque branche de la puissance législative; mais cela ne suffisait pas pour contrebalancer le peuple. Il fallait qu'il eût part à la puissance de juger; et il y avait part lorsque les juges étaient choisis parmi les sénateurs. Quand les Gracques privèrent les sénateurs de la puissance de juger, le sénat ne put plus résister au peuple. Ils choquèrent donc la liberté de la constitution pour favoriser la liberté du citoyen, mais celle-ci se perdit avec celle-là [1].

Les maux qui résultèrent de la confusion de ces deux libertés, politique et civile, firent changer la constitution mais surtout abolirent le pouvoir « moyen » entre le peuple et le sénat, les chevaliers « qui ne furent plus cet ordre moyen qui unissait le peuple au sénat; et la chaîne de la constitution fut rompue ». Car si les chevaliers étaient les traitants de la république, il n'aurait pas fallu confier à des hommes d'affaires la puissance de juger. Montesquieu retrouve ici la méfiance du juriste envers le monde du commerce : marché dans lequel il pressent la dissolution du politique et de ses normes: « Lorsqu'à Rome, les jugements furent transportés aux traitants, il n'y eut plus de vertu, plus de police, plus de lois, plus de magistratures, plus de magistrats » (*ibid.*).

Le premier plan des monarchies n'appartient donc pas aux Grecs mais aux Germains, et c'est Tacite qui nous l'enseigne. Montesquieu, par cette référence, signe sa lecture des politiques cyniques. Car Tacite est désigné par Naudé comme « le Prince des philosophes ». Il va s'agir de montrer, pour Montesquieu, que l'exemple de l'Angleterre donne la formule, pour ainsi dire algébrique, de la composition du gouvernement monarchique par la division de chaque pouvoir, et par la distribution de cette division sur différents corps. Les divers exemples de l'antiquité montrent la même loi de composition dans la corruption des principes: si le pouvoir des patriciens augmente et conduit au gouvernement des consuls, il fait croître en même temps l'opposition des plébéiens. Montesquieu suit sa méthode, fait varier un terme et marque les conséquences. Ce furent les Germains qui inventèrent le système de la représentation.

1. *EL*, XI, 18.

## LES FIEFS ET LES VASSAUX

La question des fiefs est pour Montesquieu un fil directeur : « Que si, dans la recherche des lois féodales, je me vois dans un labyrinthe obscur, plein de routes et de détours, je crois que je tiens le bout du fil et que je puis marcher »[1]. Marc Bloch[2] a indiqué les enjeux de la différence entre la politique féodale et la politique moderne. Il semble que la monarchie parlementaire et la monarchie absolue cherchent ici, chacune de son côté, une validation par les origines historiques. La monarchie absolue cherche sa filiation par rapport à l'empire romain. La monarchie parlementaire, dont l'Angleterre offre un modèle, mais que la Révolution française aura du mal à instituer, cherche son origine parmi les Germains[3]. En distinguant deux historiens du droit, Boulainvilliers et Dubos, Montesquieu fait l'histoire de l'histoire. Mais il les récuse tous les deux.

Toutes les figures de la monarchie absolue sont convoquées dans son œuvre, des tyrannies antiques au despotisme des Turcs ou à l'absolutisme de Richelieu. Par opposition à ce paradigme, Montesquieu cherche chez les prétendus Barbares l'efficace de la notion d'assemblée des pairs. En cela, il s'oppose bien sûr aux différents modèles contractualistes mis en place par Locke ou Pufendorf. L'abstraction de ces contrats est dans l'égalisation des conditions des parties contractantes : à cet égard, on a raisonné sur des hommes, ou sur des chrétiens, pas sur les conditions réelles. C'est là que se situe l'opposition de Montesquieu aux tenants du contractualisme. La notion d'assemblée doit être distinguée de la notion de contrat. Pour le voir, il faut raisonner en termes de fait, non en termes de fondements. Mais cette histoire ne se découvre que dans les textes juridiques. Il ne s'agit pas de chercher dans le droit naturel cette métaphysique du droit que Rousseau récusera après Montesquieu. Il s'agit de lire les codes des Barbares. Le droit est toujours la résolution d'un problème.

1. *EL*, XXX, 2, p. 756.

2. M. Bloch, *La société féodale*, préface de R. Fossier, Paris, Albin Michel, 1994 (1939) On verra l'étymologie du fief (*pecus*, *Vieh*, *feu*) p. 237.

3. Il est difficile de reconnaître dans Montesquieu à la fois le tenant du républicanisme et l'héritier du droit des Germains. Les guerres du pangermanisme et du Troisième Reich, le retour idéologique au moyen âge allemand nous font hésiter ; il ne suffit pas de prendre pour fil conducteur l'idée de l'Etat nation, il ne suffit pas non plus de stigmatiser les diverses formes de nationalisme nourri sur le terrain des crises économiques. Montesquieu ne raisonne pas en termes de nation : il analyse justement des déplacements sur des territoires, des mixages des différents codes, par des effets de négociation. En cela il invente peut-être une méthode.

Cette affirmation sur le fil du labyrinthe[1] suit un paragraphe où Montesquieu fait référence à Tacite et à César qui s'accordent sur les mœurs des Germains. Les deux auteurs valent pour leur concision qui va à l'essentiel. Leur propos est en plein accord avec tous les codes des lois des barbares. Le fil pour l'établissement des fiefs, c'est qu'il y avait des vassaux et non pas des fiefs, parce qu'il n'y avait pas de terres à donner[2].

« Ainsi, chez les Germains, il y avait des vassaux, et non pas des fiefs ». Il n'y a pas de fiefs lorsqu'il n'y a pas de terres à donner. Il y a des vassaux lorsqu'il y a des hommes liés par leur parole. L'un des termes peut se substituer à l'autre : ce qui est marqué par des dons différents (les chevaux ou les armes à la place des terres) engage des services (et d'abord le service de la guerre). Montesquieu fait ainsi une théorie du don, et une théorie de l'engagement qui vont conduire à l'analyse de la naissance d'un droit et d'une économie. Mais il y a chez Montesquieu un ordre des dons et des échanges qui ne recouvre pas le schéma de l'analyse des marchés, telle que la conduiront les physiocrates ou un Turgot étudiant la genèse de la monnaie et des échanges. Montesquieu est attentif à d'autres procédures d'échange où le don manifeste les prérogatives et le rang supérieur du donateur, où le don engage le donataire dans des services, non seulement le service de la guerre mais le service de la justice sur les terres octroyées à cette condition. Entre les compensations par l'argent, rare à l'époque comme le soulignera Marc Bloch, et les obligations des services, Montesquieu cherche à saisir les moments de la constitution d'un droit.

La suite du chapitre interroge les procédés de partage des terres consécutifs aux conquêtes. On sait bien, depuis le livre sur le droit de conquête, que Montesquieu ne s'attache pas aux illusions morales du droit des peuples à disposer d'eux-mêmes. Sans se réfugier dans une normativité abstraite, il étudie les procédures qui rendirent possibles certains établissements durables en raisonnant, non sur les forces militaires de contrainte, mais sur les résistances des peuples, la réalité des rapports humains, les négociations et la recherche de la convergence des intérêts. Les codes des lois expriment donc ici les règles de la vie pastorale.

Les barbares, conservant dans les terres conquises, leurs premières habitudes, les Wisigoths, les Bourguignons et les Francs, héritiers des Germains, établirent la vie pastorale (selon Tacite et César) dans le Midi, la partie orientale de la Gaule, et le reste du territoire. Mais il y eut plusieurs plans de partage des terres. D'un autre côté, les Romains durent négocier

1. Après Bacon et Descartes, et en transposant, on voit naître des règles pour la direction de l'esprit des lois et un discours de la méthode du droit.

2. *EL*, XXX, 2.

pour arrêter les dévastations des guerriers. Les chroniques et les codes des Wisigoths et des Bourguignons montrent le partage du blé, puis par la suite, le partage des terres. Les mêmes Wisigoths n'eurent pas la même politique dans la Gaule et en Espagne. Les Francs, de leur côté, ne firent de règlement qu'entre eux.

Montesquieu explique comment interpréter les quanta de terre qui furent effectivement données et comment les textes se corrigent les uns les autres : ce qui permet d'éviter l'erreur de croire à une usurpation des terres des Romains par les Barbares. En faisant état de cette « modération », terme qui revient souvent sous sa plume pour signifier un calcul ou une pondération, Montesquieu montre que les Francs ne prirent que la portion de terres qu'ils pouvaient utiliser.

Le génie des deux peuples, Romains et Germains, se rencontre sur l'hospitalité. Les partages se firent selon l'esprit mutuel. Le Bourguignon, chasseur et pasteur, ne dédaignait pas de prendre des friches, ayant besoin de beaucoup de terres et de peu de serfs ; le grand travail de la culture de la terre exigeait que le Romain eut moins de glèbe et plus de serfs. Les bois en revanche furent partagés par moitié[1].

Il y eut dans chaque nation des nobles, des ingénus (hommes de naissance libre), et des serfs. L'histoire n'est pas ici celle de la servitude d'un peuple au pouvoir de l'autre. Ce point montre la faiblesse du système de Boulainvilliers, conjuration contre le tiers état, et celle du système de Dubos, conjuration contre la noblesse. Cette rencontre est donc capitale pour Montesquieu : tenir le milieu entre ces deux positions consiste à expliquer les raisons des divisions de la société.

Le problème est celui de l'augmentation du nombre des serfs entre la première et la troisième race des rois (*ibid.*, 11). Dans le commencement de la première race[2], il y avait un nombre infini d'hommes libres ; et dans les villes, à peu près la même administration que chez les Romains, des corps de bourgeoisie, un sénat, des cours de judicature ; alors que l'on ne trouve guère vers le commencement de la troisième race qu'un seigneur et des serfs. Comment cette transformation s'est-elle opérée ?

Les conquérants emportent tout ce que l'on peut emporter. Mais après les premiers ravages, un type de « droit des gens » se constitua, avec

1. Je paraphrase.

2. La division selon les races de rois est la coutume à l'époque : voir par exemple le *Nouvel abrégé chronologique de l'histoire de France*, qui connut de nombreuses réimpressions, et a pour auteur d'après Barbier (*Dictionnaire des anonymes*) le Président Hénault aidé sans doute de l'abbé Boudot. On verra *Mes Pensées*, 595 et 596 : « Morceaux de ce que je voulais écrire sur l'histoire de France ».

des règles de composition, c'est-à-dire de rachat des personnes. « C'était le droit des gens de ce temps-là ». Les conquérants, dit Montesquieu, reçurent *à composition* les habitants, et leur laissèrent tous leurs droits politiques et civils. Ce n'est pas la conquête qui produisit l'asservissement, mais le droit des gens. Les guerres civiles fréquentes entre frères ou neveux, pratiquant le même droit des gens, ce fut ce droit qui augmenta en France les servitudes. Il s'agit donc de penser la servitude moderne par opposition à la servitude antique qui était issue de la guerre.

Montesquieu récuse donc l'idée que l'asservissement découle d'une conquête militaire : c'est un fait de droit. Encore faut-il distinguer les types de droit. Montesquieu cite Theodoric, voulant faire respecter les lois romaines et rendre odieux le droit des gens des rois des Francs et des Bourguignons. Mais « comme, dans ces malheurs, les entrailles de la charité s'émurent, et que de saints évêques rachetèrent bien des vies, ce sont les Vies des saints qui donnent des éclaircissements sur ces matières ».

Le chapitre 12 distingue le butin et les tributs. Ces sortes de bénéfices sont liés à deux formes de société, l'une de peuples simples qui vivaient sans industrie, l'autre qui suppose la connaissance de différents arts. D'autre part, comment se définit la liberté personnelle par rapport à la possession de la terre et par rapport aux taxes ? Les Francs, qui n'étaient point serfs, ne payaient point de tribut. Les Barbares ne payaient pas de tribut sur les terres. Le passage est assez violent contre Dubos qui y perd non seulement toute qualité d'historien, mais toute qualité de grammairien. Il faut, pour Montesquieu, établir le statut des terres pour pouvoir établir le critère des divisions sociales et définir la liberté et la servitude. La question de l'hérédité des fiefs est posée à partir de là [1].

On a transporté dans des siècles reculés toutes les idées du siècle où l'on vit : la source la plus féconde des erreurs a aussi entraîné la confusion du *cens ancien*, tribut qui n'était levé que sur les serfs et du *cens moderne*, erreur liée à la traduction [2]. Les mots *census* et *tributum* ont ainsi été employés d'une manière arbitraire. Montesquieu cite les codes qui prouvent que les tributs étaient prélevés sur les serfs : « Le roi, les ecclésiastiques et les seigneurs levaient des tributs réglés, chacun sur les serfs de ses domaines. [...] Ces tributs étaient appelés *census* : c'étaient des droits économiques et non pas fiscaux ; des redevances uniquement privées, et non pas des charges publiques ».

1. M. Bloch, *op. cit.*, en particulier le livre II. Il cite Boulainvilliers (p. 11 et 12). Voir aussi M. Marion, article « Féodalité », *Dictionnaire des institutions de la France au XVII^e^ et XVIII^e^ siècle*, Paris, 1923, réimpr. 1979.

2. *EL*, XXX, 14.

Je le prouve, affirme Montesquieu, par une formule de Marculfe, qui contient une permission du roi de se faire clerc pourvu que l'on fut ingénu et que l'on ne soit point inscrit dans le registre du cens. Je le prouve encore par une commission que Charlemagne donna à un comte qu'il envoya dans les contrées de Saxe; elle contient l'affranchissement des Saxons, à cause qu'ils avaient embrassé le christianisme; et c'est proprement une charte d'ingénuité. Ce prince les rétablit dans leur première liberté civile, et les exempte de payer le cens. C'était donc [contrairement aux thèses de Dubos] une même chose d'être serf et de payer le cens, d'être libre et de ne le payer pas[1].

C'est pourquoi aussi un article de l'édit de Pistes interdit aux colons du roi ou de l'église de vendre des terres dépendantes de leurs manoirs à des ecclésiastiques ou à des gens de leur condition, ne se réservant qu'une petite case : de sorte que l'on ne pouvait plus être payé du cens, dès lors que le statut de la terre avait changé, étant passé entre des mains libres. Il ne faut pas tarir la source d'un revenu.

L'intérêt de cette discussion est d'amener le statut des fiefs : du point de vue de la possession des terres, du droit de transmission, des charges inhérentes à cette donation (guerre et justice), des bénéfices et des dépenses conséquentes. La donation des fiefs implique le devoir de rendre la justice. Elle implique des échanges de services vers le haut et vers le bas. Services militaires et services économiques se croisent. L'étude des fiefs fait apparaître l'entrelacement des relations de don, d'hommage, de la division du travail entre les diverses classes sociales, de l'échange économique. Au délà des dépendances foncières et personnelles, l'œuvre législatrice se fait : Montesquieu analyse le « dire le droit » à travers les langues qui transmettent les coutumes germaniques, à travers le latin dépositaire du droit romain. Toute son interrogation porte sur la manière dont les différents droits se sont entre-pénétrés. Son souci est philologique, comme le sera celui de Marc Bloch : qu'est-ce qui fut traduit, qu'est-ce qui fut oublié, méconnu ou incompris au fil des traductions ?

Marc Bloch évoque Montesquieu et sa recherche sur l'origine des fiefs pour définir la féodalité (terme mal choisi selon lui) et la distinguer de la politique moderne. Comme Montesquieu, Bloch s'attache aux problèmes de traduction pour déterminer l'origine des fiefs. La question n'est pas seulement de domination personnelle, les relations de dépendance ont un aspect économique. A l'époque carolingienne, les largesses du chef de guerre envers ses compagnons forment la contrepartie presque rituelle du

1. *EL*, XXX, 15 p. 762.

geste de dédition personnelle. Mais l'interdiction de rompre l'attache, d'après les capitulaires, est à la condition que l'homme ait déjà reçu de son seigneur la valeur d'un sou d'or. « Le seul vrai maître, conclut Bloch, était celui qui avait donné ».

La question est donc la nature de ce « don ». La vassalité ne se transmettant pas par l'hérédité, la rémunération du vassal ne pouvait non plus, sans paradoxe, revêtir un caractère héréditaire. Bloch remarque qu'il n'y avait pas de précédents à un tel droit dans le droit romain officiel ni dans la coutume germanique. La terminologie de ce genre d'accords était flottante, *precarium*, à cause de la prière (*preces*) censée émaner du donataire, ou encore bienfait, *beneficium*.

A l'origine, il y a deux modes de rémunération : la provende et le fief. Marc Bloch montre comment les vassaux recevaient d'abord du chef leur nécessaire, et comment la préférence pour la provende put s'expliquer par le fait de ne pas aliéner les terres. L'abandon de la provende fit peut–être intervenir des facteurs de prestige. Mais d'autre part, tous les fiefs ne naquirent pas d'un octroi du seigneur au vassal. Beaucoup naquirent d'un don fait par le vassal. « Les inférieurs offraient, avec eux-mêmes, leurs terres au chef, dit Bloch. Celui-ci, une fois contracté le lien de subordination personnelle, restituait à son nouveau dépendant les biens ainsi provisoirement cédés, mais non sans les avoir, au passage, assujettis à son droit supérieur, qui s'exprimait par le poids de charges diverses ». Ce qui donna lieu à deux sortes de fiefs, les tenures soumises aux droits coutumiers et les alleux exempts de toute dépendance[1]. Dans ce cadre, les droits et les services étaient définis par rapport à l'ensemble de la division du travail. Marc Bloch dit :

> Une institution, à l'origine de portée très générale qui, peu à peu, se mua en institution de classe, telle fut la courbe du fief comme de la vassalité et de beaucoup d'autres formes juridiques, aux âges féodaux. ... Car il y avait, cela va de soi, à la longue, quelque chose de gênant à devoir désigner ainsi, par un même nom, des biens qui eux-mêmes d'étendue et de nature profondément différente, étaient détenus par des hommes de condition aussi opposées qu'un petit maire de village, un cuisinier, un guerrier, seigneur à son tour de beaucoup de paysans, un comte ou un duc. La France du XIIIe siècle continuait à parler de fiefs d'officiers seigneuriaux et d'artisans : si bien que, préoccupés de mettre à part les fiefs vassaliques, les juristes caractérisaient volontiers ces derniers par l'épithète de « francs »,

1. M. Bloch, *op. cit.*, p 244.

> entendez: soumis seulement à des obligations dignes d'un homme parfaitement libre [1].

Mais Montesquieu ne fait pas état de cette différence, pas plus qu'il ne prend pour objet cette division du travail, bien qu'il critique longuement les confusions de Dubos sur la servitude et en particulier l'amalgame de la différence entre serfs et hommes libres et de la différence entre Francs et Romains. Marc Bloch montre que la seigneurie est une entreprise économique, héritée du dépiècement des *latifundia*. La servitude est liée au fait que la valeur des terres dépend de leur culture et des bras qui y sont employés. Aussi peut-il écrire, après avoir montré l'évolution des règles des fiefs et les problèmes liés à leur transmission héréditaire que « comme l'histoire du fief, l'histoire de la tenure rurale fut, en fin de compte, celle du passage d'une structure sociale fondée sur le service à un système de rentes foncières ». Or, sur cette appréciation de caractère général, nos deux auteurs se rencontrent.

Nous avons vu plus haut Montesquieu expliquer que la propriété de la terre n'est pas *ipso facto* un titre du droit naturel ni même du droit civil. A Rome, la propriété de la terre était un titre du droit politique.

Montesquieu interroge donc la transmission héréditaire de la terre. Il étudie les facteurs historiques dans la détermination de la propriété et par là critique la problématique du droit naturel. On se souvient que dans le *Second Traité du gouvernement civil*, Locke interrogeait le droit à la propriété en invoquant le travail: en analysant le fameux chapitre v, Macpherson a cherché à montrer les paradigmes historiques et sociaux d'une telle représentation de la propriété [2]. « S'il avait fallu attendre un consentement de l'humanité entière pour s'approprier les fruits nécessaires à leur subsistance, les hommes seraient morts de faim malgré l'abondance que Dieu leur avait donnée, dit Locke. Sur les terres communes, qui restent telles par convention, le fait générateur du droit de propriété, sans lequel ces terres ne servent à rien, c'est l'acte de prendre une partie commune des biens communs à tous et de la retirer de l'état où la nature les laisse ». Cet acte de retrait, de mon cheval, de mon serviteur, ou de moi-même, sépare mon bien du bien commun et signe l'appropriation. « Le travail, qui m'appartenait, y a fixé mon droit de propriété, en retirant ces objets de l'état commun où ils se trouvaient ». Le travail, quel qu'il soit, crée un droit de propriété. L'appropriation des terres commence ainsi par un bornage et un

1. *Ibid.* p. 240.
2. C.B. Macpherson, *Théorie politique de l'individualisme possessif de Hobbes à Locke*, trad. M. Fuchs, Paris, NRF-Gallimard, 1971 ; Oxford University Press, 1962.

investissement de forces. « En donnant l'ordre de dompter les choses, Dieu habilitait l'homme à se les approprier ».

L'approche de l'appropriation que suggèrent le lien de vassalité et le fief inspire à Montesquieu une réflexion sur le passage d'une relation de dépendance personnelle, où l'on est l'homme d'un homme, comme dira Bloch, et qui est accompagnée de services mutuels, à une transmission héréditaire de la terre qui est le point d'aboutissement d'une longue transformation, le passage du fief à la rente foncière. Le juriste qu'est Montesquieu ne cherche pas la justification de la propriété : il cherche l'institution de la propriété foncière comme signe d'un lignage. La relation de dépendance personnelle qui existait dans le fief se transfère en quelque sorte sur une terre ; l'appropriation de la terre est désappropriation de la dépendance personnelle. Bloch analyse ce point crucial déterminé par Montesquieu, le moment où les fiefs devinrent héréditaires. C'est aussi le modèle d'une nouvelle économie [1].

La mutualité se définissait par une logique de l'hommage dans une relation de domination et de don. La nouvelle économie se fondera sur l'achat et la vente, donc sur la supposition d'une mesure commune : concept absent de la logique antérieure où il s'agissait surtout de ne pas aliéner les terres, de ne pas laisser non plus partir ceux qui les cultivaient.

## LE COMMERCE ET LE LUXE

Montesquieu n'identifie pas subsistances et législation : « Non in solo pane vivit homo » [2].

La quatrième partie de *L'Esprit des lois* [3] s'ouvre sur une invocation aux Muses [4]. Derathé cite la correspondance de Montesquieu avec son éditeur Vernet pour expliquer la présence de ce morceau au début du second tome de *L'Esprit des lois* et évoquer la différence entre deux versions de ce texte. Il y voit une pause et comme un divertissement pour le lecteur avant de se remettre à une lecture ardue, celle de la seconde partie de l'ouvrage. Mais ne peut-on faire une autre hypothèse et se demander pourquoi ce début sinon pour amener cette phrase : « vous voulez que je parle à la raison [l'autre version dit : que je fasse parler la raison] ; elle est le plus parfait, le plus noble et le plus exquis de nos sens » ?

1. M. Bloch, *op. cit.*, p. 248.
2. Cité par Galiani, *Dialogues sur le commerce des bleds*, p. 97.
3. *EL*, XX à XXIII. *Mes pensées*, 336 *sq.* : « Que dans le fond, tout est échange ».
4. Éd. R. Derathé, t. II, p. 500, note 4.

On peut se demander si ce ne sont pas le commerce et l'économie politique qui découvrent, avec le goût, cette métaphysique du sensible que poursuivront La Mettrie, Condillac et Diderot. Car il ne s'agit pas seulement, pour Montesquieu, de faire que ce travail ne sente pas la lampe à huile. Si les Muses ont autrefois inspiré les écrits poétiques, ou romanesques et les lettres élégiaques même du jeune philosophe politique, les invoquer au seuil de ces livres sur le rapport des lois au commerce n'indique t-il pas une continuité entre ces différents écrits ? Il faudrait chercher cette continuité dans une philosophie du sensible et dans une philosophie du goût [1]. Car le fameux article « Goût » engage une théorie de la culture plus qu'une théorie de la subjectivité. Montesquieu traite assez généralement des mœurs et des manières, comme de la différence entre les peuples et de la différence entre les conditions. La détermination qu'il donne du commerce concerne les mœurs autant que l'histoire des échanges économiques et la géographie, comme toujours en fonction des législations des différents peuples, tandis que Véron de Forbonnais, dans l'*Encyclopédie*, rédige un article « Commerce » qui est essentiellement une théorie des échanges.

Dans la définition du commerce que donne Furetière, il s'agit d'abord d'un « négoce, trafic d'argent ou de marchandises, que l'on fait à dessein de profiter sur les remises, la vente ou l'échange que l'on en fait ». Il cite le banquier, mais aussi le commerce d'orient, ou de telle république, ou de telle marchandise. Commerce signifie aussi « la négociation, l'intelligence qui est entre les Estats » et enfin « la correspondance, l'intelligence qui est entre les particuliers, soit pour des affaires, soit pour des études, ou simplement pour entretenir l'amitié. On dit en ce sens le commerce de la vie, le commerce du monde en parlant des choses qui entretiennent la société civile, des manières d'agir qui s'observent dans le monde ».

Comme le terme d'économie, fréquemment employé dans l'histoire naturelle [2], qui désigne non pas un champ (ce qui est le cas si l'on pense par « domaines d'objets ») mais une *organisation* (autre concept majeur de l'époque pour penser la vie et récuser le dualisme), le terme de commerce ne circonscrit pas un type d'objets. En ce sens, on ne peut sans doute isoler l'histoire d'une discipline comme l'économie politique [3]. Une idée assez

1. J.-B. Mérian, « Comment les sciences influent dans la poésie », *Mémoires de l'Académie de Berlin* (1774-1784), Court de Gébelin, *Monde primitif, analysé et comparé avec le monde moderne*, Paris, 9 vol. (1775-1781).

2. Voir l'article « Oeconomie animale » dans *l'Encyclopédie*, de Ménuret de Chambaud. Voir les références à Buffon, *supra*, p. 106 *sq*.

3. Voir l'ouvrage très étendu de Céline Spector, *Montesquieu et l'émergence de l'économie politique*, Champion, 2006.

répandue est pourtant que l'intérêt pour le commerce naît au XVIII^e siècle, à l'époque où Adam Smith critique les physiocrates. Or, en étudiant les révolutions du commerce avec les révolutions des empires, Montesquieu inscrit le commerce dans une histoire globale que ne désavouerait pas Fernand Braudel. « Le commerce, tantôt détruit par les conquérants, tantôt gêné par les monarques, parcourt la terre, fuit d'où il est opprimé, se repose où on le laisse respirer: il règne aujourd'hui où l'on ne voyait que des déserts, des mers et des rochers; là où il régnait, il n'y a que des déserts »[1].

On a beaucoup insisté sur le doux commerce et sa fonction civilisatrice : en vérité, l'assertion de Montesquieu est double : « On peut dire que les lois du commerce perfectionnent les mœurs, par la même raison que ces mêmes lois perdent les mœurs. Le commerce corrompt les mœurs pures; c'était le sujet des plaintes de Platon; il polit et adoucit les mœurs barbares, comme nous le voyons tous les jours »[2]. Cette ambivalence nous reconduit à la prise en compte de la législation.

Dans cette démarche sur l'histoire du commerce, il ne s'agit pas de proposer un modèle, d'inventer une nouvelle forme ni de mesurer un progrès ou une décadence. Tout au contraire, Montesquieu analyse des situations singulières[3], il cherche dans les confrontations des équivalents : les alizés sont pour les anciens une sorte de boussole, toutes les denrées peuvent servir de monnaie, l'invention des lettres de change bouleverse la politique de la raison d'État, le crédit public peut tenir lieu de mines d'or et d'argent.

Montesquieu s'attache à relever les paradoxes, les difficultés, les changements intervenus. Par exemple, la pauvreté peut faire une partie de la servitude aussi bien qu'une partie de la liberté[4]. Et comme il suit les mœurs, le commerce suit les constitutions. Non que Montesquieu fasse à proprement parler dépendre l'économique du politique, mais il établit toujours des relations de structure, indépendantes de la volonté des hommes. Galiani reprend cette confrontation entre les républiques commerçantes et les monarchies agricoles.

Ainsi, ce que Cantillon par exemple[5] décrit comme une chaîne de dépendance et comme une causalité économique entre les dépenses de la

1. *EL*, XXI, 5.
2. *EL*, XXI, 1.
3. C'est peut-être la raison pour laquelle Galiani inscrit Montesquieu parmi les métaphysiciens, *op. cit.*, p. 95-97.
4. *EL*, XX, 3.
5. Sur l'image de l'espace économique de la Renaissance, voir Pierre Dockès, *op. cit.*, p. 56 et Philippe Desan, *Les commerces de Montaigne*, Paris, Nizet, 1992, en particulier le chapitre VI sur l'économie cannibale.

capitale, centre administratif, lieu de la cour, et celles des autres villes, puis des villages, Montesquieu l'interprète en fonction des structures juridiques de la monarchie (*EL*, XX, 4). Il y trouve la différence entre le *commerce de luxe* et *le commerce d'économie*. Les négociants des républiques antiques et modernes, l'œil sur toutes les nations de la terre, ont pratiqué ce commerce d'économie, qui ne vise pas à gagner plus, ni à procurer à une nation ce qui peut servir à son orgueil, à ses délices, à ses fantaisies, mais à accepter de gagner moins en se dédommageant par la continuité du gain. Montesquieu change donc toutes les variables du problème en redéfinissant le luxe : les villes ne sont pas le moteur de la dépense ; il ne faut pas même chercher un moteur, la fin du commerce est plutôt dans une circulation générale qui irrigue toutes les parties de la société qu'en un enrichissement de l'une ou de l'autre. La fin du commerce n'est pas le gain immédiat ; le fret qui charge les vaisseaux peut être de bien moindre valeur que d'autres marchandises, mais son poids et son volume ont un rôle à jouer pour que les navires ne voyagent pas vides, ce qui est un risque en cas de mauvais temps et a un coût ; et même, la nature des marchandises va déterminer les systèmes de mesure. Les anciens échangeaient du blé, et la capacité du vaisseau était évaluée en muids, aujourd'hui on échange du vin, et la capacité est en tonneaux [1]. C'est le raisonnement de Fréret sur les systèmes de mesure [2] qui est repris. La mesure est mesurée par un ensemble de facteurs, elle exprime des systèmes de relations. Fréret l'explique sur le tracé des stades, à la fois lieu et mesure, en fonction des dimensions des États et de l'importance civile et politique des jeux.

La confiance dans les entreprises de commerce est liée à la forme des États : « Dans les monarchies, les affaires publiques sont, la plupart du temps, aussi suspectes aux marchands qu'elles leur paraissent sûres dans les pays républicains » [3].

La stérilité d'un territoire, la rivalité des nations barbares, la fréquentation de la mer furent à l'origine du commerce de Marseille ; ceux qui fuyaient la violence et la vexation, à Tyr, à Venise, dans les villes de Hollande, furent forcés de se réfugier dans « les marais, les îles, les bas fonds de la mer et ses écueils mêmes » : des causes contraires produisirent ce commerce d'économie.

1. *EL*, XXI, 4.

2. *Œuvres complètes de Fréret*, édition augmentée de plusieurs ouvrages inédits par feu M. de Septchênes, Paris an IV (1796), t. XV et XVI, « Détermination de la grandeur des mesures anciennes ». Voir *Corpus, revue de philosophie*, n°29 mis en œuvre par C. Volpilhac-Auger, 1995.

3. *EL*, XX, 4.

On en viendra ainsi à en déterminer les caractères mais en même temps, l'esprit différent de chacune des nations qui l'exerce. Les variables sont dans les règlements de commerce qui excluent certaines nations (Les Japonais ne commercent qu'avec deux nations, la Chinoise et la Hollandaise), qui en privilégient certaines (les Polonais ont fait pour leur blé un marché avec Dantzick), qui protègent les denrées du pays par des droits de douane (c'est le cas de l'Espagne et de l'Angleterre). Les règles diffèrent selon la richesse et la pauvreté du pays, l'opportunité des droits varie : « Dans les États qui font le commerce d'économie, on peut établir un port franc » (*EL*, XX, 11). Si le bénéfice en est réel dans une république aux habitudes frugales, « dans le gouvernement monarchique, de pareils établissements seraient contre la raison ; ils n'auraient d'autre effet que de soulager le luxe du poids des impôts ».

Luxe ou économie, chaque système de commerce a ses règles et sa cohérence : « La nature des compagnies de commerce est de donner aux richesses particulières la force des richesses publiques ». Aussi conviennent-elles rarement au gouvernement d'un seul.

« Dans les États qui font le commerce d'économie, on a heureusement établi des banques, qui, par leur crédit, ont formé de nouveaux signes des valeurs » (*ibid.* 10). Là encore, constant dans sa méthode, Montesquieu insiste sur le risque qu'il y aurait à « transporter » ce dispositif dans des États qui font le commerce de luxe, car dans de tels États, l'argent est le trésor du prince, et on ne peut dissocier l'argent et la puissance. Ces remarques rencontrent celles que feront les physiocrates dans leur critique de la Compagnie des Indes et d'autres monopoles, car ils voient en eux des concurrents de la puissance légale, ce qui ne les empêche pas de critiquer l'interventionnisme de l'État. À la différence de Montesquieu, cependant, ils n'adoptent pas de point de vue comparatiste.

Comme la liberté civile n'est pas de faire ce que l'on veut (*EL*, XII) mais ce que les lois permettent, de même la liberté du commerce n'est pas une faculté accordée aux négociants de faire ce qu'ils veulent ; « ce serait bien plutôt sa servitude ». Il ne faut d'ailleurs pas croire que ce qui gêne le négociant gêne le commerce (*EL*, XX, 12). « Là où il y a du commerce, il y a des douanes. L'objet du commerce est l'exportation et l'importation des marchandises en faveur de l'État ; et l'objet des douanes est un certain droit sur cette même exportation et importation, aussi en faveur de l'État. Il faut donc que l'État soit neutre entre sa douane et son commerce, et qu'il fasse en sorte que ces deux choses ne se croisent point ; et alors on y jouit de la liberté du commerce » (*ibid.*, 13). Les formalités administratives des fermes ne doivent point absorber le temps des négociants.

Ainsi les douanes font partie des lois du commerce sans lesquelles il n'y a pas de liberté de commercer. Montesquieu compare la conception de la liberté en Espagne et en Angleterre (14). La grande charte des Anglais défend de confisquer, en cas de guerre, les marchandises des étrangers. En revanche, « dans la guerre que l'Espagne eut avec les Anglais en 1740, elle fit une loi qui punissait de mort ceux qui introduiraient dans les États d'Espagne des marchandises d'Angleterre [tout autant] que ceux qui porteraient dans les États d'Angleterre des marchandises d'Espagne ». Une telle loi confond toutes les idées et surtout l'harmonie qui doit être dans la proportion des peines. Elle fait « un crime d'État de ce qui n'est qu'une violation de police » (*ibid.*, 14).

Il faut encore examiner *qui* peut faire du commerce : Montesquieu pose la question du commerce du prince, du commerce des nobles[1], il cite l'exemple de Genève qui exclut les insolvables des magistratures. Un homme qui raisonne toujours sur les prérogatives des corps, ne peut qu'être attentif au fait que le commerce produit aussi des corps : banques, grandes compagnies qui entrent éventuellement en rivalité avec les attributions des corps des magistrats et de l'État.

Montesquieu est attentif aux révolutions du commerce. De vastes empires aux villes florissantes qui attiraient le commerce des anciens ne sont plus que dans Pline et Strabon[2]. La roue machiavélienne de la fortune a aussi changé les axes du commerce : du nord au sud et d'ouest en est. La différence des peuples, des climats, entraîne la circulation des métaux et des denrées, mais aussi des plantes et des animaux. Le commerce remodèle la nature. Ainsi du détournement du fleuve Oxus par les tartares. Avant la méditation de Volney et de Chateaubriand sur les ruines, Montesquieu écrit : « Que sont devenues les villes qu'Hannon nous décrit ? » Mais à la différence des modernes qui cherchent des vestiges, Montesquieu dit qu'il y aurait au contraire lieu de s'émerveiller s'ils avaient subsisté.

Il s'attache à décrire le commerce des anciens en fonction des navires et des moyens de la navigation. La mécanique des navires est de jonc ou de bois ; ils ont un fond rond ou ont un grand tirant d'eau ; leur vitesse, leur capacité à aller contre le vent est fonction de leur construction. Un plus grand navire résistera mieux à la tempête, à cause du rapport entre sa surface et son poids. Montesquieu demande quels furent, en l'absence d'écluses, en l'absence de boussole, les moyens de naviguer, c'est-à-dire de se donner un espace géographiquement et politiquement homogène ? Ces

1. Abbé Coyer, *La noblesse commerçante*, 1756.
2. *EL*, XXI, 5.

questions techniques nous ramènent toujours à la question fondamentale : quel est l'objet d'un gouvernement ? Galiani reprendra cette problématique en demandant si dans telle monarchie, dans telle république, dans tel peuple, le blé fut objet de commerce ou de politique. La preuve en est lorsque Montesquieu nous dit que les blés à Rome étaient matière de police plutôt qu'un objet de commerce (*EL*, XXI, 16). Les premiers Grecs étaient tous pirates (*ibid.*, XXI, 7) : ils se souciaient peu d'une législation du commerce. En revanche, lorsque Xénophon parle de la puissance maritime d'Athènes, « vous diriez qu'il a voulu parler de l'Angleterre ».

Mais il ne suffit pas d'analyser la puissance de Corinthe et d'Orchomène en fonction de leur situation, la vaste étendue des côtes de la Grèce, ses colonies innombrables. C'est Alexandre et ses projets qui passionnent Montesquieu. Car il remodèle le monde antique, il ouvre des routes, il établit des ports, il déplace des populations, il construit des villes, il appelle des ingénieurs : il crée un monde différent. Montesquieu cite les immenses travaux d'Alexandre pour rendre à la navigation les fleuves que les Perses y avaient rendus inaptes en Mésopotamie, l'établissement qu'il fit d'Alexandrie : « nul doute que son dessein ne fût de faire le commerce des Indes par Babylone et le Golfe persique » (*ibid.*, XXI, 8).

Avant la découverte de la boussole, dit Montesquieu, on tenta quatre fois de faire le tour de l'Afrique. L'histoire de l'antiquité s'écrit à partir de la navigation côtière. Ce type de navigation était sans doute accompagné de cartes qui établissaient le relevé des côtes et des points de mire à partir du cheminement du navire[1] : on n'avait donc pas une vue d'ensemble, mais un point de vue local, une succession de points de vue, une sorte d'*analysis situs*. Montesquieu s'interrogeant sur la représentation que les anciens avaient de la terre, part donc de cette perception singulière qu'il oppose au repérage par les latitudes et les longitudes, et aux représentations de la terre qui s'introduisirent à la Renaissance et à l'âge classique[2]. Il s'interroge ainsi à la fois sur les instruments de mesure des caps, sur ce qui jouait le rôle de boussole, sur la représentation de l'espace en fonction de la navigation côtière[3]. Il semble ainsi que Montesquieu réfléchisse à une sorte d'épistémologie sur le rapport entre les instruments qui rendent possible une certaine représentation de l'espace, la mécanique des vaisseaux qui permet de le parcourir, les systèmes de règles et de douanes qui régissent la

1. je n'ai pas trouvé de référence aux portulans chez Montesquieu.
2. Au dix-huitième siècle, il faudrait citer les mesures de Maupertuis et La Condamine.
3. « Comment on naviguait sans quitter les côtes ; les alizés étaient une sorte de boussole » (*EL*, XXI, 9, p. 665).

communication entre États. Par exemple, il cite Ptolémée, Strabon, Eratosthène dans Strabon, etc. Tant que l'on ne pensait pas la terre comme une sphère, pouvait-on avoir une autre représentation que locale ?

Les révolutions du commerce sont liées à la chute des empires et à la transformation des conflits qui jamais ne cessent. C'est pourquoi la conquête est inséparable de l'histoire du commerce et des colonies. « La guerre que les Romains firent contre les Carthaginois en Espagne, fut une source de richesses pour Marseille, qui servait d'entrepôt. La ruine de Carthage et de Corinthe augmenta encore la gloire de Marseille ; et, sans les guerres civiles, où il fallait fermer les yeux et prendre un parti, elle aurait été heureuse sous la protection des Romains, qui n'avaient aucune jalousie de son commerce »[1]. Montesquieu fait une histoire du Proche-Orient et de la méditerranée à partir du commerce, et en particulier du commerce de Carthage et de Marseille. Il rectifie les idées reçues sur le sens du commerce chez les Grecs et les Romains. La pratique des gens de mer étant « de se présenter, de fuir, de revenir, d'éviter le danger », de se livrer à une sorte de harcèlement, et non pas de combattre au même lieu et d'y mourir, ce qui est la manière des armées de terre, ni les Grecs ni les Romains n'eurent, selon Montesquieu, le génie du commerce. La preuve en est que les Romains ne destinaient à la marine que les citoyens peu considérables. La crainte de porter aux Barbares de l'empire l'art de vaincre fit négliger aux Romains l'art de s'enrichir (*ibid.*, XXI, 15). L'interdiction de porter à ces peuples de l'or ou du fer, le décret d'arracher les vignes en Gaule, témoignent donc de leur politique d'assujettissement.

Montesquieu distingue ainsi les traits fondamentaux de l'esprit d'un peuple tout en marquant ses transformations au contact des autres. Le commerce fait les routes, et la représentation, la construction du monde, se font en fonction des axes de circulation. Les Romains commercent avec les Barbares, l'Arabie et les Indes, sans que ce soit l'objet de leur gouvernement. Les Parthes et les Romains, peuples guerriers, firent la guerre entre eux pour exister, mais non pour vaincre, il subsista toujours des déserts entre eux ; les Arabes, peuple commerçant, deviennent conquérants par le fait des circonstances, au contact des Parthes et des Romains.

« La boussole ouvrit, pour ainsi dire, l'univers »[2]. C'est la découverte de deux nouveaux mondes : Asie et Afrique d'un côté, et Amérique de l'autre. Mais Montesquieu rappelle les médiations, une invention ne se

1. *EL*, XXI, 11.

2. On pourrait citer beaucoup d'autres auteurs qui établissent les périodes de l'histoire en fonction de ces inventions capitales que furent la boussole, l'imprimerie ou le microscope, par exemple Mirabeau et Turgot. Mais leur problématique est celle du progrès.

produit pas dans la discontinuité. Par la découverte du Cap de Bonne Espérance, on évitait de passer par le pays des Turcs pour aller aux Indes orientales. Du même coup, Venise et l'Italie cessaient d'être au centre du monde du commerce. La seconde voie est celle qu'ouvre Christophe Colomb vers les Indes occidentales où les Espagnols firent un commerce de conquête.

Cet effet de décentrement, ce changement d'axes met au premier plan deux nations européennes qui ne peuvent que s'affronter, l'Espagne et le Portugal. Si bien qu'il faudra le pape Alexandre VI pour établir une ligne de démarcation.

### *La monnaie et le crédit*

Montesquieu renouvelle à la fois la détermination de la richesse, qui ne consiste ni dans la propriété foncière et l'agriculture, ni dans l'accumulation des espèces; et la détermination de la monnaie, qui n'est pas une mesure, mais un moyen de circulation dans un monde où la valeur des signes est elle-même soumise au marché comme les autres marchandises [1]. Et c'est aussi ce qui explique son intérêt pour le change.

La question de *l'usure* est une question sensible puisque le prêt à intérêt a divisé les politiques chrétiennes: les uns s'appuyant sur une tradition thomiste et une société agricole, les autres prenant la mesure du risque marchand et de son coût, autant dans la naissance des compagnies d'assurance que dans les recherches mathématiques spéculatives [2]. Montesquieu pense aux usures maritimes. Car « le prêt sans intérêt ne peut être qu'un conseil de religion et non une loi civile ». La question est donc celle du prix de location de l'argent. L'auteur n'en parle qu'à propos du commerce des différents peuples ou des lois civiles des Romains. Montesquieu s'étend sur le sens des termes et la méthode pour compter l'usure; les termes ont pu demeurer en usage et leur sens changer; Montesquieu cite les références que fait Tacite à la loi des Douze Tables, les changements de législation sur l'usure à Rome et la loi des tribuns Duellius et Menenius. « Ce sujet tenait tellement à la constitution des Romains qu'elle pensa mille fois en être renversée...Quand un homme emprunte, il trouve un obstacle dans la loi même qui est faite en sa faveur: cette loi a contre elle et celui qu'elle secourt et celui qu'elle condamne » [3]. Comment une loi pourra-t-elle fixer le taux d'usure pour être utile à la république?

1. On pourra lire les analyses de Véron de Forbonnais, en particulier à l'article « Espèces » de *l'Encyclopédie*.

2. Voir le texte de Turgot cité p. 136, note 2 : *Mémoire sur les prêts d'argent*, 1770.

3. *Défense de L'Esprit des lois*.

Montesquieu s'explique dans la *Défense de L'Esprit des lois* sur le prêt à intérêt et cite saint Thomas, distinguant sa doctrine de celle d'Aristote (*EL*, XXI, 20). Là encore, il se positionne en historien, sans préconiser ni condamner l'usage de l'intérêt. Cependant, il étudie l'usure comme loi civile ou loi politique, les mesures du législateur romain, le système de Law qui par ses dispositions violentes et soudaines pouvait être un exemple du changement des institutions politiques par les dispositions de la finance. Cette réflexion où Montesquieu analyse les moyens de racheter la dette de l'État soit par la dévaluation de la monnaie (technique des anciens rois), soit par l 'émission d'un emprunt forcé (technique du siècle précédent), soit par l'émission de papier-monnaie puis d'actions sur les grandes compagnies (système de Law) est aussi une réflexion sur la nature de la monnaie. On arrive à la détermination de cette dernière par deux voies, ou la voie anthropologique et c'est l'énumération des denrées qui ont servi de mesure aux autres denrées : troupeaux, métaux, précieux ou non, absence même de monnaie dans le troc; et Court de Gebelin reprendra cette méthode [1]; ou la voie que je voudrais nommer épistémologique parce qu'elle détermine la monnaie non à partir de l'échange et de sa mesure, mais à partir de toutes les pratiques où elle est généralisée sous des formes qui ne sont pas de l'argent : par exemple, tous les systèmes de crédit et d'emprunt, les lettres de change, les rentes.

On se souvient que saint Thomas préconisait le prêt gratuit[2]. On se souvient que Luther condamnait le prêt à intérêt parce qu'il usurpait le pouvoir divin d'une spéculation sur le temps[3]. Là où les théologiens fixent une norme, donc des écarts à la norme, Montesquieu en vient à examiner le crédit non comme un écart mais comme le système des républiques marchandes. L'étude de la législation du crédit, dans l'antiquité et dans les monarchies modernes, permet de renouveler la question de la définition de la richesse :

> Les richesses consistent en fonds de terre ou en effets mobiliers : les fonds de terre de chaque pays sont ordinairement possédés par ses habitants. [...] Mais les effets mobiliers, comme l'argent, les billets, les lettres de change, les actions sur les compagnies, les vaisseaux, toutes les marchandises, appartiennent au monde entier, qui, dans ce rapport, ne compose qu'un seul

1. Voir Court de Gebelin, *Monde primitif. analysé et comparé avec le monde moderne*, 9 vol., 1775-1781.

2. Montesquieu cite et commente saint Thomas, *Réponses et explications données à la Faculté de théologie*, éd. D. Oster, p. 825.

3. Luther, *Œuvres*, éd. cit., t. IV : « Sur le commerce et sur l'usure ».

> État, dont toutes les sociétés sont les membres : le peuple qui possède le plus de ces effets mobiliers de l'univers, est le plus riche (*EL*, XX, 23).

On souligne souvent que Montesquieu attribue l'invention des lettres de change aux Juifs (*EL*, XXI, 20) en disant : « Le commerce passa à une nation pour lors couverte d'infamie ». Après avoir pris soin d'évoquer leurs exactions, ce qui laisse supposer, en fonction de la suite du texte, qu'il ne veut pas être soupçonné de sympathie, il se livre à une description cynique des « justices » rendues aux juifs et en donne l'explication par les stratégies d'enrichissement des rois qui ne pouvaient s'en prendre à leurs propres sujets, protégés par des privilèges ; car on ne regardait pas les Juifs comme citoyens dans des États chrétiens. Les pratiques de l'Angleterre et de la Pologne en témoignent.

> Les rois ne pouvant fouiller dans la bourse de leurs sujets, à cause de leurs privilèges, mettaient à la torture les Juifs que l'on ne regardait pas comme citoyens. Enfin il s'introduisit une coutume qui confisqua tous les biens des juifs qui embrassaient le christianisme. Cette coutume si bizarre, nous la savons par la loi qui l'abroge [1]. On en a donné des raisons bien vaines ; on a dit que l'on voulait les éprouver, et faire en sorte qu'il ne restât rien de l'esclavage du démon. Mais il est visible que cette confiscation était une espèce de droit d'amortissement, pour le prince ou pour les seigneurs, des taxes qu'ils levaient sur les Juifs, et dont ils étaient frustrés lorsque ceux-ci embrassaient le christianisme. Dans ces temps-là, on regardait les hommes comme des terres.

La solution de ce dépouillement systématique par la violence d'État est dans l'invention des lettres de change : « le négociant le plus riche n'ayant que des biens invisibles, qui pouvaient être envoyés partout et ne laissaient de trace nulle part ». Montesquieu, après avoir rappelé le principe selon lequel nous savons l'histoire à partir du droit, applique cet autre principe que chaque situation engendre son remède. Car la question n'est pas de savoir par qui les lettres de change furent inventées, mais quel était le conflit ou le problème que leur dispositif a résolu. Mieux, les solutions naissent de circonstances contraires : « Ainsi nous devons aux spéculations des scolastiques tous les malheurs qui ont accompagné la destruction du commerce ; et à l'avarice des princes, l'établissement d'une chose qui le met en quelque façon hors de leur pouvoir ».

1. Montesquieu cite l'édit donné à Bâville le 4 avril 1392 et commente les législations qui suivirent (Philippe Auguste, Philippe le Long, les novelles de Léon). La citation se poursuit ainsi : « Et je remarquerai, en passant, combien on s'est joué de cette nation d'un siècle à l'autre. On confisquait leurs biens lorsqu'ils voulaient être chrétiens, et, bientôt après, on les fit brûler lorsqu'ils ne voulaient pas l'être ».

La conséquence, c'est que les princes apprendront ainsi que leurs grands coups d'éclat ne sont que de grandes maladresses : ils apprendront la prudence par l'événement, c'est-à-dire par les conséquences de leurs « coups » : ici, la liberté du commerce leur échappe. Pour avoir voulu soudainement confisquer la richesse de ceux qui étaient voués au commerce par statut, ils les contraignent à inventer un dispositif qui échappe au Prince.

On voit par ces analyses que le crédit n'est nullement discrédité, si l'on ose dire ; au contraire, c'est le crédit qui rend possible le commerce.

> Pendant que les Espagnols étaient maîtres de l'or et de l'argent des Indes, les Anglais et les Hollandais trouvèrent sans y penser le secret d'avilir ces métaux ; ils établirent des banques et des compagnies et par de nouvelles fictions, ils multiplièrent tellement les signes des nouvelles denrées que l'or et l'argent ne firent plus cet office qu'en partie. Ainsi le crédit public leur tint lieu de mines et diminua le profit que les Espagnols tiraient des leurs [1].

Dans ces pages des *Considérations sur les richesses de l'Espagne,* trente ans avant *L'Esprit des lois*, Montesquieu pose déjà cette théorie du crédit en la désolidarisant de la valeur supposée intrinsèque des métaux précieux :

> Je ne saurais assez répéter que l'on a une idée très fausse du pouvoir de l'or et de l'argent à qui on attribue – malgré que l'on en aie – une vertu réelle ; cette manière de penser vient principalement de ce que l'on croit que les États les plus puissants ont beaucoup d'or et d'argent ; mais la raison en est que leur bonne police, la bonté et la culture de leurs terres l'y attire nécessairement, et l'on fait de ces métaux une cause de la puissance des états, quoiqu'ils n'en soient que le signe.
>
> De toutes les marchandises qu'un État peut avoir, celles de fiction ou de signe sont celles qui l'enrichissent le moins, car ces signes étant très durables et se consumant et détruisant peu, comme il convient à leur nature de signe, il arrive que plus ces sortes de richesses augmentent, plus elles perdent de leur prix, parce qu'elles représentent moins de choses [2].

C'est pourquoi l'Espagne a fini par tirer peu d'avantage de la grande quantité d'or et d'argent qu'elle recevait des Indes [3]. Il faut en effet distinguer deux sortes de marchandises. Les unes se consument par leur usage comme le blé, le vin et les étoffes ; les autres ont un usage de fiction

1. *Considérations sur les richesses de l'Espagne*, art. 3, Oster, p. 207.
2. *Ibid.*, art. 9 et 2, p. 210 et 208.
3. *Ibid.*, art. 2, p. 208.

comme l'or et l'argent. Il faut se garder de penser ici que fiction signifie illusion. La fiction est nécessaire, elle est le signe de la valeur; qui dit signe dit substitution, représentation. Et les valeurs elles-mêmes varient en fonction de l'offre et de la demande. En abandonnant les sources des richesses naturelles pour des richesses de fiction, Montesquieu ne dit pas que les Espagnols abandonnèrent la proie pour l'ombre. Il analyse la dévaluation des signes succédant à une période où l'argent était rare. La brusque multiplication des signes de valeur, absorba les frais de l'exploitation des mines [1] et de la fabrication des devises et fit enchérir les denrées. Cet afflux de métaux précieux causa la misère de l'Espagne.

Du reste, Montesquieu joue sans cesse sur le fait que la mesure est toujours mesurée : ce qui caractérise peut-être son époque et permet de l'opposer à celle du mercantilisme, c'est l'idée que la valeur des monnaies dépend d'un système de rareté ou d'abondance, et qu'il y a des phénomènes d'attraction entre les denrées et leurs signes. C'est Véron de Forbonnais qui, dans l'article « Espèces » de l'*Encyclopédie*, pose la question de savoir comment les denrées et les espèces s'attirent, en raison de leurs masses réciproques : il applique à leur circulation les lois newtoniennes de l'attraction, pensant en termes d'espace et de temps, d'abondance et de rareté, le mouvement des espèces. On peut dire qu'il a lu Montesquieu, on peut dire aussi que cette application de la physique aux matières de la vie civile était assez répandue à l'époque et que nous avons plus d'un exemple de cette « physique sociale » [2].

Sans voir que la multiplication des signes était incompatible avec la détermination de la richesse en termes d'accumulation primitive, les Espagnols se sont ruinés en poursuivant l'exploitation des mines. On peut voir dans la critique de « l'avarice » la critique de l'accumulation primitive :

> L'avarice garde l'or et l'argent, parce que, comme elle ne veut pas consommer, elle aime des signes qui ne se détruisent point. Elle aime mieux garder l'or que l'argent, parce qu'elle craint toujours de perdre, et qu'elle peut mieux cacher ce qui est en plus petit volume. L'or disparaît donc quand l'argent est commun, parce que chacun en a pour le cacher ; il

1. Il reprend dans *L'Esprit des lois* une formule des *Considérations sur les richesses de l'Espagne* : « Les Espagnols fouillèrent les mines, creusèrent les montagnes, inventèrent des machines pour tirer les eaux [car jusque là les indiens ne connaissaient que la séparation du minerai par le feu], broyer le minerai et le séparer, et comme ils se jouaient de la vie des Indiens, ils les firent travailler sans ménagement. L'argent doubla bientôt encore en Europe et le profit diminuait toujours de moitié pour l'Espagne qui ne recevait des Indes chaque année que la même quantité d'un métal qui était devenu de moitié moins précieux » (*EL*, XXI, 22).

2. Elle peut d'ailleurs être interprétée en des sens contraires.

reparaît quand l'argent est rare, parce que l'on est obligé de le retirer de ses retraites [1].

Les peuples commerçants (Anglais et Hollandais) ont changé (Montesquieu dit : sans y songer) la matière des signes de valeur et généralisé le système du crédit. Le crédit est une nouvelle monnaie. Sa réalité n'est pas dans les métaux précieux, mais dans les grandes compagnies et les banques. Ces signes de valeur ont supplanté les autres.

Un *Mémoire sur les dettes de l'État*, montre que Montesquieu s'intéressa tôt, vers 1716, aux rapports entre les différentes formes des échanges monétaires : à la monnaie proprement dite, aux lettres de change, aux effets des emprunts (le roi Louis XIV emprunta beaucoup pour les besoins de la guerre), aux intérêts de la dette d'État, aux rentes et à leur rachat. Montesquieu propose le rachat des dettes de l'État : « Tout se réduit à deux points : soulager le roi de ses dettes, et les sujets de la plus grande partie des impositions ». Le rachat des impôts pourrait se faire avec des effets royaux [2], les billets d'emprunt sur l'hôtel de ville.

« Quand le roi aurait réduit ses dettes, il lui serait facile de les éteindre tout à fait par la voie du rachat ». Le roi ferait racheter au peuple les impôts les plus onéreux et le paierait avec des effets royaux. Le roi n'y perdrait rien, parce qu'en cas de guerre, il aurait des ressources (ce qu'il n'a pas car il ne peut lever de nouveaux impôts). Le peuple y trouverait un avantage car le paiement de la gabelle par exemple lui coûte encore, en plus de la gabelle elle-même, les frais de la perception de la gabelle. De même le roi ordonnerait aux provinces et aux villes le rachat des gabelles, avec la faculté de faire leurs paiements en effets royaux ; et il leur permettrait d'emprunter suffisamment pour faire ce paiement. D'un côté, il faudrait maintenir les billets d'État à cinquante pour cent de perte pour réduire la dette de l'État, et d'autre part, afin que l'on ne fut pas plus porté à prêter aux particuliers qu'aux communautés, il faudrait réduire tous les contrats des particuliers au denier vingt cinq. Tout repose donc sur l'idée d'un emprunt forcé [3], mais c'était une pratique courante, et les sujets du roi y étaient

1. *EL*, XXII, 9. Montesquieu raisonne également en termes de multiplication des signes sur le système de Law (XXII, 6).

2. « Effet, et plus ordinairement effets au pluriel, se dit des biens des personnes, et particulièrement des négocians, et de leurs meubles et actions. Les créanciers viennent à contribution sur des effets mobiliaires. Cette obligation est un bon, un mauvais effet, c'est-à-dire est düe par un homme riche, ou par un insolvable. Il faut qu'une caution justifie les effets et facultez » Antoine Furetière, *Dictionnaire universel*, (1690) A. Rey (éd.), Paris, 1978.

3. Voir M. Marion, *Dictionnaire des institutions de la France au XVII<sup>e</sup> et XVIII<sup>e</sup> siècle*, art. Emprunt et Dette.

habitués ; l'idée de payer avec cet emprunt le rachat des impôts est une sorte de dévaluation de toutes les espèces circulantes, par le moyen de ces billets, mais cette généralisation fait qu'elle est insensible, au lieu que la dévaluation des espèces serait inégalement perçue par les différentes classes de la population.

Montesquieu, lors de son voyage en Angleterre, dit qu'il a attendu bien tard pour rencontrer Law et connaître sa pensée. Mais on voit qu'il applique le schéma du Système, qui, pour multiplier les espèces circulantes, transforme en espèces les intérêts. Dans *L'Esprit des lois*, en revanche, il garde ses distances par rapport à de tels remèdes à la dette. Mais il conserve l'idée d'une détermination du mouvement du commerce par le crédit.

D'après Braudel, à la fin des années Louis XIV, on a pratiqué *une politique de l'impôt* alors que l'on pratiquait en Angleterre, *une politique du crédit* : c'est sur ce modèle qu'est faite la proposition de Montesquieu au Régent : racheter l'impôt par un emprunt. Est-ce si éloigné dans l'esprit du système de Law dont Paul Harsin dessine les grandes lignes :

> [Il s'agit] de relever le crédit de l'État et pour cela de créer une institution publique de crédit. Non seulement une banque de dépôt, comme à Gênes, à Venise, à Amsterdam ou à Hambourg, mais une banque d'émission comme à Londres ou en Suède. Cette banque serait non seulement chargée de centraliser les recettes de l'État mais, par l'émission de billets convertibles en un certain poids d'or, elle assurerait la stabilité monétaire, augmenterait la circulation des moyens de paiement, ferait baisser le taux de l'escompte commercial et de l'intérêt courant, améliorerait le change étranger. L'amortissement de la dette publique, le remboursement des charges et offices permettrait à l'État de se libérer à l'égard des rentiers et des titulaires de fonctions publiques, de même que l'abondance monétaire et le rétablissement de l'équilibre budgétaire assureraient son indépendance envers les financiers privés.[ce serait une sorte de révolution qui impliquerait, avec une autre politique coloniale, une profonde réforme fiscale] [1].

### *La population*

Tandis que dès son voyage en Angleterre, Montesquieu s'intéresse au système de Law, à la dette de l'État, à l'usure et à l'assurance des compagnies de navigation, on ne trouve pas chez lui de trace d'une réflexion sur les statistiques de la démographie, bien qu'il analyse les facteurs de la population et de la dépopulation. Et cependant, comme l'écrit Eric Vilquin « la table de mortalité de Graunt a failli recevoir une application directe

1. F. Braudel-E. Labrousse, *Histoire économique et sociale de la France*, Paris, P.U.F., (1970), 1993, t. II, p. 267 *sq.*

dans un projet français de rente viagère. Un membre de l'Académie des sciences, Gilles Filleau des Billettes présenta au Roi en 1706, un mémoire proposant un nouveau système de rente viagère [...Mais] il ne semble pas que cette application actuarielle de la table de Graunt ait jamais fonctionné réellement». En outre, Chauffepié traduira dans son *Supplément au Dictionnaire historique et critique de Pierre Bayle* (Amsterdam, 1750-1756), d'assez longs extraits de l'ouvrage de Graunt[1]. E. Vilquin remarque encore que Johann Peter Sussmilch, auteur de *L'ordre divin* (Berlin, 1741) fut sensibilisé à l'étude des phénomènes sociaux et à l'approche mathématique des lois qui régissent la population par la lecture de la *Physico-theology* de William Derham (Londres, 1713) et trouva dans les publications de la Royal Society mention des observations de Graunt. Willem Kersseboom s'inspire également de Graunt dans ses *Essais d'arithmétique politique* (1742). En revanche, Buffon fut plus attentif à cet aspect statistique et écrivit un *Essai d'arithmétique morale* (publié en 1777).

Comme la question des subsistances, la question de la population est articulée à la législation: «Les femelles des animaux ont à peu près une fécondité constante. Mais, dans l'espèce humaine, la manière de penser, le caractère, les passions, les fantaisies, les caprices, l'idée de conserver sa beauté, l'embarras de la grossesse, celui d'une famille trop nombreuse, troublent la propagation de mille manières»[2].

Montesquieu étudie le phénomène de la population selon deux déterminations: les facteurs de la subsistance, le code des lois. Les facteurs de la subsistance tiennent moins aux ressources naturelles qu'à la forme du gouvernement, à sa dureté (*EL*, XXIII, 11). Pour étudier le nombre des habitants, Montesquieu pose la question de la proportion entre les hommes et les femmes, des pratiques de sélection des naissances (avortement, exposition), du climat, des productions de la terre, des ports de mer, de la mobilité des artisans, de leur rapport aux machines; il pose la question de la proportion entre hommes libres et esclaves, de l'affranchissement des esclaves, de la naturalisation des étrangers, de la politique d'intégration des barbares, et de la capacité d'absorption de Rome. Et les lois suivront ces mouvements de dépeuplement, de repeuplement. On peut critiquer l'esclavage qui dépeuple l'Afrique sans peupler l'Amérique. Mais cette popula-

1. *Observations naturelles et politiques... faites sur les bulletins de mortalité, par John Graunt, citoyen de Londres, en rapport avec le gouvernement, la religion, le commerce, l'accroissement, l'atmosphère, les maladies et les divers changements de ladite cité*, éd. critique et trad. E. Vilquin, INED, 1977. L'ouvrage fut édité cinq fois entre 1662 et 1676 et traduit en allemand dès 1702 (p. 3 et p. 28-31).

2. *EL*, XXIII, I.

tion est réduite à une main d'œuvre. Les Romains avaient au contraire une politique de l'esclavage qui permettait par l'accumulation d'un pécule, l'affranchissement puis le statut de citoyen. C'est une véritable politique d'intégration, où l'homme n'est pas seulement main d'œuvre mais apporte la richesse d'une compétence dans les métiers.

Il cite les mesures d'encouragement au mariage, aux naissances et la loi d'Auguste ainsi que son discours qu'il abrège d'après Dion :

> Pendant que les maladies et les guerres nous enlèvent tant de citoyens, que deviendra la ville si l'on ne contracte plus de mariages? La cité ne consiste point dans les maisons, les portiques, les places publiques : ce sont les hommes qui font la cité. Vous ne verrez point, comme dans les fables, sortir des hommes de dessous la terre pour prendre soin de vos affaires. Ce n'est point pour vivre seuls que vous restez dans le célibat : chacun de vous a des compagnes de sa table et de son lit, et vous ne cherchez que la paix dans vos dérèglements. Cette loi d'Auguste [commente Montesquieu] fut proprement un code de lois et un corps systématique de tous les règlements que l'on pouvait faire sur ce sujet. On y refondit les lois juliennes et on leur donna plus de force; elles ont tant de vues, elles influent sur tant de choses, qu'elles forment la plus belle partie des lois civiles des Romains (*EL*, XXIII, 21).

Les sectes de philosophie, puis le christianisme lui-même, détournèrent l'attention des hommes de la vie conjugale vers la vie spéculative; et l'on vit l'abolition successive des lois sur le mariage et de sa codification. Montesquieu condamne politiquement le célibat, mais sa critique ne porte que sur le libertinage et il met à l'abri la chasteté des moines. Pour l'étudier la vie monastique, Montesquieu la met au même rang que tous les phénomènes sociaux, montrant la corrélation entre les cultes et les mœurs, entre les modes d'occupation du sol et les lieux de culte, entre les prêtres et les magistrats. Les peuples nomades ont des lieux de culte, les peuples sédentaires ont des temples. La société protestante ne connaît pas le phénomène de la vie monastique. La société ecclésiastique reflète toutes les différences de la société civile. Montesquieu semble ainsi s'inspirer de Bayle pour décrire cet effet de miroir entre la société et l'Église[1].

Ce travail d'anthropologie est doublé d'une interprétation critique et philosophique dans les *Lettres Persanes*, où Usbeck[2] examine longuement la question de la dépopulation. Cette question s'articule d'abord à l'influence des doctrines philosophiques, religieuses et de la politique qu'elles

1. Bayle, *Commentaire philosophique*, … repris dans « De la tolérance », éd. J. M. Gros, Press Pocket, p. 269.

2. *Lettres Persanes* (113 à 122).

entraînent. Le mariage est ainsi étudié d'un point de vue historique et les chrétiens ne sont qu'un cas particulier : il n'est chez eux ni plaisir des sens, ni convention ; ce qui est une manière de désigner le sacrement comme une étrangeté sans le dire explicitement. Or, ce n'est pas ce que les critiques ont remarqué, et leur propos s'est essentiellement porté sur le traitement de la polygamie (voir *Défense de L'Esprit des lois*).

On peut être surpris par le parallèle que suggère Usbeck entre la continence des sérails et la continence des monastères. Dans les sérails où les femmes servent le plaisir d'un maître, le nombre des servantes et des eunuques qui les gardent est une perte pour toute l'économie du pays. Cette foule d'oisifs caractérise l'inertie du système despotique. Dans les monastères catholiques, les moines et les nonnes forment également une population inféconde, et retranchent par là une foule de sujets à l'État. A la différence des sérails, ces corps s'enrichissent et les biens de l'Église sont un chapitre de l'économie des États modernes.

Enfin Montesquieu pose la question de la santé publique : il parle des maladies populaires qu'engendre la misère, de la géographie des maladies[1]. Le chapitre s'achève sur les hôpitaux. « Quelques aumônes que l'on fait à un homme nu dans les rues ne remplissent point les obligations de l'État, qui doit à tous les citoyens une subsistance assurée, la nourriture, un vêtement convenable, et un genre de vie qui ne soit point contraire à la santé ». Institution des pays riches, des pays de commerce, (car il ne saurait remédier à la misère générale d'un pays pauvre), et parce que la fortune y est sujette à mille accidents, l'hôpital ne devrait être qu'un secours passager pour ne pas encourager « la paresse du bas peuple ». Car, écrit Montesquieu :

> Un homme n'est pas pauvre parce qu'il n'a rien mais parce qu'il ne travaille pas. Celui qui n'a aucun bien et qui travaille, est aussi à son aise que celui qui a cent écus de revenu sans travailler. Celui qui n'a rien et qui a un métier, n'est pas plus pauvre que celui qui a dix arpents de terre en propre, et qui doit les travailler pour subsister. L'ouvrier qui a donné à ses enfants son art pour héritage, leur a laissé un bien qui s'est multiplié à proportion de leur nombre. Il n'en est pas de même de celui qui a dix arpents de fonds pour vivre, et qui les partage à ses enfants (*EL*, XXIII, 29).

L'État a des devoirs et le savoir des métiers est une richesse, plus que les terres. Cette réévaluation du commerce et des métiers se compose avec la détermination de la population du point de vue citoyen et politique. Aussi

1. Voir *La Cacomonade* de Linguet et sur un mode plus sérieux, La Mettrie, *Traité des maladies vénériennes* en réponse à Astruc.

peut-on comprendre l'ironie dans la référence au chevalier Petty : « Il y a des pays où un homme ne vaut rien; il y en a où il vaut moins que rien » (*ibid.*, 17).

## La religion

Montesquieu qui connaît et cite Marana, *L'Espion dans les cours des Princes chrétiens*[1], ne s'exprime pas sur Dieu mais sur les systèmes de religion et les types d'histoire qu'ils impliquent.

La critique du divin passe par la divinisation du sensible[2] qui peut s'entendre en deux sens. Chez Pluche[3] et chez Warburton[4], elle signifie que les peuples ont pris le sensible pour du sacré. Pluche suppose que l'on a sacralisé les signes du Zodiaque, qui n'étaient pour les premiers peuples, que le calendrier des travaux agricoles, et que l'on en a fait des divinités, Warburton fait un raisonnement analogue sur les hiéroglyphes[5]. Mais en 1760, le Président de Brosses dit qu'il faut sortir de la méthode du figurisme et à la suite de Vico mais sans le nommer, interroge les pratiques comme des discours muets. On ne parle plus de sacré, parce que c'est le discours du chrétien sur l'autre; ni de sacralisation, parce que l'on ne suppose pas l'autre dans cette illusion. On prend en compte le réel de ses pratiques, par exemple, l'épi de blé que l'on porte au temple n'est pas un fétiche mais une mémoire, ou plus exactement, l'épi-fétiche est la mémoire du temps où les hommes ne vivaient que de céréales. On a donc un déplacement méthodologique important, et l'on passe de la critique de l'idolâtrie à une anthropologie[6].C'est ce qui explique comment Montesquieu traite de l'histoire des Dieux[7] : en parlant des premiers siècles, il ironise sur le fait que l'on a

1. Ses lettres mettent en parallèle les événements les plus remarquables d'Europe et d'Orient de 1600 à 1642 (Préface générale).

2. *Ibid.*, t. III, p. 301.

3. Abbé Pluche, *Histoire du Ciel, où l'on recherche l'origine de l'idolâtrie et les méprises de la philosophie*, nouvelle édition, Paris, 1748, 2 vol.

4. Warburton, *Essai sur les hiéroglyphes*, *op. cit.*

5. Il faut se souvenir que la *Grammaire égyptienne* de Champollion ne sera publiée qu'en 1838 et que jusqu'à la découverte de la pierre de Rosette, on n'a que des spéculations sur les hiéroglyphes. Voir F. Markovits, *L'ordre des échanges*.

6. Montesquieu n'a gardé que quelques fragments d'une dissertation faite pour l'Académie de Bordeaux sur les dieux-animaux (*Mes Pensées*, 592, p. 923); le reste, dit-il, ne valait rien. Il examine la typologie de Varron sur les Dieux célestes, les Dieux hommes et les Dieux animaux. Il restitue la naissance des dieux aux temps non historiques. Et il suppose que « toutes ces troupes de Satyres, que les premiers hommes prirent pour des dieux, et que les historiens prirent ensuite pour des peuples, n'étaient que différents animaux[cités par les auteurs de l'antiquité] ».

7. *Mes Pensées*, 583-590, p. 921.

prêté aux rois toutes les inventions, celle des arts nécessaires à la vie, celles des sciences plus relevées, comme s'il n'y avait alors que les princes qui eussent de l'esprit. Il insiste sur les progrès insensibles qui rendent impossible l'attribution d'une invention à un seul inventeur. Il ajoute :

> Les premières histoires sont celles des Dieux. Ces Dieux se changent en héros à mesure que les temps deviennent moins grossiers. Ces héros n'ont pour enfants que des hommes, parce que le monde commence à devenir plus éclairé, et que l'on voit les enfants de plus près que les pères. Les mythologistes, embarrassés à débrouiller l'histoire et la génération des dieux, firent deux sectes différentes. Les uns distinguaient et multipliaient les Divinités : tels étaient les poètes et les scoliastes. Les autres, plus subtils, voulaient tout simplifier, tout réduire, tout confondre : de ce nombre étaient les philosophes. Mais il faut avouer qu'il y avait bien peu de philosophie à se charger du pénible emploi de mettre la superstition en système [...] : les uns, plus grossiers, voulaient tout entendre à la lettre ; les autres, plus spirituels, ne trouvaient que des allégories et rapportaient tout à la morale et à la physique. Les philosophes révoltés voulaient restreindre ce prodigieux nombre de Divinités, qui avaient passé jusqu'au nom abstrait des substances.

Cette histoire parallèle de la religion et de la philosophie développe l'idée d'une équation entre abstraction, substantification, divinisation. Cette méthode est bien dans l'esprit de Fontenelle. D'autre part, on voit que Montesquieu se fait ailleurs un critique aigu de Malebranche et soutient contre lui des thèses qui ne sont pas loin de celles de Diderot et de Condillac sur nos machines et les petits ébranlements de fibres, causes de toutes nos idées. Cette critique de la métaphysique est associée à l'examen de l'athéisme. « Les théologiens soutiennent qu'il n'y a point d'athées de sentiment. Mais peut-on juger de ce qui se passe dans le cœur de tous les hommes ? » L'existence de Dieu et le dualisme substantiel ne sont pas crus par tous les peuples. On peut toujours le dire dans les termes où c'est l'autre nation qui s'aveugle. Cette duplicité permet à Montesquieu d'affirmer qu'il serait très fâché, quand l'immortalité de l'âme serait une erreur, de ne pas la croire. Mais quelques lignes plus loin, il écrit : « Les deux Mondes. Celui-ci gâte l'autre, et l'autre gâte celui-ci. C'est trop de deux. Il n'en fallait qu'un »[1]. Montesquieu, on va le voir, s'inscrit dans ce déplacement qui va conduire à considérer les révolutions des religions comme des faits naturels. Il va même jusqu'à écrire : « Il y a un auteur qui a fait un traité sur les maladies des arts; je voudrais en faire un sur les maladies des reli-

1. *Mes Pensées*, 2077-2091.

gions »[1]. Il y a un autre déplacement par rapport auquel comprendre la démarche de Montesquieu. La question posée par Hobbes et par Spinoza est celle de la subordination de la puissance ecclésiastique à celle des autorités civiles. En un sens, on pourrait estimer qu'elle se situe dans le prolongement des préoccupations de la raison d'État qui instrumentalisait la religion pour dompter le peuple considéré comme une foule dangereuse. Cette problématique de la duperie suppose le peuple façonnable, il y a comme une représentation plastique de l'opinion; elle est solidaire d'un volontarisme. En même temps, c'est la raison pour laquelle une polémique s'est développée à propos de l'équation entre législateur et imposteur. On sait l'histoire fameuse du *Traité des trois imposteurs*[2] : Moïse, Jesus, Mahomet. Elle a, en un sens, une source antique chez Antiphon et Critias : les législateurs n'ont pas seulement institué des magistrats qui veillent, ils ont aussi inventé des dieux qui ne ferment jamais les yeux[3]. Or Montesquieu ne prononce pas de jugement normatif sur le rapport entre les pouvoirs ecclésiastique et civil. En revanche, il se livre à une sorte de calcul des lois, pensant leur action mutuelle, voire leurs corrections mutuelles. Cette approche n'est possible que dans la mesure où Montesquieu traite des lois et non de la foi; et lorsqu'il traite des croyances, il les analyse comme des opinions, des faits naturels ayant une fonction sociale, analysables en facteurs historiques et géographiques. Or c'est bien cette naturalisation que les théologiens caractérisent comme impiété.

### *La définition de la religion*

Montesquieu pratique une véritable algèbre des variations que découvre, de manière exemplaire (et justement sur la typologie des religions), la simple lecture de la table des matières (*EL*, XXIV et XXV). L'analyse de la religion fonctionne chez Montesquieu comme une sorte de méthode expérimentale où s'organisent des analyses de cas distribuées selon des dichotomies et des relations de contrariété. Evidemment, cette algèbre est quelque peu provocatrice, quoique l'auteur s'en défende. Mais le lecteur est complice. Penser une géométrie politique n'est pas si

1. *Mes Pensées*, 103, Oster, p. 802. Il écrit encore : « "Combien le zèle pour le christianisme et le mahométisme a été destructeur". Il n'y a qu'une plume trempée dans le sang et dans les larmes qui puisse décrire les effets funestes de ce zèle » (*Ibid.*, p. 802).

2. *Traité des trois imposteurs*, manuscrit anonyme, 1777, éd. P. Rétat, Paris, Vrin et Université de Saint-Etienne, 1973. *L'art de ne croire en rien*, suivi du *Livre des trois imposteurs*, éd. établie et préface par R. Vaneigem, Paris, Rivages, 2002.

3. Voir la traduction de ces fragments par J.-P. Dumont et les références à Critias et Antiphon dans *Les Sophistes, Fragments et témoignages*, Paris, P.U.F., p. 175 et 211.

nouveau : Naudé énonçait trois axiomes de la politique : l'axiome de Cardan, n'entreprendre que pour achever, l'axiome de Boèce sur la vie et le dépérissement de toutes choses, l'axiome d'Archimède, sur la disproportion des causes et des effets[1].

D'où une variation réglée dans *L'Esprit des lois* sur le caractère des religions et le caractère des gouvernements, variation composée avec celle des climats, elle-même expliquée par la géographie politique, et l'économie : relation de structure entre le gouvernement modéré et la religion chrétienne, entre le gouvernement despotique et la religion mahométane ; autre relation de structure entre le catholicisme et la monarchie, entre le protestantisme et la république[2]. Le protestantisme convient aux peuples du Nord, celui de Luther à la politique des princes, celui de Calvin à la politique de républiques de notables comme Genève. Montesquieu applique imperturbablement sa méthode qui fait des normes l'expression d'une situation. Dans un va-et-vient entre les déterminations physiques et morales, il analyse la religion comme un facteur géopolitique.

Montesquieu peut ainsi montrer que la fonction de la religion est indifférente à sa valeur de vérité : la négation de l'immortalité de l'âme, par exemple, a pu avoir des conséquences admirables pour la société, chez les Chinois confucéens ou chez les stoïciens ; la reconnaissance de ce dogme, dans la religion du tao et des Foé, a pu conduire au contraire au mépris de la vie et à la ruine de la société. Voltaire plaisantait sur les superstitions culinaires. Montesquieu montre comment les habitudes alimentaires peuvent fomenter la haine, par exemple entre les Indiens qui ne consomment pas de vaches, et les mahométans qui ne consomment pas de porc ; mais en même temps il justifie les lois de religion locales : la métempsychose est une croyance qui, lorsque le climat ne permettrait pas à l'élevage d'y subvenir, garantit la subsistance d'un peuple par une judicieuse économie des céréales. Au Moyen Orient, où l'on a observé que la viande de porc se corrompt plus vite que toute autre, ce sera un animal impur. Quant aux religions spirituelles, elles nous donnent un bénéfice d'amour-propre car nous regardons l'idolâtrie comme la religion des peuples grossiers et la religion qui a pour objet un être spirituel comme celle des peuples éclairés. Ce travail de décomposition de la religion en facteurs ne concerne, bien sûr, que les fausses religions. Mais qui le croira ?

1. Voir les *Considérations politiques* et mon article « Bayle et Naudé, une politique sceptique de l'écriture », *Corpus, revue de philosophie* n° 35, p. 155.

2. Galiani (*op. cit.*) explicitera l'interprétation économique de ces correspondances.

Il ne faut pas oublier qu'à l'époque de Montesquieu, le magistrat civil avait à connaître de délits qu'aujourd'hui nous appellerions d'opinion. La grande question était donc, on l'a vu, la catégorisation des crimes : Il faut faire un grand pas pour passer du crime religieux, de la croyance fautive à l'idée que la croyance est une opinion, puis à l'idée que les opinions ne sont pas du ressort du magistrat civil et que celui-ci n'a à connaître que des actes, et non des pensées. On comprend la résistance des théologiens à ces thèses qui réduisaient leur pouvoir de contrôle de la société. Et ce ne sont pas seulement des philosophes mais aussi des hommes d'État comme Malesherbes, le directeur de la « librairie » (c'est-à-dire en quelque sorte le ministre de la culture) qui ont réfléchi sur les dispositifs de la censure et le bénéfice de la liberté d'expression.

Bien sûr, les philosophes ont écrit des histoires naturelles de la religion, l'ont décrite comme un effet des passions de joie, d'enthousiasme, ou de tristesse, de superstition (Hume). Le terme d'histoire signifiait justement une description : la religion était une donnée naturelle. Elle avait une fonction et une fonction morale : régler les mœurs, les manières, les coutumes dans une société. On récusait par cette fonction morale l'idée d'une société d'athées. En même temps, nombre d'écrits comparatistes faisaient état du pluriel des religions, de l'orient à l'Europe, de l'antiquité aux temps modernes, de l'ancien monde au nouveau monde. Une certaine prudence commandait de mettre le christianisme à l'abri de ces variations et de le soustraire aux parallélismes. Mais les lecteurs avertis (au premier rang desquels les théologiens) ne s'y trompaient pas.

Cette histoire plurielle, fondée sur la recherche de corrélations, donne une autre teneur à la fonction religieuse. On comprend ainsi ce que signifie « l'intérêt » de Montesquieu pour la religion chrétienne, la place qu'il se donne dans son propre discours sur la croyance, son souci de répondre aux athées, ce qu'il appelle ses « doutes » sur la grâce et la prédestination[1]. Sans prétendre se placer au lieu de la vérité, mais de sa propre place de gentilhomme chrétien d'un certain siècle, il analyse les arguments, sans cacher les éléments de séduction intellectuelle et morale de cette pensée du spirituel que nous offre la culture chrétienne. En même temps, s'il parle avec plaisir de cet attrait, ce n'est pas pour faire l'apologie de la religion. Il nous semble important de remarquer la singularité de cette position.

1. *Mes Pensées*, III, XXV, 674 p. 956.

*Bayle et Montesquieu*

Montesquieu réfute-t-il Bayle? Celui-ci, dans l'hypothèse d'une société d'athées, aurait-il fait l'apologie de l'athéisme?[1]. Sous la plume de Bayle, la stratégie de l'article « Spinoza » dans le *Dictionnaire historique et critique* fait apparaître des types d'athéisme. *L'Encyclopédie* reprendra cette démarche en caractérisant les hommes plutôt que les doctrines: l'athée est-il de théorie ou de pratique, poétique ou systématique[2], partisan de l'âme du monde? C'est une étude des cas de figure.

Montesquieu dénonce sans doute « les paradoxes et les sophismes de Bayle » dans l'*Esprit des lois* et dans *Mes pensées*. Reprenons pourtant pour l'examiner le discours convenu sur ce sujet. Montesquieu aurait réfuté Bayle, puisqu'il l'affirme lui-même. Il n'en aurait gardé que la dose de scepticisme qui est nécessaire à la tolérance et fait honneur à l'auteur de la *Très humble remontrance aux inquisiteurs d'Espagne et du Portugal*[3].

Lorsque Montesquieu dit qu'il a réfuté Bayle, fait-il ce qu'il dit? Poser la question est-ce le soupçonner de ne pas être véridique ou de ne pas être au clair sur sa propre démarche? Dans son *Éloge de la sincérité*, il interroge la connaissance de soi rencontrant l'obstacle de l'amour-propre, et distingue le fait de dire le vrai, de dire ce qui est, du fait d'exprimer ce que l'on pense. S'il reprend des arguments d'un Bayle critique envers la religion, s'il affirme ailleurs la force de la religion, faut-il voir dans ces difficultés une négligence, une faiblesse, ou un signe pour le lecteur, convoqué à penser la fonction de ces contradictions au lieu de reconnaître des croyances? Mais il faut pour cela distinguer entre des énoncés purement déclaratifs et des énoncés ayant une valeur opératoire.

Nous voudrions montrer que Montesquieu récuse Bayle explicitement plutôt qu'il ne le réfute démonstrativement; si bien qu'il reprend et amplifie sa méthode, non pas il est vrai, pour défendre l'athéisme, mais pour réduire la religion à une fonction politique et sociale, et s'éloigner complètement de la problématique de l'opposition de la raison et de la foi.

On peut remarquer d'abord que Montesquieu contextualise son rapport à Bayle en examinant la réception de ses écrits dans d'autres pays européens. En effet, dans la lettre à Mgr de Fitz-James du 8 octobre 1750, Montesquieu se justifiait d'abord d'avoir autrefois écrit sur la morale des

1. *Pensées diverses sur la comète*, § CLXI (sur une société sans religion).

2. En inscrivant Spinoza, l'athée de système, dans cette variation, Bayle remarque qu'à la différence des autres, Spinoza ne fait pas de métaphores et ne parle pas par figures (article « Spinoza » du *Dictionnaire historique et critique*).

3. *EL*, XXV, 13.

stoïciens sans avoir soulevé d'objections et d'avoir replacé cet éloge de leur philosophie[1] dans son traité ; il écrit :

> Tout le monde convient en Angleterre que personne n'a plus ni mieux combattu Hobbes (*Esprit des lois*, I, 2 et *Défense*, tome I, p. 436-437) que moi et Spinoza (*Défense*, tome I, p. 436-437) aussi. On convient en Allemagne que j'ai mieux terrassé Bayle, dans deux chapitres (*Esprit des lois*, XXIV, 2 et 6) que n'ont fait M. Basnage (J. Basnage de Beauval, *Entretien sur la religion*, Rotterdam, 1709) et autres théologiens dans des livres faits exprès. J'ai, dans toutes les occasions que mon sujet m'a pu présenter, relevé l'excellence de la religion chrétienne : je ne me suis pas contenté de la louer en général ; j'ai fait sentir ses avantages dans chaque occasion particulière. Assurément, si j'ai voulu décréditer la religion chrétienne, j'ai tourné le dos à mon projet[2].

Pierre Rétat[3] cite incomplètement en note cette lettre du 8 octobre 1750 à Mgr de Fitz-James : et retient les passages où Montesquieu se justifie d'avoir mieux terrassé Bayle que différents théologiens dans des livres faits exprès. Mais il ne cite pas l'Angleterre et l'Allemagne : or, c'est important, car dans la préface à ses traductions de Pufendorf et de Cumberland, Barbeyrac avait insisté sur la fonction de sa traduction et la nécessité de combattre les thèses de Hobbes et de Spinoza par celles de Locke. Il ne s'agit pas seulement de Montesquieu mais d'un dispositif d'ensemble. Cependant Rétat conclut : l'emprise de Bayle sur la pensée de Montesquieu n'est ni profonde ni durable[4] et revient à la charge[5] en disant que Montesquieu a réfuté Bayle.

Or, Montesquieu répond à un homme subtil qui vient de lui écrire en ces termes :

> J'ai trouvé que vous étiez moins répréhensible en ce que vous avez dit de la religion qu'en ce que vous avez tu ; je crois vous avoir dit que j'ai été affligé que vous regrettassiez tant les philosophes stoïciens ; il est vrai que vous dites : « si je n'étais pas chrétien… » mais il est des circonstances où [cela] semble vouloir dire que l'on ne l'est pas. J'espère que vous l'êtes, mon cher Président, et je le crois. Vous avez un esprit trop solide pour ne l'être pas ; mais un malheureux respect humain s'empare quelquefois des meilleures têtes : n'avez-vous pas craint que votre livre perdît de son mérite auprès des

1. André Masson précise la publication dans la *Bibliothèque française ou histoire littéraire de la France*, t. VI, mars 1726.

2. Montesquieu, *Œuvres Complètes*, éd. A. Masson, t. III, p. 1328.

3. *Le Dictionnaire de Bayle et la lutte philosophique au* XVIII*e siècle*, Paris, Les Belles Lettres, 1971, p. 20. [Rétat propose de lire Bernard Basnage].

4. *Ibid.*, p. 183.

5. *Ibid.*, p 280-293.

> prétendus beaux esprits d'aujourd'hui, si vous y aviez professé ouvertement le christianisme ?... [1].

Après le défenseur de l'athéisme, une autre image de Bayle est celle du déisme et de la religion naturelle. Faut-il inscrire Montesquieu dans cette lignée ? Mais en ce cas, que faire des textes contradictoires sur la loi naturelle que nous avons examinés à propos du premier livre de *L'Esprit des lois* et de l'*Essai touchant les lois naturelles* ? S'il n'y a pas de religion naturelle chez Montesquieu, c'est qu'en un sens positif, elle se confondrait avec le christianisme ; en un sens négatif, elle pourrait être un alibi de l'athéisme et les théologiens auraient raison de la suspecter. Bayle et Locke avaient montré le danger pour les religions, de légiférer sur les choses indifférentes et fait de la religion le droit de la conscience privée. Bayle a même soutenu le droit de la conscience erronée. Mais ce n'est pas la question que pose Montesquieu lorsqu'il détermine la religion comme loi, et non pas comme foi, et qu'il fait la théorie de la différence entre loi et conseil en distinguant la loi religieuse, fonctionnant comme conseil de perfection, et la loi civile qui prescrit. Il ne veut pas que le magistrat ait à connaître de nos pensées, mais ce n'est pas parce qu'il défend une philosophie de l'intériorité.

Que fait donc Montesquieu en réalité s'il ne réfute pas Bayle ? Il lui reproche ce paradoxe « Mieux vaut être athée qu'idolâtre » [2], appuyé sur un sophisme : mieux vaut nier l'existence d'un être quelconque que d'en caricaturer les attributs : mais justement, Dieu n'est pas un être quelconque.

Dans un long fragment [3], Montesquieu commence par examiner le fait que la première idée que nous ayons est celle de la matière, et que la philosophie païenne a dû naturellement supposer que les dieux étaient des êtres corporels, qu'ils étaient plusieurs et qu'ils possédaient les mêmes déterminations que les hommes. Il y a ainsi, dit-il, des « raisonnements d'instinct » qui permettent de comprendre la production spontanée du paganisme, sans l'imputer à un vice de la nature humaine comme serait l'idolâtrie. Et il compare la hiérarchie des dieux, qui est une sorte de

1. Montesquieu, *Œuvres Complètes*, éd. A. Masson, t. III, p. 1325.

2. *Esprit des lois*, XXIV, 2. Montesquieu a écrit un fragment qui est dans *Mes Pensées*, 672, p. 953) « Objections que peuvent faire les athées et auxquelles je répondrai ». A confronter avec *Mes Pensées* 615 : faisons effort pour arracher de notre cœur l'idée de Dieu. Contre l'athéisme, *Spicilège*, p. 413.

3. *Mes Pensées*, 673.

concept politique, aux fictions des métaphysiciens modernes imaginant des natures plastiques [1].

« Quant aux athées de M. Bayle, la moindre réflexion suffit à l'homme pour se guérir de l'athéisme. Il n'a qu'à considérer les cieux, et il y trouvera une preuve invincible de l'existence de Dieu. Il n'est point excusable, lorsqu'il ne voit point la divinité peinte dans tout ce qui l'entoure ; car, dès qu'il voit des effets, il faut bien qu'il admette une cause » [2]. Montesquieu sait parfaitement que c'est l'argument maintes fois invoqué par les théologiens et les métaphysiciens, maintes fois réfuté par les sceptiques. Le « spectacle de la nature » qu'un abbé Pluche célèbrera, que la *Lettre sur les aveugles* récusera, est justement ce qui est en question. Dès que l'on pense spectacle, on pense auteur : ce n'est pas une déduction, c'est une explicitation. Le recours à cette mise en spectacle pose implicitement un auteur et un dieu. A contrario, la mécanique des fibres n'est justement pas un spectacle, c'est pourquoi ce mécanisme a pu être utilisé par Diderot comme un argument contre la théologie.

Ce qui intéresse Montesquieu n'est pas la vérité de la religion mais sa réalité, sa fonction. La *Dissertation sur la politique des Romains dans la religion,* discours prononcé en 1716 et imprimé en 1799, développe déjà les thèses de *L'Esprit des lois* et l'idée que tout État a une politique de la religion. Montesquieu y examine les points suivants :

1) La nécessité où sont toutes les sociétés d'avoir une religion

2) La subordination de la religion à l'État : on y voit la différence entre les législateurs romains et ceux des autres peuples, les premiers firent la religion pour l'État et les autres l'État pour la religion [3].

3) La tolérance de toutes les religions dans l'antiquité : elle est liée à la séparation entre religion du peuple et religion des gens d'esprit. « Il leur fallait des sujets d'admiration et les signes de la divinité ne paraissaient que dans ce qui était contraire à la raison ». La limite en est l'amalgame aux yeux des Romains entre égyptiens, juifs, chrétiens : ce dont témoigne une lettre d'Adrien [4].

1. Leibniz a critiqué les natures plastiques de Cudworth (voir les *Considérations sur les principes de vie* et la correspondance avec Lady Masham, fille de Cudworth in *Œuvres philosophiques*, éd. Gerhardt, t. VI et III).

2. *Mes Pensées*, 673 p. 955.

3. Hobbes et Spinoza ont raisonné sur la subordination du pouvoir ecclésiastique au pouvoir civil.

4. Oster, p. 42. Montesquieu reprend à propos de la croyance aux éclipses et de l'interprétation des signes célestes des exemples antiques cités par Bayle dans les *Pensées diverses* ; à la fin de la dissertation il reprend peut-être les exemples de Vico en disant *les* Hercules, *les* Jupiter.

4) L'analogie implicite entre la religion égyptienne et la religion chrétienne : toutes deux introduisent la notion d'un corps des prêtres et d'une division dans l'État; à la religion égyptienne s'oppose la religion romaine où la prêtrise est magistrature. Cette définition politique de la religion est capitale, elle reprend les analyses du *Léviathan* qui subordonne l'autorité ecclésiastique à l'autorité civile.

La démocratie antique nous montre qu'à la différence des anciens, nous recevons trois éducations contraires : la vertu diffère selon l'éducation des pères, des maîtres, du monde; ce qui vient du contraste parmi nous, dit Montesquieu, des engagements de la société et de la religion. La vraie question est donc celle de la fonction morale : La religion joue un rôle essentiel dans la formation des mœurs et l'éducation.

Cette réflexion sur l'histoire romaine avait conduit les Machiavel [1] et les Naudé [2] à se demander comment les politiques ont usé de la religion, ce qui suppose la maîtrise du prince et la manipulation du peuple. Montesquieu transforme doublement le problème : il n'instrumentalise pas la religion comme moyen de répression envers le peuple, il en fait au contraire un frein envers l'arbitraire du prince [3]. Rappelons que, dans le despotisme, la religion sert de dépôt des lois. Mais il y a un second renversement. A la position subjective du problème, Montesquieu substitue des relations de structure entre les formes de gouvernement, d'économie et de religion. Et surtout, de croyance, la religion devient loi. Montesquieu étudie des effets de compensation entre les lois. La question devient donc : comment les lois religieuses tempèrent, corrigent, compensent, suppléent les lois civiles?

1. *Discours sur la Première décade de Tite-Live*, I, XII, trad. E. Barincou, Paris, Gallimard, 1952 : « Ainsi donc, il est du devoir des princes et des chefs d'une république de maintenir sur ses fondements la religion que l'on y professe; car alors, rien de plus facile que de conserver son peuple religieux, et par conséquent bon et uni. Aussi tout ce qui tend à conserver la religion doit-il être bienvenu, quand même on en reconnaîtrait la fausseté; et on le doit d'autant plus que l'on a plus de sagesse et de connaissance de la nature humaine ».

2. *Considérations politiques sur les coups d'Etat*, éd. cit., p. 179) Naudé a commencé par énumérer les trois inventions des législateurs : 1) persuader à leurs peuples qu'ils avaient la communication des dieux; 2) feindre des miracles, controuver des songes, inventer des visions et produire des monstres et des prodiges; 3) faire courir des faux-bruits, des révélations et des prophéties pour ébranler le peuple, l'épouvanter ou l'enhardir. « Puis donc que le naturel de la plupart des princes est de traiter de la religion en charlatans et de s'en servir comme d'une drogue pour entretenir le crédit et la réputation de leur théâtre, on ne doit pas, ce me semble, blâmer un politique, si, pour venir à bout de quelque affaire importante, il a recours à la même industrie, bien qu'il soit plus honnête de dire le contraire ».

3. *Mes Pensées*, 658 : « Comme la condition des princes les affranchit de la crainte des lois, il est presque impossible qu'ils ne soient totalement méchants, sans quelque système de croyance. Cela se prouve... ». Car ils ont des raisons d'Etat pour satisfaire leurs passions. Voir *EL*, III, 10.

comment les lois civiles, à leur tout, ont le même effet sur les lois des (fausses) religions, la vraie étant mise à l'abri, ce dont les censeurs de l'esprit des lois n'ont pourtant pas été convaincus. On passe d'une problématique du savoir-faire à une analyse des fonctionnements. Montesquieu peut ainsi montrer, sur l'exemple de l'immortalité de l'âme, que la fonction de la religion est indifférente à sa valeur de vérité.

Montesquieu ne met donc pas seulement en œuvre une physique mais une méthode quasi algébrique. Il fait varier les divers types de lois dans les diverses fonctions et dans les diverses relations qu'elles ont entre elles. Le transport des lois fait que la même loi a des effets différents dans des lieux et des temps différents, la loi civile peut jouer le rôle de loi naturelle ou corriger le droit naturel, ou servir par provision de droit des gens. L'intérêt de ces variations est dans le dépassement d'une philosophie de la volonté.

Cette critique de la manipulation qui est en même temps une critique du volontarisme a une portée considérable car elle déplace l'attention sur les procédures juridiques d'élaboration et de contrôle des lois. Et ainsi, elle convoque l'homme et le citoyen à penser les lois.

# CONCLUSION

Montesquieu nous invite à penser le politique à distance de tout volontarisme et plus précisément des stratégies de la domination et de la raison d'État. Il construit *une science nouvelle*, *une histoire naturelle des lois* et déchiffre les systèmes de normes comme des récits. Le souci de précision et de fidélité l'emporte sur le projet axiologique ou herméneutique. L'auteur de *L'Esprit des lois* ne se donne pas le privilège de reconnaître un sens ou un tribunal de l'histoire, il construit, dans une démarche comparatiste et pour ainsi dire expérimentale, des systèmes réglés de variations, des structures, des fonctions, des relations d'équivalence.

De telles procédures sont celles du scepticisme dont un certain académisme a longtemps voulu ignorer qu'il avait aussi *son Décalogue*[1]. Or, l'usage fait par les lecteurs modernes des dix modes sceptiques de Sextus Empiricus s'avère bien être une prise de position théorique : l'histoire sceptique du droit n'induit pas ici un relativisme sociologique. Telle est la leçon d'un « Montaigne législateur », pour reprendre l'expression de Voltaire. La systématicité de la méthode des exemples, la balance entre les anciens et les modernes, les Romains et les Barbares, l'Europe et l'Orient, la description des normes dans leur contexte, déstabilisent tout point fixe, toute universalité. D'autant plus que l'auteur n'omet pas de se placer dans la variation, il s'y repère même explicitement, il se dit homme de son temps, parlementaire, mondain, chrétien. L'inscription de l'auteur parmi les variables de son énoncé n'affaiblit pas sa position, ce n'est ni un défaut ni une invalidation, c'est un argument.

1. L'expression est de La Mothe Le Vayer, *Dialogue de la divinité*, p. 309. Voir *supra*, p. 9.

Bayle avait montré que la référence au scepticisme inspirait les nouveaux physiciens[1]; il est naturel qu'elle inspire aussi les physiques sociales du dix-huitième siècle qui importent la méthode expérimentale dans les questions morales. Montesquieu montre que le droit va jouer, par rapport à l'histoire, le rôle de rationalisation qu'on a fait jouer aux mathématiques par rapport à la physique. C'est sans doute une reprise de la leçon de Grotius et de Hobbes. L'attention de Montesquieu à la diversité des mécanismes moraux et physiques, et même au mélange du physique et du moral, va ainsi manifester la critique de la volonté subjective dans la fabrication des normes et des règles. Plus précisément, le fait que les lois soient *l'expression et la solution de problèmes liés à des situations* implique et met en œuvre une thèse métaphysique forte, puisqu'il s'agit bien de la critique du sujet comme principe de la volonté et de la pensée.

On voit ainsi se dessiner une opposition majeure qui n'a pas échappé à la clairvoyance des théologiens dans leurs critiques de l'*Esprit des lois*, entre la subjectivité métaphysique du libre-arbitre et une liberté qui est un effet des institutions. Avec saint Thomas et Suarez, la théologie voit dans le droit les *obligations* envers le seigneur souverain, le concept d'obligation étant solidaire de la constitution de la subjectivité par le libre-arbitre. *A contrario*, pour montrer que les lois sont déterminées par ce qu'elles *permettent* plutôt que par ce qu'elles *prescrivent*, Montesquieu s'appuie sur le droit romain, où les codes sont pensés comme le registre des statuts, qu'il s'agisse des actes, des personnes, des choses.

La plupart des anthropologies de l'époque s'attachent à la variété des modèles de sociétés en distinguant dans les barbares[2], les sauvages, la société civile, des types qui caractérisent autant de périodes de l'humanité. Sans doute parce qu'elles ne pensent les différences anthropologiques que dans une axiologie, sans doute aussi faute d'attention au « barbare ». Au contraire, en résistant à la périodisation d'une histoire universelle, Montesquieu distingue la barbarie et les barbares. Une barbarie imaginaire a servi d'argument à ceux qui ont besoin d'une origine pour légitimer une instauration et un progrès. Sans fascination envers une humanité de fauves, sans cynisme dans l'analyse des puissances, Montesquieu considère les barbares comme des peuples dont le code est à restituer, en surmontant ce

1. *Dictionnaire historique et critique*, Eclaircissements sur les pyrrhoniens. Dans la *Lettre à Du Rondel sur le projet d'un dictionnaire*, il opposait les mathématiques et l'histoire comme deux paradigmes.

2. Kant définit les barbares comme ceux qui ne connaissent pas la division du travail (*Métaphysique des mœurs*, trad. A. Renaut, Paris, GF-Flammarion, p. 52) : y aurait-il de l'humain sans arts et sans culture ?

qui nous apparaît comme mutisme, violence, ou contradiction. Ce fut le propos de Vico, bien qu'on ait essentiellement retenu de lui la périodisation[1]. Montesquieu l'a-t-il lu ? Sans vouloir relancer le débat, on notera que des barbares aux Romains, ils déchiffrent tous deux d'un même mouvement *philologique* la mythologie et les codes juridiques ; ils établissent tous deux des *principes* ou des *axiomes* parce qu'il y a une unité entre les phénomènes moraux et les phénomènes physiques, c'est pourquoi Montesquieu ne cesse de parler *de la nature des choses*. Il dit qu'on ne peut jamais quitter les Romains[2], parce que, comme Vico, il traite le droit et la religion comme le registre des conduites, comme la description de procédures qui sont le moule des mœurs, comme le code où se définit une humanité.

Depuis les travaux de Raymond Aron, beaucoup admettent que « l'essence de la philosophie politique de Montesquieu est le libéralisme »[3]. Notre étude a voulu déplacer la perspective : nous nous sommes interrogés sur toutes ces figures de l'altérité qui apparaissent comme une philosophie des transformations affectant à la fois les personnages de ses histoires fictives et les codes de lois des sociétés historiques. Ces transformations font système dans une épistémologie des singularités. Expériences de l'histoire, mutations des lois, altération et formation de l'identité sont au centre de la détermination institutionnelle de l'homme.

1. Ce fut la lecture de Michelet de retenir surtout de Vico la périodicité. Jules Michelet, *Jean-Baptiste Vico, Principes de la philosophie de l'histoire, traduits de la SCIENZA NUOVA et précédés d'un discours sur le système et la vie de l'auteur par Jules Michelet*, Paris ; rééd., Paris, Armand Colin, 1963. Il avertissait qu'il en donnait une traduction abrégée.

2. *EL*, XI, 13.

3. Raymond Aron, *Les étapes de la pensée sociologique*, p. 63.

# INDICATIONS BIBLIOGRAPHIQUES

On n'a pas repris ici toutes les références données dans les notes.

*Liste des abréviations*

*Esprit des lois : EL*, le premier chiffre qui suit indique le livre, le second le chapitre.
*Considérations sur les causes de la grandeur des Romains et de leur décadence : CR* suivi du n° de la section.
*Œuvres complètes de Montesquieu*, Préface de Georges Vedel, présentation et notes de Daniel Oster, Paris, Le Seuil, 1964. Cité : Oster, suivi du n° de page.

*Éditions de Montesquieu*

*Œuvres complètes de Montesquieu*, texte présenté et annoté par Roger Caillois, Paris, Gallimard, 1949, 2 vol.
*Œuvres complètes de Montesquieu,* publiées sous la direction de M. André Masson, Paris, Nagel, 1950, 3 vol.
*Œuvres complètes de Montesquieu*, Préface de Georges Vedel, présentation et notes de Daniel Oster, Paris, Le Seuil, 1964.

L'édition des *Œuvres complètes de Montesquieu,* coéditée par la Voltaire Foundation (Oxford) et l'Istituto italiano per gli Studi Filosofici, sous la direction de Catherine Volpilhac-Auger et Jean Ehrard, la première édition exhaustive et critique des Œuvres de Montesquieu, est en cours et comportera vingt-deux volumes :

Une présentation du projet peut être consultée sur le site : http://asterion.revues.org/document587.html

Catherine Volpilhac-Auger, « Onze mille pages. Les Œuvres complètes de Montesquieu à Oxford : projet, réalisations, perspectives (février 2005) », *Astérion*, Numéro 4, avril 2006.

*Montesquieu, De L'Esprit des lois*, texte établi et présenté par Jean Brèthe de la Gressaye, Paris, Les Belles Lettres, 1950.

*Montesquieu, De L'Esprit des lois*, Introduction, chronologie, bibliographie, relevé de variantes et notes par Robert Derathé, Paris, Garnier, 2 vol. 1973.

## *Sources*

ANONYME [Recueil Philibert], *Pièces pour et contre L'Esprit des loix*, en trois parties, A Genève, Chez Antoine Philibert, Libraire au Perron, 1752. Nous citons l'Avertissement : « On a publié l'année dernière une brochure in 12°, intitulée *Observations sur L'Esprit des loix, avec l'Examen de toutes les critiques qui en ont été faites* et on a donné cela comme une *Seconde partie des Observations* quoique ce ne soit point une suite de cet Ouvrage. Nous avons donc cru devoir changer ce Titre, et retrancher la première pièce, à savoir la Critique, parce qu'elle a été imprimée avec la Défense, à la suite de l'édition de Genève en trois volumes in 8°. Le Recueil que nous publions peut se diviser en trois Parties, dont la première enferme les pièces suivantes.

I. Réponse à la défense de l'esprit des loix, p. 1-39.
II. Remerciment sincère à un homme charitable, attribué à M. de Voltaire p. 40-45.
III. Première lettre au Père B. Jésuite sur *L'Esprit des loix*, p. 46-60.
IV. Seconde Lettre au même p. 61-66.

Seconde partie

V. Suite de la défense de *L'Esprit des loix*, ou Examen de la Réplique du Gazetier ecclésiatique à la Défense, etc. 67 etc.

Troisième partie

VI. Apologie de *L'Esprit des loix*, , ou réponse aux observations de l'abbé de La Porte, par Mr de R. ».

Cette compilation publiée par Philibert, à Genève, en 1752, est signalée par Derathé dans son édition critique de *L'Esprit des lois* (Garnier, t. I, p. XXVI). De son côté, G. Lanson cite les *Opuscules* de M. Fréron, 1753, 3 vol. Au tome III, Extrait de *L'Esprit des Lois*, *Observations sur quelques endroits particuliers de ce livre* de Véron de La Forbonnais, et l'Idée de toutes les critiques qui en ont été faites avec quelques remarques de l'éditeur et qui comprend 9 opuscules : 1. *L'Esprit des lois quintessencié par une suite de (27) lettres analitiques*, de l'abbé de Bonnaire ; 2. *Observations sur L'Esprit des lois ou l'art de lire ce livre*, de l'abbé de La Porte (imprimé en 1751) ; 3. une *Apologie de L'Esprit des lois ou réponse aux observations*, de Boullenger de Xivrey (imprimé en 1751) ; 4. la *Réponse aux observations*... de Risteau, négociant ; 5. *L'Examen critique de L'Esprit des lois*, extrait des *Nouvelles ecclésiastiques* des 9 et 16 octobre 1749 ; 6. la *Défense de L'Esprit des lois* par Montesquieu ; 7. la *Réponse à la Défense*, extrait des *Nouvelles ecclésiastiques* du 24 avril et du 1er mai ; 8. la *Suite de la Défense ou Examen de la réplique du gazetier ecclésiastique* par La Beaumelle (imprimé à Berlin, 1751) ; 9. et 5 lettres attribuées à La Beaumelle.

La compilation de Philibert ne comprend donc pas tous ces textes.

Que cette note soit l'occasion de remercier Baldine Saint Girons dont la patiente amitié me laissa disposer de son exemplaire personnel pour étudier un recueil qui présente tous les arguments d'une polémique vraiment paradigmatique pour la philosophie politique du moment.

BACON Francis, *Du progrès et de la promotion des savoirs*, introduction, traduction et notes de Michèle Le Dœuff, Paris, Gallimard, 1991.

BAYLE Pierre, *Commentaire philosophique sur ces paroles de Jésus-Christ, Contrains les d'entrer,* nouvelle éd. en quatre parties, [Amsterdam]1713, éd. des deux premières parties par J.-M. Gros, « La tolérance », Paris, Press Pocket, 1992.

– *Dictionnaire historique et critique,* seconde éd. revue, corrigée et augmentée par les soins de l'auteur, [Rotterdam] 1702. Voir les *Œuvres complètes de Bayle* éditées par Slatkine, Genève.

BECCARIA Cesare, *Des délits et des peines*, 1764, traduction par M. Chevallier, préface de R. Badinter,Paris, Garnier-Flammarion, 1965.

[BODIN Jean] *Les six livres de la république, de Jean Bodin, Angevin,* à Lyon, par Gabriel Cartier, 1593, Paris, Fayard, 1986.

BOTERO Giovani, *Raison et gouvernement d'Estat*, en dix livres, du Seigneur Giovani Botero Genese, traduicts sur la quatrième impression italienne, plus ample que les autres premières, la version respondante à son original, colonne pour colonne, par Gabriel Chappuys, Secrétaire, Interprète du Roy : et dediez à Monsieur d'Incarville, à Paris, chez Guillaume Chaudiere, 1599 avec Privilège du Roy.

BOULAINVILLIERS (Comte de), *Histoire de l'ancien gouvernement de la France,* La Haye, 1727.

BOYER Jean-Baptiste de, marquis d'Argens, *Les lettres juives, ou lettres d'un Juif voyageur à Paris à ses amis en divers endroits*, La Haye, 1735-1737.

– *Lettres chinoises, ou correspondance philosophique, historique et critique entre un Chinois voyageur à Paris et et ses correspondants à la Chine, en Moscovie, en Perse et au Japon*, La Haye, 1739-1740.

[BROSSES Charles de], *Le culte des dieux fétiches*, (sans nom d'auteur ni de lieu), 1760, éd. par M. Vokoun-David, Paris, Fayard, 1988.

BRUTUS Étienne Junius, *Vindiciae contra tyrannos*, traduction française de 1581, intr., notes et index par A. Jouanna, J. Perrin, M. Soulié, A. Tournon et H. Weber (coord.), Genève, Droz, 1979.

BURLAMAQUI Jean-Jacques, *Elements du droit naturel*, Vrin reprise, 1981.

– *Principes du droit politique*, Amsterdam, 1751.

CANTILLON Richard, *Essai sur le commerce en général*, Londres, 1755 (Paris, INED, 1952).

COMTE Auguste, *Cours de Philosophie positive*, Physique sociale, Présentation et notes par Jean-Paul Enthoven, Paris, Hermann, 1975 (Quarante-septième leçon).

CONSTANT Benjamin, *Principes de politique*, éd. T. Todorov et E. Hofmann, Paris, Pluriel, 1997.

COURT DE GÉBELIN, *Monde primitif, analysé et comparé avec le monde moderne*, 9 vol., Paris, 1775-1781.

[CUMBERLAND Richard], *Les lois de la nature expliquées par le docteur Richard Cumberland*, depuis évêque de Peterborough où l'on recherche et l'on établit, par la nature des choses, la forme de ces loix, leurs principaux chefs, leur ordre, leur publication et ler obligation : on y réfute aussi les elements de la Morale et de la Politique de Thomas Hobbes, traduits du latin par monsieur de Barbeyrac, docteur en droit et professeur en la même faculté dans l'université de Groningue, avec des notes du traducteur, qui y a joint celles de la traduction anglaise, à Leide, chez Theodore Haak.

D'ALEMBERT Jean le Rond, *L'Éloge de Montesquieu*, fut publié en tête du cinquième volume de *l'Encyclopédie des sciences, des arts et des métiers*, en 1755.

[DELEYRE Alexandre], *Le génie de Montesquieu*, Amsterdam, Arkstée et Merkus, 1760.

DESTUTT DE TRACY Antoine, *Commentaire de* L'Esprit des lois *de Montesquieu*, par M. Le Comte Destutt de Tracy, Pair de France, Membre de l'Institut de France et de la Société Philosophique de Philadelphie, suivi d'observations inédites de Condorcet sur le XXIXe livre du même ouvrage et d'un mémoire sur cette question : *Quels sont les moyens de fonder la morale d'un peuple ?* écrit et publié par l'auteur du *Commentaire de l'*Esprit des Lois en 1798 (an VI), Paris, 1822.

DOMAT Jean, *Traité des lois*, dans *Œuvres de Jean Domat*, nouvelle édition par Joseph Rémy, Paris, Firmin-Didot, 1828, Centre de philosophie politique et juridique, Université de Caen, 1989.

DUBOS Jean-Baptiste, *Histoire critique de l'établissement de la monarchie dans les Gaules*, 1734.

*Encyclopédie ou Dictionnaire raisonné des sciences, des arts et des métiers*, par une société de gens de Lettres, Paris, Briasson, 1751-1772.

FLEURY Claude, *Institutions du droit français*, 1674.

FONTENELLE Bernard, *Éloge de Bianchini*, *Histoire des fables*, *Histoire des oracles*. Voir l'édition des *Œuvres complètes* par Alain Niderst, Paris, Fayard, 2001.

FORMEY Samuel, *Examen philosophique de la liaison réelle qu'il y a entre les sciences et les mœurs*. [Ce mémoire est une critique de Rousseau.]

FRÉRET Nicolas, *Lettre de Thrasybule à Leucippe*, Edizione critica, Introduzione e commento a cura di Sergio Landucci, Firenze, Leo S. Olschki Editore, 1986.

– *Œuvres complètes de Fréret*, édition augmentée de plusieurs ouvrages inédits par feu M. de Septchênes, Paris an IV (1796).

GALIANI Ferdinand, *Dialogues sur le commerce des blés*, 1770, Paris, Fayard, 1984.

GRAVINA Jean-Vincent, *Esprit des lois romaines*, trad. par M. Requier, Amsterdam, 1766.

– *Jani Vincentii Gravinae, ... Origines juris civilis, quibus ortus et progressus juris civilis, jus naturale, gentium et XII Tabb... explicantur...*, Leipzig, J. F. Gleditsch, 1708.

GROTIUS Hugues, *Le droit de la guerre et de la paix*, nouvelle trad. par J. Barbeyrac, Amsterdam, 1724, Publications de l'Université de Caen, 1984.

GUICCARDINI Francesco, *Ecrits politiques, Discours de Logrono, Dialogue sur la façon de régir Florence*, éd. par J.-Cl. Ancarini et J.-L. Fournel, Paris, P.U.F., 1997.

HEGEL Georg Wilhem Friedrich, *Des manières de traiter scientifiquement du droit naturel*, trad. par B. Bourgeois, Paris, Vrin, 1972.

– *Encyclopédie des sciences philosophiques*, trad. par B. Bourgeois, 3 vol., Paris, Vrin, 1986-1988.

– *Principes de la philosophie du droit*, trad. par A. Kaan, intr. par J. Hippolyte, Paris, Gallimard, 1940.

HOBBES Thomas, *Léviathan, Traité de la matière, de la forme et du pouvoir de la république ecclésiastique et civile*, intr., trad. et notes par F. Tricaud, Paris, Sirey, 1971.

HUME David, *Dialogues sur la religion naturelle*, trad. par M. Malherbe, Paris, Vrin, 1987.

– *Histoire naturelle de la religion*, trad. par M. Malherbe, Paris, Vrin, 1971.

LAFITAU Joseph-François, *Les mœurs des sauvages Américains comparées aux mœurs des premiers temps*, Paris, Saugrain, 1722 ; rééd. Paris, F. Maspero, 1982.

LOCKE John, *Essai concernant l'entendement humain*, trad. Coste, Paris, Vrin, 1972.

– *Second essai sur le gouvernement civil* avec le résumé du *Premier traité sur le gouvernement civil*, intr., trad. et notes par B. Gilson, Paris, Vrin, 1967.

MABLY (Gabriel BONNOT, dit Abbé de), *De l'étude de l'histoire* (1775); *De la manière d'écrire l'histoire* (1783), éd. par B. de Negroni, Paris, Fayard, 1988

– *Doutes proposés aux philosophes économistes*, 1768 [où il vise les *Ephémérides du citoyen* et Lemercier de La Rivière].

MANDEVILLE Bernard, *La fable des abeilles*, intr., trad., notes et index par P. et L. Carrive, Paris, Vrin, 1974.

MARANA Gian Paolo, *L'Espion dans les cours des Princes chrétiens, ou Lettres et mémoires d'un envoyé secret de la Porte dans les Cours de l'Europe où l'on peut voir les découvertes qu'il a faites dans toutes les Cours où il s'est trouvé avec une Dissertation curieuse de leurs Forces, Politique et Religion* [*sic*], 6 vol., Cologne, Érasme Kinkius, 1705.

NAUDÉ Gabriel, *Considérations politiques sur les coups d'état*, édition précédée de MARIN Louis, *Pour une théorie baroque de l'action politique*, Paris, Les éditions de Paris, 1988.

– *La Bibliographie politique du sieur Naudé*, Paris, 1642.

POPE Alexander, *The Works of Alexander Pope*, nouvelle éd., intr. et notes par Whitwell et William John Courthope, Londres, 1871-1889. Voir en particulier l'*Essai sur l'homme* et la *Prière universelle*.

PUFENDORF Samuel, *De statu imperii germanici liber*, traduit du latin en 1699 et 1725, Geneva (Heidelberg), 1667.

– *Le droit de la nature et des gens, ou système général des principes les plus importants de la Jurisprudence et de la Politique*, traduit du latin… par J. Barbeyrac, Basle, Tourneisen Frères, 1732 ; Université de Caen, 1987.

RICHELIEU Cardinal de, *Testament politique de Richelieu*, éd. par F. Hildesheimer, Société de l'histoire de France, Paris, H. Champion, 1995.

ROUSSEAU Jean-Jacques, *Œuvres complètes*, sous la direction de J. Gagnebin et R. Derathé, Paris, Gallimard, « Bibliothèque de la Pléiade », 5 vol, 1959-1969.

SEXTUS EMPIRICUS, *Esquisses pyrrhoniennes*, trad. P. Pellegrin, Paris, Le Seuil, 1997.

SMITH Adam, *La richesse des nations* [1767-1776], trad. de G. Garnier revue par A. Blanqui, intr. et index par D. Diatkine, Paris, Flammarion, 1991.

– *Théorie des sentiments moraux* [1759], trad., intr., et annotations par M. Biziou *et alii*, Paris, P.U.F., 1999.

SPINOZA Baruch, *Éthique*, trad. B. Pautrat, Paris, Le Seuil, 1988.

– *Traité théologico-politique*, texte établi par F. Akkerman, trad. et notes par J. Lagrée et P. F. Moreau, Paris, P.U.F., 1999. Voir aussi l'édition bilingue de P. Totaro, Naples, Bibliopolis, 2007.

*Traité des trois imposteurs*, manuscrit anonyme, 1777, éd. par P. Rétat, Paris, Vrin et Université de Saint-Etienne, 1973.

*Livre des trois imposteurs* précédé de *L'art de ne croire en rien*, éd. et préf. par R. Vaneigem, Paris, Rivages, 2002.

VICO Giambattista, *Principii d'una nuova Scienza di Jean Baptista Vico*, Napoli, 1725 et 1744.

VOLTAIRE (François-Marie AROUET dit), *Œuvres complètes de Voltaire*, éd. par Beuchot, « L'ABC ou Dialogues entre A, B, et C, traduit de l'anglais de M. Huet », (1768), t. XLV, p. 1-135 et « Commentaire sur *L'Esprit des lois* », (1777), t. l, p. 49-145.

TOCQUEVILLE Alexis de, *L'Ancien Régime et la Révolution*, « Préface », éd. par F. Melonio, Paris, Garnier-Flammarion, 1988.

TURGOT Anne Robert Jacques, *Œuvres*, éd. par G. Schelle, 5 vol., 1913.

## *Études*

ALTHUSSER Louis, *Montesquieu, la politique et l'histoire*, Paris, P.U.F., 1959 et 1964.

BARCKHAUSEN H., *Montesquieu, ses idées et ses œuvres* d'après les papiers de La Brède, 1907 (dans la seconde partie : *Le désordre de l'EL*).

BENREKASSA Georges, « De Montesquieu à Benjamin Constant : la fin des Lumières ? » dans *Dix-huitième siècle, Montesquieu et la Révolution*, n°21, Paris, P.U.F., 1989.

BINOCHE Bertrand, *Introduction à* De l'Esprit des lois *de Montesquieu*, Paris, P.U.F., 1998.

BLOCH Marc, *La société féodale*, préface de Robert Fossier, Paris, Albin Michel, rééd. 1994.

BOUREAU Alain, *Le simple corps du roi, l'impossible sacralité des souverains français*, Paris, éditions de Paris, 1988.

BRAUDEL Fernand et LABROUSSE Ernest, *Histoire économique et sociale de la France*, vol. 2, Paris, P.U.F., 1970, rééd. 4 vol., 1993.

CASSIRER Ernst, *La philosophie des lumières*, trad. par P. Quillet, Paris, Fayard, 1966 ; l'éd. allemande est de 1932.

CONDORCET, *Mathématique et société*, choix de textes et commentaire par R. Rashed, Paris, Hermann, 1974.

CRISTOFOLINI Paolo, *Vico et l'histoire*, Paris, P.U.F., 1995.

DESAN Philippe, *Les commerces de Montaigne, le discours économique des Essais*, Paris, A.-G. Nizet, 1992.

DESSERT Daniel, *Argent, pouvoir et société au Grand siècle*, Paris, Fayard, 1984.

DOCKÈS Pierre, *L'espace dans la pensée économique du XVI^e au XVIII^e siècle*, Paris, Flammarion, 1969.

DERATHÉ Robert, *Rousseau et la science politique de son temps*, 2^e éd., Paris, Vrin, 1970.

DUFOUR Alfred, *Droits de l'homme, droit naturel et histoire*, Paris, P.U.F., 1991.

DURKHEIM Emile, *Montesquieu et Rousseau précurseurs de la sociologie*, note introductive de G. Davy, Paris, Librairie Marcel Rivière et C^ie, 1966.

EISENMANN Charles, « L'Esprit des lois *et la séparation des pouvoirs* » et « *La pensée constitutionnelle de Montesquieu* », articles publiés initialement dans les *Mélanges en l'honneur de R. Carré de Malberg*, Paris, 1933 et 1952.

FACCARELLO Gilbert, *Pierre de Boisguibert*, Paris, Anthropos, 1987.

GIRARD Paul Frédéric, *Manuel élémentaire de droit romain*, Paris, A. Rousseau, 1896.

HAZARD Paul, *La pensée européenne au XVIII^e siècle. De Lessing à Montesquieu*, Paris, Fayard, 1963.

KELSEN Hans, *Théorie pure du droit*, trad. Charles Eisenmann, Paris, Dalloz, 1962.

LAGRÉE Jacqueline, *La raison ardente, religion naturelle et raison au XVII^e siècle* avec une étude et une traduction de Hugo Grotius, *Meletius*, Paris, Vrin, 1991.

– *Juste Lipse, la restauration du stoïcisme*, Paris, Vrin, 1994.

LARRÈRE Catherine, « Les typologies des gouvernements chez Montesquieu » dans *Revue Montesquieu* n° 5, 2001.

– « Le civique et le civil. De la citoyenneté chez Montesquieu » dans *Revue Montesquieu* n° 3, 1999.

– « *L'Esprit des lois* : tradition et modernité » dans *1748. L'année de* L'Esprit des lois, Paris, H. Champion, 1999.

LAZZERI Christian et REYNIÉ Dominique, *Le pouvoir de la raison d'État*, Paris, P.U.F., 1992.

– *La raison d'État. Politique et rationalité*, Paris, P.U.F., 1992.

MACPHERSON Crawford Brough, *Théorie politique de l'individualisme possessif de Hobbes à Locke*, trad. M. Fuchs, Paris, NRF-Gallimard, 1971 (Oxford University Press, 1962).

MARION Marcel, *Dictionnaire des institutions de la France aux XVII^e et XVIII^e siècle, Paris*, 1923 (réimpr. 1979).

MARKOVITS Francine, *L'ordre des échanges, philosophie de l'économie et économie du discours au XVIIIe siècle en France*, Paris, P.U.F., 1986.

– « Althusser et Montesquieu, l'histoire comme philosophie expérimentale » dans *Althusser philosophe*, sous la direction de P. Raymond, *Actuel Marx*, Paris, P.U.F., 1997.

– « Linguet et les images du droit dans la théorie des lois civiles » dans *Politeia*, n° 1-2 « Colloque Linguet »,Reims, 1998.

– « Bayle et Naudé : une politique sceptique de l'écriture » dans *Corpus, revue de philosophie*, n° 35 « Gabriel Naudé », R. Damien et C.Y. Zarka (dir.), 1999.

MEINECKE Friedrich, *L'idée de la raison d'État dans l'histoire des temps modernes*, trad. fr. de M. Chevallier, Genève, Droz, 1973.

NEGRI Antonio, *Le pouvoir constituant, Essai sur les alternatives de la modernité*, Paris, P.U.F., 1997.

PARIENTE Jean-Claude, *Le langage et l'individuel*, Paris, Minuit, 1970.

PÉTRÉ-GRENOUILLEAU Olivier, *Les traites négrières*, essai d'histoire globale, Paris, Gallimard, 2004.

PORRET Michel (dir.), *Beccaria et la culture juridique des Lumières*, Études historiques, Genève, Droz, 1997.

ROGER Jacques, *Les sciences de la vie dans la pensée française au XVIIIe siècle*, Paris, Albin Michel, 1993.

RÜCKERT Joachim, « L'esprit de l'école historique du droit », *Annales de la Faculté de droit de Strasbourg*, n°7, 2004.

SIMON Renée, *Henry de Boulainviller, Historien, politique, philosophe, astrologue, 1658-1722*, Paris, Boivin, 1947.

SHACKLETON Robert, *Une biographie critique*, trad. J. Loiseau, Grenoble, Presses universitaires de Grenoble, 1977.

SPECTOR Céline, *Montesquieu et l'émergence de l'économie politique*, Paris, H. Champion, 2006.

SPITZ Jean Fabien, *John Locke et les fondements de la liberté moderne*, Paris, P.U.F., 2001.

TROPER Michel, *Pour une théorie juridique de l'État*, Paris, P.U.F., 1994.

– « Charles Eisenmann contre le mythe de la séparation des pouvoirs » *Cahiers de philosophie politique*, Reims, Ousia, n° 2 et 3, 1985.

VERNIÈRE Paul, *Montesquieu ou la raison impure*, Paris, SEDES, 1977.

– *Spinoza dans la pensée française avant la Révolution*, Paris, P.U.F., 1954, rééd. 1982.

VILLEY Michel, *La formation de la pensée juridique moderne*, Paris, P.U.F., 2006

– *Le droit romain*, Paris, P.U.F., 1945.

VITORIA Francisco (Père de), *De bello contra Indos*, Salamanque, 1539 ; éd. anglaise par J. Pawley Bate, Washington, 1917 ; éd. critique et trad. par J. Baumel, Montpellier, 1936 ; éd. allemande par W. Schätzel, Tübingen, 1952. Voir Alfred Marie Vanderpol, *La doctrine scolastique du droit de guerre*, Paris, Pédone, 1919.

VOLPILHAC-AUGER Catherine, *Tacite et Montesquieu*, Oxford, Studies on Voltaire and the eighteen Century, 1985.

## INDEX DES NOMS

ALEXANDRE 66, 76, 189
ALTHUSSER Louis 47, 48, 109, 118
ANTONIN 34, 81
ARGENSON Marc René Comte d' 15
ARISTIDE 34
ARISTOTE 30, 105, 107, 125, 137, 154, 174, 192
ARON Raymond 22, 38, 48, 49, 50, 70, 215
ATTILA 63, 84
AUDIDIÈRE Sophie 20
AUGUSTE 80, 81, 199

BACHELARD Suzanne 27
BACON Francis 7, 67, 106, 107, 120, 121, 177
BADINTER Robert 48
BALIBAR Françoise 48, 122
BARBEYRAC Jean 33, 66, 144, 149, 207
BARCKHAUSEN Henri 13, 137
BASTIT Michel 141
BATTEUX Charles 22
BAYLE Pierre 9, 11, 12, 19, 103, 108, 113, 127, 131, 132, 133, 198, 199, 204, 206, 207, 208, 209, 214
BEAUMANOIR Philippe de Rémi, sire de 95, 96, 97, 99, 100
BEAUZÉE Nicolas 22
BECCARIA Cesare 48, 108
BÉLISAIRE 85
BENREKASSA Georges 38
BERGIER Nicolas 127
BICHAT Marie François Xavier 38
BINOCHE Bertrand 7
BLOCH Marc 176, 177, 179, 180, 181, 182, 183
BODEI Remo 45
BODIN Jean 8, 33, 42, 46, 104, 115, 136, 152, 164
BOÈCE 81, 104, 204
BOLINGBROKE Henri Saint John de 46
BONNET Charles 42
BORDEU Théophile 26, 136
BOSSUET Jacques Benigne 21, 75, 102, 133
BOTERO Giovanni 9, 56, 150, 151, 152, 153
BOULAD-AYOUB Josiane 15
BOULAINVILLER, voir Boulainvilliers
BOULAINVILLIERS Henri de 14, 15, 16, 17, 47, 135, 176, 178, 179
BOURDIN Jean-Claude 20
BOURGEOIS Bernard 35, 36, 117
BOYER Jean-Baptiste de, marquis d'Argens, 12, 58, 102

BRAUDEL Fernand 185, 197
BRÈTHE de La Gressaye Jean 103
BROSSES Charles de 201
BRUNO Giordano 120
BUFFON Georges-Louis Leclerc, Comte de 106, 107, 108, 137, 165, 166, 184, 198
BURLAMAQUI Jean-Jacques 33, 42

CALIGULA 81
CAMPANELLA Thomas 42
CANTILLON Richard 43, 44, 56, 185
CARACALLA 82
CASABIANCA Denis 106
CASSIRER Ernst 29, 41, 42, 74, 107, 110
CASTIGLIONE Balthassar 120
CATON 34, 87
CÉSAR 56, 80, 82, 83, 87, 177
CHARRON Pierre 115, 150, 164
CICÉRON 8, 21, 34, 68, 89, 112, 113
CLARKE Samuel 42, 75
CLAUDE 82
CLAUDIEN 81
COLLIOT-THÉLÈNE Hélène 41
COMTE Auguste 24, 30, 31
CONDILLAC Etienne Bonnot de 17, 41, 60, 184, 202
CONDORCET Antoine Nicolas de Caritat, marquis de 21, 23, 25, 26, 45, 124
CONSTANT Benjamin 38
CONSTANTIN 84
CORTEZ Fernand 63, 64
COSTABEL Pierre 120
COURT de Gébelin 184, 192
COUZINET Marie-Dominique 164
CROUSAZ Jean-Pierre de 127
CUMBERLAND Richard 140, 144, 148, 149, 207

D'ALEMBERT Jean Le Rond 7, 9, 11, 64, 117, 149, 156, 164
DAMIEN Robert 152
DELPLA Isabelle 9
DEMEUNIER Jean Nicholas 12, 118
DERATHÉ Robert 13, 38, 42, 63, 112, 183
DESAN Philippe 185
DESCARTES René 13, 30, 64, 101, 120, 139, 177
DESSERT Daniel 40, 167
DESTUTT DE TRACY Antoine Louis Claude 23, 24, 25, 26
DIDEROT Denis 19, 22, 56, 58, 60, 117, 121, 184, 202, 209
DOCKÈS Pierre 44, 56, 185
DOMAT Jean 42, 132, 133
DOMITIEN 82
DUBOS Jean-Baptiste 13, 14, 15, 21, 47, 91, 176, 178, 179, 180, 182
DUFOUR Alfred 37, 38
DUPIN Claude 27, 131
DURKHEIM Emile 41

EISENMANN Charles 39, 45, 46, 48, 169
ENTHOVEN Jean-Paul 24, 30
EPICTÈTE 34
ERASME 116

FACCARELLO Gilbert 44
FITZ-JAMES François de 135, 153, 206, 207
FLEURY Claude 12, 21, 93, 94, 127
FONTAINES Pierre de, voir DÉFONTAINES 95, 99, 100
FONTENELLE Bernard Le Bovier de 9, 54, 59, 74, 75, 106, 109, 110, 123, 127, 202
FORMEY Samuel 103, 118

FOUCAULT Michel 48
FRÉMONT Christiane 151, 156
FRÉRET Nicolas 54, 59, 107, 186

GALILÉE 30, 67, 78, 101, 122, 138
GARASSE François 127
GAYON Jean 166
GOBINEAU Joseph Arthur, Comte de 22
GOURNAY Vincent de 40
GRACIAN Balthazar 120, 155
GROTIUS Hugo 7, 8, 14, 15, 18, 19, 32, 33, 42, 68, 103, 109, 135, 146, 214
GUÉNARD Florent 111
GUEROULT Martial 120
GUICHARDIN Guiccardini Francesco 46, 151, 153, 155

HADOT Pierre 157, 158
HADRIEN 82
HARRINGTON James 46, 155
HAYEK Friedrich A. 51
HEGEL Friedrich Wilhelm 35, 36, 37, 38, 79, 117, 146
HELVÉTIUS Claude Adrien 20, 103
HERDER Johann Gottfried 41
HIPPOCRATE 136, 164
HOBBES Thomas 14, 18, 19, 28, 32, 33, 42, 44, 45, 49, 103, 114, 132, 135, 140, 144, 147, 148, 182, 203, 207, 209, 214
HOLBACH Paul Henri Thiry d' 20, 102, 103
HOQUET Thierry 51, 106, 127, 166
HUARTE Juan 136
HUET Pierre Daniel 32
HUME David 20, 42, 46, 47, 132, 146, 205

JUNIUS BRUTUS Etienne 46
JUSTINIEN 85, 90, 93, 94, 98, 99

KANT Emmanuel 9, 45, 103, 118, 214
KELSEN Hans 45
KÉPLER Johannes 30

LA BOÉTIE Etienne de 9, 159
LA METTRIE Julien Offray de 20, 58, 59, 60, 103, 119, 121, 138, 149, 184, 200
LA MOTHE LE VAYER François de 12, 60, 110, 127, 213
LAFITAU Joseph François 127
LAW John 47, 137, 167, 192, 196, 197
LAZZERI Christian 152, 157
LEIBNIZ Gottfried Wilhelm 49, 75, 82, 103, 107, 120, 150, 156, 209
LEMERCIER DE LA RIVIÈRE Pierre Paul 35
LESSING Gotthold Ephraim 41
LINGUET Henri Nicolas Simon 31, 32, 51, 70, 88, 200
LOCKE John 26, 34, 111, 140, 176, 182, 207, 208
LOUIS (saint) 95, 96, 97, 98, 99, 100
LUTHER Martin 192, 204

MABLY Gabriel Bonnot de 14, 15, 34, 148
MACHIAVEL Nicolas 9, 12, 44, 54, 60, 62, 74, 81, 101, 105, 116, 120, 122, 123, 138, 151, 152, 154, 155, 167, 171, 210
MACPHERSON C.B. 182
MAILLET Benoît de 54
MALEBRANCHE Nicolas 42, 119, 155, 202
MALHERBE Michel 146

MANDEVILLE Bernard de 44, 115, 116
MANENT Pierre 50
MANIN Bernard 50, 51
MARANA Giovani Paolo 47, 201
MARIANA Juan de 157
MARIN Louis 12, 158
MARION Marcel 179, 196
MARIUS 76
MARKOVITS Francine 20, 52, 60, 117, 119, 135, 149, 201
MARX Karl 23, 109, 146
MASSON André 42, 102, 135, 142, 153, 207, 208
MAUPERTUIS Pierre Louis Moreau de 27, 189
MÉCHOULAN Henri 151, 157
MÉRIAN Jean-Bernard 184
MERSENNE Marin 12, 101
MICHELET Jules 215
MITHRIDATE 77
MONTAIGNE Michel de 9, 32, 70, 110, 115, 124, 143, 158, 213
MONTEZUMA 65
MULLER Adam 35

NADEAU Christian 47
NAUDÉ Gabriel 9, 12, 47, 81, 101, 102, 104, 105, 118, 122, 150, 151, 152, 158, 165, 169, 175, 204, 210
NEGRI Antonio 155
NEGRONI Barbara de 34, 115, 127
NEWTON Isaac 7, 30, 41, 42, 43, 106, 107, 166
NICOLE Pierre 116, 155

OCTAVE 80
OVIDE 54, 63, 90

PALINGENIUS 12
PANGLE Thomas 50
PARIENTE Jean-Claude 42, 43
PÉTRÉ-GRENOUILLEAU Olivier 70
PHILIBERT 19, 34
PLATON 12, 34, 67, 104, 122, 150, 170, 185
PLUTARQUE 110, 133
POCOCK John Greville Agard 43, 44, 45, 46, 155
POMPÉE 77, 80, 82, 87
POPE Alexander 19, 33, 34, 132, 133, 134, 135
PUFENDORF Samuel 7, 8, 18, 31, 33, 42, 45, 68, 140, 144, 148, 149, 176, 207

RÉTAT Pierre 203, 207
REYNIÉ Dominique 152
RICHELIEU Armand Emmanuel du Plessis de 32, 153, 158, 176
RIVADENEIRA Pedro de 157
ROGER Jacques 106, 166
ROSSI Giampiero 29
ROUSSEAU Jean-Jacques 15, 27, 28, 29, 31, 38, 41, 45, 47, 55, 59, 63, 79, 103, 111, 118, 122, 127, 128, 130, 135, 141, 149, 157, 176
RÜCKERT Joachim 37

SAINT-EVREMOND Charles de Marguetel de Saint-Denis 78, 143
SAVIGNY Friedrich Carl von 35, 37, 38, 117
SCHELLE Gustav 29, 40, 167
SCHUHL Pierre-Maxime 44
SENAULT Jean-François 156
SERVIUS Tullius 166, 174
SEXTUS EMPIRICUS 9, 31, 213
SHACKLETON Robert 42, 46, 119, 131, 142

SILHON Jean de 47
SIMON Renée 14, 15, 16, 17, 47
SMITH Adam 39, 59, 146, 185
SOCRATE 34
SPECTOR Céline 51, 184
SPENGLER Oswald 22
SPINOZA Baruch 13, 19, 33, 45, 47, 49, 106, 118, 122, 132, 133, 134, 135, 139, 143, 144, 146, 147, 148, 153, 203, 206, 207, 209
STRABON 66, 188, 190
STRAUSS 20, 50
SYLLA 77, 80, 171

TACITE 56, 137, 152, 167, 175, 177, 191
THOMAS (saint) 42, 55, 113, 137, 192, 214
TIBÈRE 81
TIECK Ludwig 35
TITE-LIVE 74, 151, 166, 210
TOCQUEVILLE Alexis de 38, 39, 40
TRAJAN 34, 82
TROPER Michel 169
TURGOT Anne Robert Jacques 29, 45, 52, 126, 136, 177, 190, 191

VENTURI Franco 45
VÉRON DE FORBONNAIS François 184, 191, 195
VICO Giambattista 42, 43, 67, 68, 70, 149, 201, 209, 215
VOLPILHAC-AUGER Catherine 186
VOLTAIRE 12, 15, 31, 32, 33, 34, 38, 47, 70, 118, 126, 127, 148, 153, 204, 213

WARBURTON William 159, 201
WEBER Max 41, 43, 44

ZARKA Charles Yves 20, 169

# TABLE DES MATIÈRES

INTRODUCTION .......... 7

CHAPITRE PREMIER : LECTEURS DE MONTESQUIEU .......... 11
L'ordre de la lecture et la méthode de Montesquieu : l'histoire dans le droit .......... 11
Quelques positions critiques exemplaires .......... 22
La loi comme rapport ou comme volonté .......... 23
Une physique sociale ? .......... 29
Méconnaissances .......... 31
L'esprit des peuples .......... 35
Division et distribution des pouvoirs .......... 38
Montesquieu saisi par les modernes .......... 41

CHAPITRE II : FIGURES DE L'HUMAIN .......... 53
La question du décentrement de l'observateur .......... 53
Images de l'altérité .......... 55
Les femmes .......... 55
Les barbares .......... 63
Les esclaves .......... 70
Les Romains .......... 74
Une histoire des structures, une histoire des caractères .......... 75
Les codes, les territoires, les personnes .......... 88
Fonctionnalité des lois : provision et supplément .......... 93
Jurisprudence et législation .......... 98

CHAPITRE III : LA MÉTHODE EXPÉRIMENTALE APPLIQUÉE À LA LÉGISLATION .......... 101
Vie et Périodicité .......... 104
Buffon et Montesquieu. L'histoire naturelle et la géométrie .......... 106
Exemplarité et production des normes .......... 109

De l'esprit général à l'esprit des lois ..... 110
Le législateur ..... 121
L'éducation ..... 125

CHAPITRE IV : LA LOI. LES LOIS ..... 131
La défense de *L'Esprit des lois* ..... 131
Définitions et incertitudes du Ier livre de *L'Esprit des lois* ..... 138
L'*Essai touchant les lois naturelles* et la distinction du juste et de l'injuste ..... 142
Le paradoxe de l'amour des lois ..... 147
La raison d'État et la vertu politique ..... 150

CHAPITRE V : DIVISION DES GOUVERNEMENTS ..... 163
Conatus et objet ..... 164
Typologie des gouvernements ..... 165
De la constitution d'Angleterre ..... 167
Les fiefs et les vassaux ..... 176
Le commerce et le luxe ..... 183
La monnaie et le crédit ..... 191
La population ..... 197
La religion ..... 201
La définition de la religion ..... 203
Bayle et Montesquieu ..... 206

CONCLUSION ..... 213

BIBLIOGRAPHIE ..... 217
INDES DES NOMS ..... 225
TABLE DES MATIÈRES ..... 231